普通高等教育"十二五"规划教材
全国职业教育规划教材·财经系列

现代市场营销

主　编　肖　凭
副主编　施　薇　文艳霞

北京大学出版社
PEKING UNIVERSITY PRESS

图书在版编目(CIP)数据

现代市场营销/肖凭主编. —北京：北京大学出版社，2015.9
（全国职业教育规划教材·财经系列）
ISBN 978-7-301-26016-6

Ⅰ.①现… Ⅱ.①肖… Ⅲ.①市场营销学—高等职业教育—教材 Ⅳ.①F713.50

中国版本图书馆CIP数据核字（2015）第147138号

书　　名	现代市场营销
著作责任者	肖　凭　主编
责任编辑	孙亚唯
标准书号	ISBN 978-7-301-26016-6
出版发行	北京大学出版社
地　　址	北京市海淀区成府路205号　100871
网　　址	http://www.pup.cn　新浪微博：@北京大学出版社
电子信箱	zyjy@pup.cn
电　　话	邮购部 62752015　发行部 62750672　编辑部 62754934
印 刷 者	三河市博文印刷有限公司
经 销 者	新华书店
	787毫米×1092毫米　16开本　17印张　403千字
	2015年9月第1版　2015年9月第1次印刷
定　　价	38.00元

主 编 简 介

肖凭，湖南大众传媒职业技术学院经济学教授、发展研究中心主任、教授委员会秘书长；新媒体营销人才培养首席专家；湖南省市场学会、湖南省经济学会理事。历任学院科研处处长，湖南省艺术系列广电专业高级技术职称评委，湖南省教育科学规划课题评审专家，湖南省高职高专市场营销学专业评审专家。主要研究方向：传媒市场运作理论与应用、新媒体营销、消费者行为洞察。从事“市场营销”“消费者心理与行为分析”“电视节目营销”等课程教学 30 余年。国家示范性高职院校新课程“新媒体营销”开发者；主持国家金融教学资源库“金融服务礼仪”课程建设；主持国家级、省(部)级科研课题 16 项；主编国家级、省(部)级规划教材 7 部。获省(部)级社科成果奖、教学成果奖 5 项；地(市)级社科成果优秀奖 1 项；获国家专利2 项。在《求索》《消费经济》《传播与版权》《职教论坛》等专业刊物上发表学术论文 60 余篇，多篇论文被人大书报资料中心全文转载或收录索引。

内 容 简 介

本书以营销工作需要完成的实际任务为主线，将营销知识点融入各项任务中，采用“项目—任务”式教材体例，是高职高专市场营销课程的一次改革和尝试。全书理论简约、内容丰富，将市场营销活动构架为四个学习模块，每个学习模块又以项目任务为主导，通过项目任务设计梯次展开。每个学习模块对应于不同的营销职业能力，并把营销职业素质(如营销礼仪、人际沟通、语言表达、团队意识、情绪控制等)培养融于训练中，便于读者在做中学，适应教师讲授、学生参与、师生互动。

本书内容新颖，实用性强，既可作为高职高专市场营销类专业的教材，也可以作为企业营销人员的培训教材。对于从事市场营销及相关工作的人员，也是值得一读的参考书。

前　言

本书根据教育部《高职高专教育市场营销专业人才培养目标及基本规格》，借鉴近年来高职高专教育相关专业技能型人才培养和教学改革经验编写而成，在编写过程中突出了“以素质为基础，以就业与创业为导向，以能力为本位，以学生为主体，培养高端技能型人才”的职业教育课程改革指导思想。本书将市场营销活动构架为四个学习模块，每个学习模块又以项目任务为主导，通过项目任务设计梯次展开。每一项目对应于不同的营销职业能力，通过【项目目标】【项目引例】【项目分析】【项目实施】【拓展提高】【情境实战演练】【职业能力形成训练】等把营销职业素质培养融于训练中，试图让学生在学习后建立起一个较为系统、实用的营销理论框架，并在此基础上提高营销实践能力、应用能力和解决问题的能力。

1. 立足高职。坚持理论“够用、管用、适用”的原则，以营销学中确认需要和满足需要的“八大核心内容”构建教材体系。全书理论简约，既保证了市场营销经典理论的完整和传承，又适度追求该领域的前瞻性和高职教育的适用性。

2. 内容新颖。【案例链接】追踪和关注营销新现象，重视对营销新现象的剖析。【拓展提高】注重吸纳营销领域有关项目的新理论与新思维动向。

3. 工学结合。倡导“为行动而学习，在行动中学习”的教学理念，建立了以教师为导演、学生为演员的主动参与式学习模式，通过教师引导、学生分组互动操作、营销演练等形式，让学生感悟营销、感悟创业、感悟合作，为实现学生“零距离上岗”奠定基础。

4. 过程测评。科学设置【项目实施】【情境实战演练】等内容，建立过程考核与综合考核评价体系，使学生在潜移默化的训练中实现对营销原理运用及营销综合素质修养的螺旋式提升。

本书由湖南大众传媒学院肖凭担任主编，具体负责制定编写大纲以及全书的修订和统筹工作；施薇、文艳霞担任副主编。项目一、项目六、项目十二由肖凭编写，项目二由重庆能源职业学院田璐璐、湖南大众传媒学院施薇编写，项目三由湖南大众传媒学院李婷婷编写，项目四由陕西财经职业学院田睿编写，项目五由河南职业学院孙双娣编写，项目七、项目十五由湖南大众传媒学院吴胜辉编写，项目八由江西工贸职业学院何静编写，项目九、项目十一由湖南大众传媒学院文艳霞编写，项目十由湖南大众传媒学院王晓霞编写，项目十三由湖北城市建设职业学院刘洋编写，项目十四由湖北大众传媒学院施薇编写。

本书在编写过程中，得到了很多热心于高等职业教育的专家和领导的指导与帮助，参考和借鉴了市场营销界前辈和同人的有关文献及网络资料，吸取了一些高职院校的研究成果，谨向他们表示诚挚的谢意！

肖　凭

2015.1.10 于长沙

目　录

模块一

感悟市场营销活动

著名管理学家彼得·德鲁克(Peter Drucker)曾经指出:“可以设想,某些推销工作总是需要的,然而,营销的目的就是要使推销成为多余,营销的目的在于深刻地认识和了解顾客,从而使产品或服务完全地适合它的需要而形成产品自我销售,理想的营销会产生一个已经准备来购买的顾客,剩下的事就是如何便于顾客得到产品或服务……”营销不是企业经营活动的某一方面,它始于产品生产之前,并一直延续到产品售出以后,贯穿于企业经营活动的全过程。美国营销协会把“营销”定义为:“营销是引导商品和劳务从生产者到达消费者或用户手中所进行的企业活动。”英国营销学会则认为:“一个企业如果要生存、发展和盈利,就必须有意识地根据用户和消费者的需要来安排生产。”日本企业界人士认为:“在满足消费者利益的基础上,研究如何适应市场需求而提供商品和服务的整个企业活动就是营销。”学习市场营销,首先要认识市场营销活动,树立现代营销观念,并在此基础上进行正确的职业定位和培养营销素养,通过参与营销团队真实项目的实战,感悟营销活动的艺术。

项目一　树立现代市场营销观念

市场营销是如此基本，以致不能把它看作是一个单独的功能……从它的最终结果来看，也就是从顾客的观点来看，市场营销是整个企业活动。企业成功并不是取决于生产，而是取决于顾客。

——〔美〕 彼得·德鲁克

项目目标

知识目标：

◎ 正确认识市场营销的本质。

◎ 理解市场营销的内涵。

◎ 树立科学的市场营销观念。

能力目标：

◎ 培养学生形成现代市场意识和现代市场营销观念。

◎ 能正确运用现代市场营销观念分析问题、解决问题，有针对性地开展营销活动。

项目引例

小米手机缘何引爆市场？

2011 年 8 月 16 日，北京小米科技有限责任公司（以下简称小米公司）董事长兼 CEO 雷军在北京 798 艺术区举行小米 M1 手机首发会，用 1 999 元打造出了当时全球最低价的双核智能机。当天，小米手机的百度热度达到 iPhone 4S 的三分之二；9 月 5 日开放预订，34 小时内预订达到 32 万部，最终出货 21.5 万部；12 月 18 日开放销售后，三小时内 10 万部手机被一扫而空……

2012 年 8 月 16 日，正值小米手机一周岁生日之际，“2012 小米新品发布会”在北京如期举行。雷军把这个神圣的 1 999 元又赋予了搭载四核处理器的小米 2，该款手机于 10 月 30 日开始第一轮发售。与小米 2 同时上市的还有一款双核 1.7G 高性能的小米 1S，价格仅 1 499 元，于 8 月 23 日正式发售。2012 年12 月 21 日中午 12 点，新浪微博与小米手机的社会化网购正式开始。此次新浪微博专场销售中，超过 130 万人预订小米 2，小米手机的官方微博收获了 233 万次的转发与 81 万次的评论。据 2012 年相关消息显示，此次新浪微博上首次开卖的 5 万部小米 2 在 5 分 14 秒内被抢购一空。

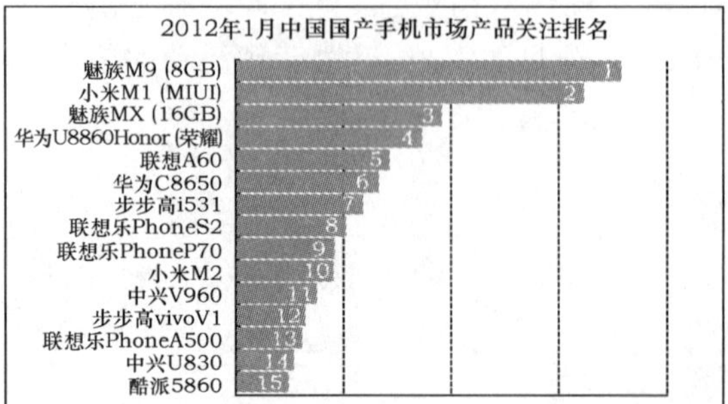

图 1-1　2012 年 1 月中国手机市场产品关注排名

为什么小米手机在市场上能如此火爆?

由于小米公司创始人雷军及团队善于把握手机市场环境和未来趋势,通过调研认识到,未来中国是移动互联网的世界,智能手机和应用会承载用户大部分需求。而目前市场上的手机品牌均存在一定程度的不足,所以小米公司开发出软硬件高度结合的小米手机,期望提升移动互联网的用户体验。并将小米手机定位于手机发烧友,小米手机的高端配置既吸引了高端玩家的注意力,同时又因为其高配低价吸引了部分普通用户,成功地实现了市场拓展。加之模仿苹果的限量发售,通过小米官网、凡客诚品、联通营业厅的渠道策略,米聊、微博等平台的网民口碑效应,小米手机仅用一年时间便成功跻身中国智能手机市场前列,品牌关注比例排名榜第二名。

引例分析

市场营销是企业在占领市场、扩大销售、实现预期目标的过程中所进行的一系列商务活动。小米手机的成功营销说明,现代企业只有在充分了解市场需求的基础上,通过准确分析市场营销环境,从用户需求出发,去开发有别于竞争者的特色产品,制定合适的价格,选择恰当的销售渠道,采用正确的促销策略,才能实现企业的营销目标。

项目分析

市场营销活动存在于人们日常生活的各个方面,人们日常所消费的各种产品都是营销的对象,芸芸众生,各种营利性企业、非营利性组织以及政府都有可能是被营销者或营销者。营销在我们的生活中无处不在,企业需要营销以满足消费者的需要;学校需要营销以满足广大学生的需要;医生需要营销以满足患者的健康需要;政治家需要营销以满足他的人民的需要;我们自己也需要营销,以满足与人有效交往的需要。总有人试图向我们推销什么,我们需要识别他们这样做的方式和原因。不久的将来当我们进入职业市场,必须进行"营销调研",以找到最佳机遇以及向我们未来的老板"自我营销"的最佳方式。因此,正确认识市场营销活动(任务 1),树立现代市场营销观念(任务 2),明确现代市场营销理念主要内容(任务 3)是各类营销者科学、成功地开展营销活动的前提和基础。

项目实施

任务 1 认识市场营销活动

一、市场

(一) 市场

市场是由那些具有特定需要或欲望,而且愿意并能够通过交换某种货物或劳务来满足这种需要或欲望的所有的现实的和潜在的购买者。

这一定义隐含以下几层意思。

(1) 市场是由人构成的。

(2) 市场的大小取决于这个人群的总量与需求量。

(3) 市场的需求通过交换来满足,需求不断变化,则满足也会不断变化。

构成市场的主要因素是人口、购买力和购买欲望,用公式表示就是:

市场=人口+购买力+购买欲望

其中,人口指的是对产品有现实需要或潜在需要的人,是构成市场的最基本的要素,没有人就不存在市场。购买力是消费者支付货币、购买商品或劳务的能力。购买力是构成营销市场的重要因素,有支付能力的需求才是有意义的市场。购买欲望是指消费主体购买商品的动机、愿望或要求,是消费者把潜在购买力变成现实购买力的重要条件。

市场的三个要素相互制约,缺一不可,只有三者结合起来,才能构成现实的市场,才能决定市场的规模和容量。

例如,一个国家或地区人口众多,但收入很低,购买力有限,则不能构成容量很大的市场;又如,购买力虽然很大,但人口很少,也不能形成很大的市场。只有人口多,购买力又高,才能形成一个庞大而具有潜力的市场。但是,如果提供的产品得不到购买者文化和个性的认同,也不能引起人们的购买欲望,对于销售者来说,仍然不能成为现实的市场。所以,市场营销中的市场是上述三个因素的统一。为什么世界 500 强企业愿意到中国来投资?说明中国是一个有潜力的大市场。从人口分析看,中国拥有 13 亿人口;从购买力分析看,2013 年城乡居民恩格尔系数分别降低到 35%和 37.7%左右,总体上已经进入小康居民消费阶段;从购买欲望分析,人们渴望生活品质的提高。中国已经成为世界消费能力旺盛的市场。

案例链接

特斯拉汽车:专注电动 着眼未来

现在,特斯拉(Tesla)被越来越多的人认识和关注。特斯拉,一家专业生产电动汽车的公司,成立于 2003 年,总部设在美国硅谷。其创始人是硅谷工程师、资深车迷马丁·艾伯哈德。

创始人是 IT 工程师而非机械工程师,总部在硅谷而非传统的汽车之城底特律,这些都在表明这家公司的不同之处。创建之初,并不被专业人士看好,认为这只是业余爱好者的玩票。然而事实是,在特斯拉发布的 2013 年第一季度财报中,该公司销售 Model S 车型 4 900辆,超过原先预定的 4 500 辆的目标。销售营收为 5.55 亿美元,同比增长 27 倍。2013 全年全球交付量也从 2 万辆上调至 2.1 万辆。财报数据一发布,便引起了资本市场的躁动,三天股票上涨超过 50%。而受其影响,即便远在大洋彼岸的中国,新能源车概念股也走出一波行情。

年销售量 2 万台与丰田、通用、大众三巨头年 800 余万的年销量相比,连对手的零头都不如,但问题是,特斯拉专注电动汽车,如果纯粹以电动汽车来比较的话,特斯拉已经超过了它们。给人的感觉,特斯拉颇具“苹果”气质——只做符合未来发展趋势的产品,车型单一,形象高端,令人向往。正如 2007 年苹果推出 iPhone 的时候,就销量而言,和当时的诺基亚、摩托罗拉相比也什么都不是,结果短短几年时间变成了现在这样的光景。

现在购买特斯拉几乎全部需要预订,市场的需求和产能已经产生了矛盾,这不是饥饿营销,而是真的通过产品力获得的认可。从布拉德·皮特、乔治·克鲁尼、施瓦辛格再到谷歌的两位创始人,特斯拉的客户名单几乎就是一张全球财富榜。这种意见领袖的作用将会进一步蔓延。

【分析提示】从市场构成的三要素分析,特斯拉电动汽车具有较大市场空间。

(二) 市场的分类

按购买者的购买目的和身份不同,市场可分为消费者市场、生产商市场、中间商市场、政府市场。

按照企业的角色不同,市场可分为购买市场(企业在市场上是购买者,其购买生产要素),销售市场(企业在市场上是销售者,出售自己的产品)。

按产品或服务供给方的状况(即市场上的竞争状况)不同,市场可分为完全竞争市场、完全垄断市场、垄断竞争市场、寡头垄断市场。

按交易对象的最终用途不同,市场可分为生产资料市场和生活资料市场。

按交易对象的具体内容不同,市场可分为商品市场、技术市场、劳动力市场、金融市场、信息市场。

按人文标准不同,市场可分为妇女市场、儿童市场、老年市场。

按市场的地理位置或商品流通区域的不同,市场可分为国内市场(北方市场、南方市场、沿海市场等)和国际市场(国别市场和区域市场)。

按市场的时间标准不同,市场可分为现货市场和期货市场。

二、市场营销

作为一门学科,市场营销学是以市场营销活动及其规律为研究对象,建立在经济学、行为学、管理学、社会学、商品学等相关学科基础上的应用科学。市场营销学于 20 世纪初发源于美国,20 世纪 30 年代被学者引进中国并进行传播,又于 20 世纪 70 年代末被重新引进并开始得以推广和应用。

市场营销的中心问题是企业的营销管理。研究企业的市场营销活动并为企业的营销管理服务,这是市场营销学的基本立足点。

作为一种经营活动,市场营销主要是辨别和满足人类和社会的需要,并把社会和个人的需要变成有利可图的商机的行为。对市场营销所做的最简短的定义是“有利益地满足需求”。微信、微博的开通,满足了白领阶层在办公室轻松减压的需求。网络电视的产生,满足了受众看电视连续剧不过瘾的需求。湖南卫视·快乐中国电视营运满足了平民受众参与节目、实现个人价值的需求。

市场营销活动理论是以克服市场交换活动的障碍、促使市场交易顺利实现为目标,致力于研究需要的产生和满足、产品的开发与价值、参加交易的组织和个人行为及其影响因素、交易过程与规律,以及促使交易成功的种种策略组合等重要问题。

(一) 市场营销的定义

那么,如何定义市场营销呢? 实际上,市场营销的概念在其历史中经历了一个从传统到现代的发展过程,具体表述方法也比较多。目前,比较权威、影响较大的如下所示。

1. 美国市场营销协会定义

美国市场营销协会(American Marketing Association,简称 AMA)定义委员会 1983 年 5 月对“市场营销”的定义是:市场营销是对思想、货物和服务进行构想、定价、促销和分销的计划和实施过程,从而产生满足个人和组织目标的交换。

该定义与传统定义(AMA 于 1960 年对“市场营销”的定义是:市场营销是引导产品或劳务从生产者流向消费者的企业营销活动)相比,有以下四个变化。

(1) 定义范围更宽，不再把市场营销局限于商品流通或销售活动。

(2) 将交换对象分为货物、服务和思想，而不是局限于产品。

(3) 突出了对营销活动的管理，强调了计划与实施这些市场营销战略的问题。

(4) 确认了能使对方得到满足的交换过程的重要作用。

2. 菲利普·科特勒的定义

美国著名市场营销学家菲利普·科特勒认为，市场营销“是一种把社会或个人的需要变成有利可图的商机的行为”，并从社会的角度将“市场营销”定义为：是个人和集体通过创造，提供出售，并同别人自由交换产品和价值，以获得其所需所欲之物的一种社会和管理过程。

尽管上述的定义表述不尽一致，但我们从中可以得到下面的几点启示。

(1) 市场营销是一个综合的经营管理过程，它贯穿于企业经济活动的全过程。市场营销是企业或组织的一种管理功能。

(2) 营销的主体既包括营利性的企业，又包含非营利的组织和个人。市场营销的对象不仅仅是市场需求的产品或者服务，而且包括思想、主张、活动和观念等。市场营销的核心是交换。

(3) 市场营销以满足顾客需要为中心来组织企业经营活动，通过满足需要而达到企业获利和发展的目的。即市场营销是一种通过利他实现利己的活动，或是一种双赢的活动。

(4) 市场营销以整体性的经营手段来适应和影响需求。市场营销活动受到微观环境和宏观环境的影响，因此市场营销是一个动态的过程。

3. 我们理解的市场营销

我们理解的市场营销就是企业在不断变化的市场环境中，以顾客需求为出发点，有计划地组织各项经营活动，为顾客提供满意的商品和服务而实现企业目标的过程。

从以上这个定义，我们可以看出：

(1) 市场营销是企业有目的、有意识的行为。

(2) 市场营销的对象不仅包括产品、服务，而且包括思想。

(3) 市场营销的主要内容是对思想、产品及劳务进行设计、定价、促销及分销的计划与实施。计划过程要考虑目标市场、市场定位、产品成本、质量、渠道、促销等“做什么”的问题；实施过程要考虑如何组织营销队伍、如何设计产品、如何建设渠道、如何定价、如何促销等“如何做”的问题。

(4) 市场营销的目的是“完成个人和组织目标的交换”。

案例链接

中央电视台第一届广告标王“秦池”

秦池酒厂是山东省临朐县一家生产白酒的企业。1995 年参加第一届“标王”竞标，以 6 666 万元的价格夺得中央电视台黄金时段广告“标王”后，引起了出乎人们意料的轰动效应，秦池酒厂一夜成名，秦池白酒也身价倍增。中标后的一个月时间里，秦池酒厂就签订了销售合同 4 亿元，前两个月秦池酒厂的销售收入就达 2.18 亿元，实现盈利 6 800 万元，相当于秦池酒厂建厂以来 55 年的总和。1997 年年底，尝到甜头的秦池酒厂又以 3.2 亿元夺得 1997 年中央电视台黄金时段广告“标王”。然而，再次夺标给秦池酒厂带来的并不是滚滚财源，而是难以咽下的苦酒，1997 年，秦池酒厂完成的销售额不是预期的 15 亿元，而是 6.5 亿元，再一年，更下滑到 3 亿元，从此一蹶不振，最终从传媒的视野中消失了。

【分析提示】市场营销不等于广告。企业要想在风云变幻的市场上长盛不衰，仅靠广告是远远不够的，归根结底要靠产品质量、售后服务、价格等众多因素。广告称王不等于市场称王，广告明星也绝不等于市场明星。

市场营销绝不是销售、推销、广告或促销。销售、推销、广告或促销只是市场营销的一部分，甚至不是最重要的部分，就如菲利普·科特勒所指出的，如果将市场营销比作浮在海上的一座冰山，销售、推销、广告或促销只是露出水面的那一部分，中国企业过分依赖媒体广告做市场营销，这是一个非常大的错误。

（二）市场营销的核心内容

按照市场营销活动的流程，市场营销的核心内容分为两个部分：市场战略和营销战术，并可将企业的市场营销归纳为八个关键性概念，即营销观念、消费者研究、市场调研、市场定位、产品策略、分销策略、定价策略、促销策略。

图 1-2　市场营销的八个核心内容

这八个概念中，前四个主要解决“了解需求”的问题，而后四个则是解决“满足需求”的问题。这些内容将在后面的项目任务中去逐步学习。

（三）市场营销的特点

1. 以消费需求为出发点

企业要从研究和分析消费者的消费需要出发来决定自己的经营方向，按照消费者的需求组织产品的生产和销售。只有真正按照消费者需求生产的产品，才能受到消费者的欢迎，才能在市场上顺利地实现交换，从而保证企业能够收回投资并获得利润。

2. 以营销组合为手段

市场营销强调如何从满足消费者需求出发，通过整体营销策略即产品策略、定价策略、渠道策略和促销策略的综合运用，更好地实现企业的经营目标。

3. 以满足需要为目标

在市场营销观念支配下，企业在决定生产之前要首先了解这种产品或服务对满足消费者需求的最终效果，然后根据需求的满足程度来确定企业的盈利。消费者需求被满足的程度越大，企业的盈利就越多；相反，需求被满足的程度越小，企业利润也越少。另外，企业要树立尊重消费者利益的观念。这包括两个方面：一是兼顾消费者的眼前需要和长远利益，如对某些产品长期或过量使用可能带来的副作用加以说明，提醒消费者适度消费；二是兼顾消费者的个别需求与社会公众的利益，对有可能造成环境污染或资源过度消耗的产品加以改进。

任务 2　树立现代市场营销观念

市场营销观念是企业进行市场营销活动的经营思想、经营哲学、营销哲学或企业竞争的指导思想。是企业在开展市场营销活动中处理企业、顾客和社会三者利益所持的态度、思想和观念。确立适宜的营销观念，对企业经营成败具有决定性的作用。市场营销观念是随社会经济的发展和市场形势的变化面发展变化的，在整个市场营销一百多年的发展历程中，大致经历了下面几个阶段。

一、传统市场营销观念

（一）以生产经营者为中心阶段的生产观念

企业的一切生产经营活动以生产为中心，围绕生产来安排一切业务。是一种重生产、轻营销的理念。生产观念可以概括为：我们会做什么，就生产什么，即“皇帝的女儿不愁嫁”。1869 年美国福特汽车公司亨利·福特宣称“不管顾客需要什么颜色的汽车，我只生产一种黑色的”是生产观念的经典写照。

（二）以生产经营者为中心阶段的产品观念

如果说生产观念强调“以量取胜”，产品观念则强调“以质取胜”。企业片面强调制造质量优良的产品，只要产品好，不怕卖不掉。产品观念可以概括为：我们会做什么，就努力做好什么，认为只要产品有特色，自然会顾客盈门。“酒香不怕巷子深”“人叫人，人不来；货叫人，人必来”都是产品观念的生动写照。但这些产品是设计师在实验室设计出来的，看不到市场需要在变化，会使企业陷入困境，成为没有远见的“市场营销近视”。

（三）以生产经营者为中心阶段的推销观念

认为消费者一般不会主动大量购买某一企业界的产品，因此企业必须积极推销和大力促销，以刺激消费者大量购买本企业的产品。推销观念主张“我们卖什么，顾客就买什么”“没有不成功的产品，只有不成功的推销”。至于商品是否能让顾客满意，顾客是否会重复购买，都无关紧要，如“嫁出去的女儿泼出去的水”。

推销观念的产生，说明销售工作在企业营销管理中的地位大大提高，企业开始重视广告和推销。但从生产者和市场信息的根本关系来看，仍然没有跳出“以生产经营者为中心”的圈子。

案例链接

世界上最伟大的推销员——乔·吉拉德

给你一个新任务，推销汽车，一天一辆，你做得到吗？也许你会说：不可能。如果让你连续多年都是每天卖出去一辆汽车呢？你肯定会说：没人做得到。可是世界上就有人做到了，这个人在 15 年的汽车推销生涯中总共卖出了 13 001 辆汽车（全是一对一销售给个人的)，平均每天销售 6 辆车，一天最多销售 18 辆车，一个月最多销售 174 辆车，一年最多销售 1 425 辆车，他也因此在这五个方面创造了吉尼斯汽车销售的五项世界纪录。他一生连续 12 年被《吉尼斯世界纪录大全》评为世界零售第一、连续 12 年平均每天销售 6 辆车。自 1978 年他宣布退休后这项纪录至今无人能破，他被吉尼斯世界纪录誉为“世界最伟大的销售员”，这个人就是被誉为“推销之神”的乔·吉拉德先生。

（资料来源：选自文义明编写的《世界上最伟大的推销大师实战秘诀》，由中国经济出版社 2011 年出版。）

【分析提示】市场营销活动不仅是生产产品，还要重视广告和推销。

二、现代市场营销观念

（一）以消费者为中心阶段的市场营销观念

这个观念主张“顾客需要什么，就生产什么和销售什么”“顾客就是上帝”。在这种观念指导下，企业的中心工作不再是单纯地追求销售量的短期增长，而是着眼长久地占领市场阵地。提出了“顾客是中心，竞争是基础，协调是手段，利润是结果”的营销观念。

案例链接

海尔的市场营销理念

(1) 紧盯市场创美誉。紧盯市场的变化，甚至要在市场变化之前发现用户的需求，用最快的速度满足甚至超出用户的需求，创美誉度。

(2) 绝不对市场说“不”。每个人的岗位就是市场，形成以每个员工为单位，让所有的用户满意。

(3) 用户永远是对的。海尔提出“星级服务”，宗旨是：用户永远是对的。用户就是衣食父母，只要能够不断给用户提供最满意的产品和服务，用户就会给企业带来最好的效益。

(4) 用户的抱怨是最好的礼物。用户抱怨的内容，正是我们工作改进的方向。

(5) 创造感动。创造感动就是对工作充满激情，就是用“心”工作，对产品用心，对用户用心，用心去感动用户。

(6) 先卖信誉后卖产品。质量是产品的生命，信誉是企业的根本，产品合格不是标准，用户满意才是目的，营销不是“卖”而是“买”。

(7) 只有淡季思想，没有淡季市场；只有疲软思想，没有疲软的市场。以变制变，变中求变。

(8) 浮船法。只要比竞争对手高一筹，“半筹”也行，只要保持高于竞争对手的水平，就能掌握市场主动权。

海尔集团总裁张瑞敏曾讲：“促销只是一种手段，但营销却是一种真正的战略。”营销就意味着企业要“先开市场，后开工厂”。

市场营销观念与推销观念的本质区别是前者以消费者需求为中心。推销观念注重卖方需要；市场营销观念注重买方需要。市场营销观念的四个支柱是：市场中心、顾客导向、协调的市场营销和利润。这是一种以顾客需要和欲望为导向的哲学，是消费者主权论在企业营销管理工作中的体现。市场营销观念的产生是现代企业营销观念的重要变革，西方市场信息学家对这一变革给予了很高的评价，称之为商业哲学的一次变革。

表 1-1　推销观念与市场营销观念的比较

营销观念	营销出发点	营销中心	营销策略	营销目标
推销观念	企业生产者	产品	派员推销和广告 着眼于每次交易	通过销售获取利润
市场营销观念	消费者需求	顾客满意	整体营销方案 着眼于总体市场	通过顾客满意创造利润

案例链接

日本本田汽车公司要在美国推出雅阁新车，设计前他们派出工程技术人员专程到洛杉矶地区考察高速公路的情况，实地丈量路长、路宽，采集高速公路的柏油，拍摄进口道路的设计。回到日本后，他们专门修了一条14.4千米长的高速公路，就连路标告示牌都与美国公路上的一模一样。在设计行李箱时，设计人员意见有分歧，他们就去停车场看了一个下午，看人们如何放取行李。这样一来，意见马上统一起来。结果，本田公司的雅阁牌汽车一到美国就备受欢迎，被称为全世界都能接受的好车。

【分析提示】许多优秀的企业都是奉行市场营销观念的，本田汽车公司以消费者需要为中心，把发现和满足消费者需求作为企业研究市场的核心，这是坚持市场营销观念的表现。

由于市场营销观念只是考虑了消费者的利益和企业的利益而忽视了社会整体利益和长远的利益，许多企业单纯为了满足消费需求而生产高污染、高能耗、危害人们身体健康的产品，如含磷洗衣粉满足了人们清洗衣服的需要，但污染了河流，不利于鱼类的生长；冰箱满足了人们储存食物的需要，但氟利昂却破坏了臭氧层；汽车满足了人们对于交通更为快速而便捷的要求，但尾气排放污染了空气；一次性筷子的使用使人们更方便，但制作筷子需要砍伐林木，造成水土流失等。

（二）以社会为中心的阶段社会营销观念

是指企业在生产和提供任何产品时，要兼顾消费者需要的满足、企业的利润和社会的长远利益，兼顾三者的关系是企业的根本目的与责任。强调企业在追求经济利益的同时，应兼顾社会效益，谋求人和社会的共同的可持续发展。

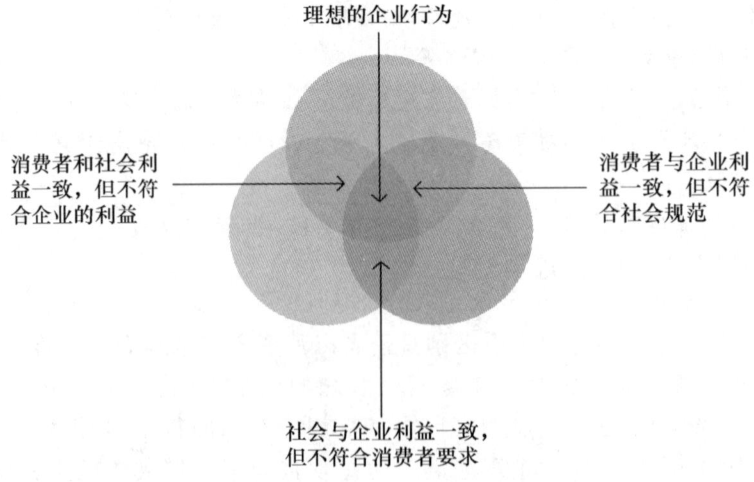

图 1-3　以社会为中心的阶段社会营销观念

社会营销观念是在20世纪70年代被提出的。其产生的背景是：一方面，当时西方国家中许多工商企业为了牟取暴利，往往在“为消费者谋利益”的旗号下，干着种种坑害、欺骗顾客的勾当，引发了消费主义运动，成立各种各样的消费者保护组织，以保护消费利益；另一方面，企业奉行市场营销观念而回避了消费者愿望的满足、消费者利益与社会利益之间的潜在矛盾，从而导致了资源浪费、环境污染等弊端。

案例链接

消费者权益保护运动

消费者权益保护运动起源于欧洲，兴起于第二次世界大战后各发达资本主义国家，至今已有一百多年的历史。二战后，各消费者组织便应运而生，并迅速扩展到发展中国家。1960年，成立了国际消费者联盟组织(简称CI)。1983年，国际消费者联盟组织确定每年的3月15日为“国际消费者权益日”。肯尼迪于1962年3月15日在美国国会发表《关于保护消费者利益的总统特别咨文》，首次提出了著名的消费者的“四项权利”，即：有权获得安全保障；有权获得正确资料；有权自由决定选择；有权提出消费意见。肯尼迪提出的这四项权利，以后逐渐为世界各国消费者组织所公认，并作为最基本的工作目标。

我国自1987年开始，每年的3月15日，全国各地的消费者组织者都与联合各有关部门共同举办隆重的纪念活动。中国消费者协会从1997年起，通过每年确定一个主题方式，开展“年主题”活动。

中国消费者协会历年主题如下所示。

1997年：讲诚信反欺诈

1998年：为了农村消费者

1999年：安全健康消费

2000年：明明白白消费

2001年：绿色消费

2002年：科学消费

2003年：营造放心消费环境

2004年：诚信·维权

2005年：健康·维权

2006年：消费与环境

2007年：消费和谐

2008年：消费与责任

2009年：消费与发展

2010年：消费与服务

2011年：消费与民生

2012年：消费与安全

2013年：让消费者更有力量

2014年：新消法、新权益、新责任

2015年：携手共治畅享消费

社会营销观念是对市场营销观念的补充与完善。它强调从消费者出发，在营销活动中考虑社会与道德问题；平衡企业利润、消费者需要满足和社会公共利益三者间的关系，保护环境，保持生态平衡。

社会营销观念仍然存在一定的缺陷：

(1) 不能全面而有效地处理企业与社会的关系；

(2) 仍然没有弥补营销观念的第二大重大缺陷，即市场营销如何充分而有效地发挥自身的资源优势，以更好地满足顾客需求，强化其市场竞争力。

(三) 以竞争为中心的阶段优势营销观念或生态营销观念

随着市场竞争的不断激化，生产经营者关注的不仅是单纯的市场需求变化，还要关注竞争者市场营销策略的变化，只有扬长避短，充分发挥自身的优势，才能更有效地适应市场环境的发展变化，这种观念把生产经营者适应市场环境比喻为生物休眠以适应自然环境，因此也有人形象地把这种观念借喻为生态营销观念。

产生的时代背景：

(1) 有的企业和行业并非自己所擅长的，致使其因无力与竞争者相抗衡而最终陷入困境。如何在结合消费者需求的基础上充分发挥自身的优势，寻求与创造企业与市场环境的协调一致性，以保证企业有限资源能够获得最大限度的效益，就成了现有的问题。

(2) “捉对竞争”的出现。如可口可乐与百事可乐、柯达与富士、麦当劳与肯德基、波音和空中客车等都是典型的“捉对竞争”，实施的都是以竞争为中心的营销观念。

(3) 优势营销观念不仅考虑了市场需求的变化，同时也考虑了市场供应的变化，弥补了市场营销观念和社会营销观念的某些重大缺陷。

在理论研究方面，以迈克尔·波特的《竞争优势》和《竞争策略》为代表的一系列以企业市场竞争战略和市场竞争策略为研究对象的论文和著作也相继问世。特别是以施乐公司在日本的市场竞争实践为基础上提炼出来的“基准营销”理论，更是明确了现代企业必须以其竞争对手的市场营销状况为基础来制订本企业的营销计划及实施方案，从而进一步确定了竞争观念在现代企业营销中的主导地位和中心地位。

案例链接

柯达和富士就像可口可乐和百事可乐这对冤家对头一样，双方不管走到哪里几乎都是如影随形。2003 年，柯达在与重庆和平药店历经九个月的谈判后，找到了低成本增加上百家连锁店这一贴近居民消费的方式。它通过出品牌、出促销、出终端、出培训等方法，将自己的彩扩设备逐步摆放到了和平药店在市区的 130 多家连锁药店中，开展起数码彩扩业务。富士岂容柯达一枝独秀？它在收到和平药店老对手——重庆桐君阁的结盟信号之后，通过六个月的谈判，与桐君阁达成了内容与柯达和和平药店协议相似的合作协议，使自己陡增了 932 家销售网点。根据协议，桐君阁提供收取富士胶卷的冲扩业务并且出资购买了一些冲印设备，富士则提供一切上游产品和技术支持。

(资料来源：选自邓镝编写的《营销策划案例分析》，由机械工业出版社于 2007 年出版。)

【分析提示】胶卷行业的市场竞争，迫使生产经营者不仅要关注市场需求的变化，还要关注竞争者市场营销策略的变化，只有扬长避短，充分发挥自身的优势，才能更有效地适应市场环境的发展变化。

三、新时代市场营销理念

20 世纪 90 年代，营销观念由“大众化营销”观念和“目标市场营销”观念转变为“个性化营销”观念或“定制营销”，针对每一位顾客的特定需要提供个性化产品和服务，才有可能实现对顾客需要的最大限度地满足。

个性化服务(Customized Service)，也叫定制服务，就是按照消费者的要求提供的特定服务。个性化服务包括三个方面：服务时空的个性化，即在人们希望的时间和希望的地点得到服务；服务方式的个性化，即能根据个人爱好或特色来进行服务；服务内容个性化，服务内容不再是千篇一律，千人一面，而是各取所需，各得其所。

案例链接

Do It Yourself

20 世纪末，海尔提出了“您的设计，我来实现”的新口号，由消费者向海尔提出自己对家电产品的需求模式，包括性能、款式、色彩等。今天的 DIY 音乐、DIY 玩具、DIY 服务、DIY 家具等，已经成为年轻一族的时尚，弥漫在上海、北京、广州等城市的各个角落。

【分析提示】“个性化营销”较之传统目标市场营销而言，已由注重产品差别化转向注重顾客差别化。

“个性化营销”从广义上理解顾客差别化主要体现在两个方面：一是不同的顾客代表不同的价值水平；二是不同的顾客有不同的需求。因此，“个性化营销”认为，在充分掌握了企业顾客的信息资料并考虑了顾客价值的前提下，合理区分企业顾客之间的差别是重要的工作内容。顾客差别化对开展“个性化营销”的企业来说，一者可以使企业的“个性化”工作能有的放矢，集中有限的企业资源从最有价值的顾客那里获得最大的收益，毕竟企业不可能有同样的能力与不同的顾客建立学习关系，从不同的顾客那里获取相同的利润；二者企业也可以根据现有的顾客信息，重新设计生产行为，从而对顾客的价值需求做出及时的反应；三者企业对现有“顾客数据库”进行一定程度和一定类型的差别化将有助于企业在特定的经营环境下制定相适应经营战略。

正如佩珀和罗杰斯在《1∶1 的未来》一文中所指出的那样：“在 1∶1 的未来，你自己将会发现在一段时间内是对一个顾客在开展商业竞争，你并不企图把一种产品尽可能销售给更多的顾客，取而代之，你将会向一个顾客出售尽可能多的产品——它们是长期和跨越不同产品线的。”

因此，我们可以将企业市场营销理念的变化总结为：以关注生产为特征的生产观念阶段；以关注销售为特征的推销观念阶段；以关注市场需求的一般满足为特征的大众化营销观念阶段；以关注个性化需求满足为特征的定制化营销阶段。

四、营销观念演变过程的启示

(1) 市场营销理念是生产者或企业对市场营销实践的能动反应，是市场营销者在长期实践和探索中积累的智慧的高度结晶。

(2) 从根本上说，市场营销理念的确立，是由社会经济条件和营销环境决定的，而不能人为地随意确立。也就是说，市场营销理念最终取决于社会生产力的发展水平。

(3) 具体而言，影响市场营销理念的因素包括市场营销者个人的智慧、道德观念以及市场营销环境的压力。正是如此，在市场营销实践中，西方发达国家企业实行社会营销观念和优势营销观念一半是出于其道德观念和聪明才智，而另一半是出于无奈。

(4) 对市场营销的评价，必须结合营销环境来进行。对市场营销理念进行的任何脱离营销环境的一般性或抽象性评价，都是极端错误的，也是毫无意义的。

(5) 随着客观条件的变化，市场营销理念应该进行适应性调整与转变。只有这样，才能保证市场营销理念适应市场营销环境的要求。

(6) 市场营销理念的演变过程，体现了马克思主义哲学的否定之否定规律。就总体而言，企业市场营销理念的变化，经历了以生产者为中心的生产观念和推销观念阶段，到以消费者和社会为中心的营销观念和社会营销观念阶段，最终到了兼顾生产者、消费者和社会的优势营销观念阶段。

任务 3　明确现代市场营销理念主要内容

一、战略观念

所谓战略，就是指重大的、全局性或决定全局的谋划。所谓战略观念，是指企业在市场营销活动中，通过对内部条件和外部环境进行综合分析，从而制订和实施长期性、全局性的战略决策方案，使企业的市场营销活动与营销环境的变化不断地达成动态平衡。现代企业的市场营销活动只有站在战略的高度才能正确地确立企业当前的位置，进而制定和实施科学的营销目标，以保障企业的长远发展。

要树立科学的战略观念，必须做好以下几方面工作：① 学会科学的分析方法。全局和未来都是看不见、摸不着的，只能进行抽象分析。要更好地进行抽象分析，不仅需要分析者具有过人的智慧和洞察力，还需要分析者掌握和运用科学的分析方法。② 思想要开放。最重要的是考虑其现有的资源和能力，即现在有什么和能做什么，而不能先考虑我们没有什么、不能做什么。③ 战略观念最终体现在企业的战略目标体系上。企业必须制定科学而系统的战略目标体系。战略目标的制定要按照现状分析、前景预测、限制因素分析和对策选择的程序来进行。

二、消费观念

所谓消费观念，就是企业的一切市场营销活动以消费者需求为中心，把消费者需求放在首要地位的观念。消费观念是现代企业市场营销活动最根本的指导思想。决定消费观念的因素有四个方面：一是社会生产的目的，因为人类社会生产活动的根本目的就是为了满足自身的需求；二是现代社会生产力的高度发达，使得产品供过于求现象日趋严重；三是现代社会监督机制日趋完善；四是现代企业市场营销者的道德观念。

要更好地树立消费观念，首先要进行市场调研，以消费者需求的现状和变化趋势为依据，并在此基础上以消费者需求为中心来制定和实施营销战略和营销策略，进而组织市场营销活动；其次要处理好满足消费者需求与提高企业经济效益的关系，实现两者的高度统一；

最后是对消费者采取高度负责的态度，对消费者需求进行有效引导，使消费者需求朝着积极而健康的方向发展。

三、市场观念

所谓市场观念，就是企业以市场为中心，使企业的全部市场营销活动者立足于市场的市场营销理念。要更好地树立市场观念，一是要做好市场调研工作，高度关注市场供求的现状及其变化趋势，市场的变化反映消费者需求的变化；二是企业要在发挥自身优势、利用价值规律和市场机制来组织市场营销活动的前提下，积极主动地投入到市场中，参与市场竞争。

四、竞争观念

现代市场营销理念中的竞争观念就是企业在市场上直接接受消费者的评判、检验和选择，实现优胜劣汰的观念。竞争观念是现代市场经济的必然产物，而且随着市场经济的发展，市场竞争将会更加激烈，竞争观念的重要性也将日趋突出。

要正确地树立竞争观念，必须做好以下几方面工作：一是树立竞争意识，这是最关键的因素，只有充分地认识到竞争的规律和作用，才能自觉而义无反顾地投入到市场竞争中去；二是注重不断地强化竞争实力，并加强对市场竞争规则的研究；三是要研究企业的自身优势，并充分发挥这种优势，充分地扬长避短，是企业取得市场竞争优胜的根本保障；四是采用正当的市场竞争手段，以树立其良好的信誉和形象。所谓正当的市场竞争手段，就是合乎市场竞争规则的竞争手段，凡是有利于社会和消费者的一切市场竞争手段都属于此类；反之，就是不正当的竞争手段。

五、创新观念

所谓创新观念，就是企业在市场营销活动中不断开拓、推陈出新，以创造合乎消费者需求的具有营销特色的市场营销理念。现代企业的不断发展、最终取决于开拓创新，开拓创新是现代企业生命力的源泉。要树立并强化创新观念，首先要打破安于现状、墨守成规的做法，树立并保持积极进取、不断开拓的精神，尤其是企业领导者的开拓进取精神具有决定性意义；其次，在营销决策过程中要善于寻找并抓住市场机遇，敢于承担一定的市场风险；再次，在营销战略和营销策略上不断地推陈出新；另外，大力培养和发掘开拓型人才，这是一个非常关键的创新工作；最后，根据市场变化，不断强化新产品开发工作，并及时推出新的服务，以适应巩固老市场和开辟新市场的需要。

六、效益观念

所谓效益观念，就是指企业在市场营销活动中，通过在有利于消费者需求并能更好地满足和强化企业市场竞争力的前提下尽可能降低成本的方式，来实现其最大限度地提高经济效益目标的营销理念。取得尽可能多的盈利，是企业市场营销活动的目标，也是企业强化其未来的市场竞争力的物质基础，而市场营销活动只不过是手段而已，这是市场经济和商品经济的性质所决定。企业要最大限度地提高经济效益，就应该改善经营管理，加强财务核算，并充分调动员工的积极性。

七、道德观念和法律观念

所谓道德观念，就是指企业的市场营销活动要合乎具有时代意义的社会道德的要求和营销理念。所谓法律观念，就是指企业在市场营销活动中自觉地遵守各种法律规范和营销理念。从一般意义上看，讲道德和遵纪守法都是社会公民应尽的义务；对市场营销活动而言，讲道德和遵纪守法不仅是消费者的需求，还是企业塑造产品形象和企业形象最有效的手段之一。

在现代社会，随着社会物质文明和精神文明水平的飞速提高、道德和法律的日益完善，人们的道德观念和法律观念也日益强烈，讲道德和遵纪守法不仅成为现代企业市场营销活动得以顺利进行的一个必要条件，而且还成为现代市场营销活动成败的一个决定性因素。

拓展提高

从4P、4C、4R到4V的营销组合

营销观念的演进从低级到高级，从简单到复杂，从片面到全面，从感性到理性。观念改变了，相应的营销理论也在改变：4PS理论通过满足现实的具有相同或相近的顾客需求并获利最大化；4Cs理论通过满足现实的和潜在的个性化需求来培养顾客忠诚度；4Rs理论则通过适应需求变化并创造需求，追求各方互惠关系的最大化；到了20世纪90年代中后期，随着高科技产业的迅速崛起，高科技企业、高技术产品和服务不断涌现，营销观念和营销方式也不断丰富与发展，形成了现在最高级的以满足消费者绿色需求为核心的4V理论。

一、以满足市场需求为目标的4P营销理论

4P营销理论自20世纪50年代末由Jerome Mc Carthy提出以来，对市场营销理论和实践产生了深刻的影响，被营销经理们奉为营销理论中的经典。4P是指产品(Product)、渠道(Place)、价格(Price)、促销(Promotion)。它宣传的是“消费者请注意”。这一理论具有强大的生命力，主要表现在两个方面：一方面是可拓展性，科特勒考察了特殊市场条件下营销组合，将权力和公共关系纳入其中，形成了6P理论，针对服务的特殊性，提出了7P理论，这些因素中的部分因素早已包含在4P理论中，只不过是其重要性增加而单独地将其列出而已；另一方面是无可替代性，尽管4C、4R、4V理论出现，但并不意味着4P理论被淘汰，这些理论之间是互补关系，绝非替代关系。

二、以追求顾客满意为目标的4C营销理论

由美国著名学者劳特朋教授提出的4C理论，是指消费者(Consumer)、成本(Cost)、便利(Convenience)、沟通(Communication)。4C理论坚持以顾客为导向，始终围绕“顾客需要什么”“如何才能更好地满足顾客”两大主题，进行持续的改进活动，以追求顾客满意为目标。它是一种由外而内的拉动型营销模式，它宣传的是“请消费者注意”，而非“消费者请注意”。

1. 消费者是指瞄准消费者需求。首先要了解、研究、分析消费者的需要与欲求，而不是先考虑企业能生产什么产品。

2. 成本是指消费者所愿意支付的成本。首先了解消费者为满足需要与欲求愿意付出

多少钱(成本),而不是先给产品定价,即向消费者要多少钱。

3. 便利是指消费者的便利性。首先考虑在消费者购物等交易过程中如何给消费者方便,而不是先考虑销售渠道的选择和策略。

4. 沟通是指与消费者沟通。以消费者为中心实施营销沟通是十分重要的,通过互动、沟通等方式,将企业内外营销不断进行整合,把消费者和企业双方的利益无形地整合在一起。

三、以建立顾客忠诚为目标的4R营销理论

美国的Don E. Schultz提出了关于4R策略的营销新理论,阐述了一个全新的营销四要素:与顾客建立关联(Relevance)、反应(React)、关系(Relation)、回报(Return)。

1. 与消费者建立关联。要提高消费者的忠诚度,赢得长期而稳定的市场,要通过某些有效的方式在业务、需求等方面与消费者建立关联,形成一种互助、互求、互需的关系。

2. 提高市场反应速度。对经营者来说最现实的问题不在于如何控制、制订和实施计划,而在于及时地倾听消费者的需求,并及时答复和迅速做出反应,满足消费者的需求。

3. 与消费者的关系营销。抢占市场的关键已转变为与消费者建立长期而稳固的关系。必须优先与创造企业75%—80%利润的20%—30%的那部分重要消费者建立牢固关系。

4. 以消费者及股东回报为目的。营销目标必须注重产出,注重企业在营销活动中的回报。一切营销活动都必须以为消费者及股东创造价值目的。

四、新经济时代的4V营销组合理论

进入20世纪90年代以来,高科技产业迅速崛起,高科技企业、高技术产品与服务不断涌现,互联网、移动通信工具、发达交通工具和先进的信息技术,使整个世界的面貌焕然一新,俨然成为人类的“地球村”。原来那种企业和消费者之间信息不对称状况得到改善,沟通的渠道多元化,越来越多的跨国公司开始在全球范围进行资源整合。在这种背景下,营销观念、营销方式也不断丰富与发展,并形成独具风格的4V营销理论。4V是指差异化(Variation)、功能化(Versatility)、附加价值(Value)、共鸣(Vibration)的营销组合理论。

1. 差异化。从某种意义上说,创造消费者就是创造差异。有差异才能有市场。差异化营销一般分为产品差异化、市场差异化和形象差异化三个方面。

2. 功能弹性化。产品在消费者中的定位有三个层次:一是核心功能,由产品的基本功能构成;二是延伸功能,即功能向纵深方向发展;三是附加功能,如美学功能等。

3. 附加价值化。产品的价值包括基本价值与附加价值两个组成部分。当代营销新理念的重心在“附加价值化”。从三个角度入手:第一,提高技术创新在产品中的附加价值;第二,提高创新营销与服务在产品中的附加价值;第三,提高企业文化或品牌在产品中的附加价值。

4. 共鸣。将企业的创新能力与消费者所珍视的价值联系起来,通过为消费者提供价值创新使之获得最大程度的满足。而当消费者能稳定地得到这种“价值最大化”的满足之后,将不可避免地成为该企业的终身消费者。

情境实战演练

加多宝的营销之路

加多宝是位于东莞的一家港资公司，在以“红罐装王老吉”进入凉茶市场的早期，其销售业绩一直处于不温不火的状态。

为了图谋更大的市场，加多宝找到了营销策划公司。在策划公司的建议下，他们对红色王老吉的定位进行了调整，变为预防上火的饮料，调整后的红色王老吉立足于全国市场，并用消费者容易理解和容易记住的一句广告词来表达——“怕上火，喝王老吉”。在第一阶段的宣传中，加多宝让红色罐装王老吉以轻松、欢快的形象出现，强调正面宣传，避免出现症状式的恐怖诉求，把红色王老吉和保健品、药品区分开来，由广告宣传统一消费者对红色王老吉的混乱认知。在宣传上强调预防上火。强调“上火”的概念，淡化“凉茶”的概念。以“预防上火”作为主打口号，针对消费者需求把产品特性放大。由于“上火”是一个全国性的中医概念，而不仅仅像“凉茶”概念那样局限于华南地区。这就把加多宝带出了地域品牌的局限，有利于开拓全国市场，而且3.9元的零售价格因为有了“预防上火”的功能诉求，也不再高不可攀。在广告中，加多宝常常和火锅、烧烤等容易上火的享乐活动挂钩，为了使消费者产生这样的印象：加多宝是此类活动的必备饮料。这就使加多宝具备可口可乐、康师傅等所不具备的特性。

在渠道和终端地面推广上，除了传统的POP广告外，加多宝还开辟了餐饮新渠道——选择湘菜和川菜馆、火锅店作为“加多宝诚意合作店”，投入资金与他们共同进行促销活动，并且把这些消费终端场所也变成了广告宣传的重要战场，设计制作了电子显示屏、红灯笼等宣传品免费赠送。在给渠道商家提供了实惠后，加多宝迅速进入餐饮渠道，成了渠道中主要的推荐饮品。

加多宝公司最初投入1 000万元做广告，2003年宣传推广投入4 000多万元，2004年则增加到一个亿，2005年一个多亿，2006年世界杯期间广告投入更是激增，全年的广告投入两个多亿。在中央电视台2007年广告招标大会上，又以4.2亿元成为2007年央视广告的标王。随着王老吉广告投入连续以几何的趋势猛增，而其销量也随着广告投入的猛增——2003年6亿元，2004年10亿元，2005年一举跃升到30亿元，2007年销售额更是达到了50亿元，获得“2007年度全国罐装饮料市场销售第一名”的市场地位。

2008年5月12日四川发生大地震，而在5月18日由多个部委和央视联合举办的晚会中，来自民营企业广东加多宝集团的1亿元捐款，成为国内单笔最高捐款的企业。几乎从未在公开场合露过面的公司老板阳爱星，手持一张硕大的红色亿元支票，在节目将近结束前短暂出现在央视直播画面上。一直隐身于公众媒体的加多宝顿时引起电视机前网友的极大关注。

思考与讨论

1. 你从本案例可以窥视到的王老吉营销观念内涵包括哪些重要内容？
2. 试用市场营销八个核心内容分析王老吉是怎么开展市场营销活动的？
3. 假如你毕业后要走创业之路，你打算怎样营销你的公司？你想好自己的创业点子了吗？

职业能力形成训练

一、演练项目

3 分钟自我推销。

二、演练目的

便于授课老师迅速掌握全班学生的情况，以便将来有针对性地组织开展营销活动。

三、演练内容

假如我们即将毕业，正在参加某金融企业客服经理岗位的面试，请用 5 分钟时间进行自我推荐，并做到以下几点。

（1）得体的问候。

（2）根据招聘要求，有针对性的推荐自我，可涉及姓名、毕业院校、所学专业、个人专长，对拟应聘企业和行业的了解，对拟应聘岗位的认知及本人的适应优势等。

（3）其他同学扮演招聘企业面试人员，提出相关问题，观察和判断是否录用推荐人等。

（4）拟应聘人员对自我推荐内容进行现场答辩。

四、演练组织

教师注意课堂纪律的掌控，确保演练自然顺利进行，具体步骤如下。

（1）演练前教师要提前部署，给学生的自我推荐留出准备、练习时间。

（2）上台问候，跑步上台，站稳后先对所有人问好，然后再介绍。

（3）正式自我推荐时，注意音量、站姿、介绍顺序和肢体动作等。

（4）致谢回座。

五、演练考核

（1）上讲台自我推销介绍神态大方、举止得体。（50 分）

其中，充满自信 10 分，站姿得体 10 分，声音洪亮 10 分，面带微笑 10 分，着装得体 10 分。

（2）对企业的了解经过调研，与实际符合。（20 分）

（3）自我推荐与自身情况吻合，逻辑通顺，语言流畅。（20 分）

（4）时间把握适度。（10 分）

项目二　职业定位与营销素养

能力不够，还能够培训与训练；品德不好，就会影响整个企业的信誉。

——〔日本〕 松下幸之助

项目目标

知识目标：

◎ 了解营销人员的类型，明确一个优秀营销人员要具备的能力与素质。

◎ 明确营销道德建设的内容与途径。

能力目标：

◎ 培养学生成为优秀营销人员的能力与素质。树立正确的营销道德观，增加营销社会责任意识。

项目引例

毒奶粉给产品带来的影响

石家庄三鹿集团本是一家有着60年历史、2万多名职工、16亿元资产的大型企业，作为奶制品行业的龙头老大，经中国品牌资产评价中心评定，三鹿品牌价值达149.07亿元。三鹿有雄厚的资本，顶级的品牌，一流的人才、技术、设备，富有竞争力的产品，遍布中国每一个县的销售渠道，18%的国内市场覆盖率……那么为何短短几个月，这些历经几代人形成的资产化为乌有呢？

2008年6月28日，位于兰州市的解放军第一医院收治了首例患"肾结石"病症的婴幼儿，据家长们反映，孩子从出生起就一直食用河北石家庄三鹿集团所产的三鹿婴幼儿奶粉。

随着患病婴幼儿的增加，省委、省政府领导和各相关部门对"肾结石事件"也高度重视。省委书记、省人大常委会主任陆浩闻讯后立即作了批示："立即采取措施，及时妥善处理。"要求卫生部门及各监管部门做好患儿救治，迅速排查。除甘肃省外，陕西、宁夏、湖南、湖北、山东、安徽、江西、江苏等地都有类似案例发生。

同年9月11日晚卫生部指出，近期甘肃等地报告多例婴幼儿泌尿系统结石病例，调查发现患儿多有食用"三鹿"牌婴幼儿配方奶粉的历史。经相关部门调查，高度怀疑石家庄三鹿集团股份有限公司生产的"三鹿"牌婴幼儿配方奶粉受到三聚氰胺污染。卫生部专家指出，三聚氰胺是一种化工原料，可导致人体泌尿系统产生结石。

石家庄三鹿集团股份有限公司发布产品召回声明称，经公司自检发现2008年8月6日前出厂的部分批次"三鹿"牌婴幼儿奶粉受到三聚氰胺的污染，市场上大约有700吨，三鹿集团为对消费者负责，该公司决定立即对该批次奶粉全部召回。

"毒奶粉"事件发生后，三鹿集团又借款9.02亿元付给中国奶业协会，用于支付患病婴幼儿的治疗和赔偿费用。与此同时，债权人石家庄商业银行和平西路支行向石家庄市中级人民法院提出了对债务人石家庄三鹿集团股份有限公司进行破产清算的申请。不久，石家庄市中级人民法院宣布三鹿集团破产。

引例分析

企业营销中存在的假冒伪劣产品、价格欺诈、格式条款、虚假宣传、消费纠纷问题的主要根源：一是企业人员的营销素质有待于进一步提升；二是行业规范有待于完善；三是应充分发挥营销职业道德的约束机制。

项目分析

高素质的营销人才是现代企业核心竞争力重要组成。营销素养则是每个从事营销工作的从业人员进行职业生涯设计必备的、长期的任务。营销道德是用来判定市场营销活动正确与否的道德标准，即判断企业营销活动是否符合消费者及社会的利益，能否给广大消费者及社会带来最大幸福。企业的社会责任是指企业在社会中生存和发展的过程中应该承担的责任。一般而言，企业不遵守市场营销道德标准就很难履行其社会责任，而不履行社会责任的企业又必然违背市场营销道德标准。市场的竞争就是这样，谁先拥有消费者，谁就能够抢占市场，取得竞争的主动权。现代企业在开展营销活动中必然需要建立一支高素质的营销人员，讲求营销道德，实施诚信营销。在此项目中，我们通过了解营销人员的类别，确定营销岗位（任务1）；明确作为一名成功的营销人员应具备的素质（任务2）；同时针对当前企业在市场营销过程营销道德问题，明确加强营销道德建设和社会责任的意义（任务3）。

项目实施

任务1 确立营销岗位

案例链接

2014—2015中国南方人才市场报告

虽然2014年珠三角人才供需与前一年相比在总量上有所下降，但竞争却不降反升。中国南方人才市场发布了2014年度才市分析和2015年才市供求情况预测，2014年的求人倍率为1.38，与2013年的1.40相比竞争激烈程度有所加大。

企业需求量较大的营销岗位分别是产品销售、市场推广、渠道管理和广告策划，除此以外，客户服务、活动策划、行政人员和公关活动也具有一定的需求，具体的相关岗位在问卷中的所选比例如下图。

需求最高职位 TOP10

排序	职位类别	占比(%)
1.	市场营销/公关/销售	39.21
2.	计算机/互联网/电子商务	18.16
3.	技工	8.99
4.	建筑/机械	4.53
5.	生产/营运/质量/安全	4.27
6.	医疗/卫生/美容/保健	3.872
7.	人力资源/行政	3.50
8.	高级管理	3.23
9.	采购/贸易/物流/仓储	2.81
10.	其他	

岗位	百分比
销售人员	27%
外贸销售员	11%
营销助理	21%
网络营销操作	12%
电商平台管理员	10%
客户管理	9%
售后服务	3%
展会活动策划	3%
推销服务	10%
其他	3%

【分析提示】作为一个优秀的营销人员应具备的条件：学者的头脑；艺术家的心；技术者的手；劳动者的脚。必须懂得市场调研、产品设计、财务核算等知识，要学会用数字说话，这样不仅能够体现精细认真的做事态度，更能体现对企业负责的良好职业素质。

一、企业营销部门及人员概述

市场营销部是产品与服务的市场推广与销售管理的综合性部门，不仅需要研究产品与服务的定位和战略导向，进行产品推广，并且需要管理产品与服务的分销，最终促使产品与服务为客户所购买。市场营销部在职能上分为市场推广和销售管理两大部分。

（一）企业营销部门组织设置

根据提供的产品与服务的区别，以及企业规模的不同，市场营销部可按工作职能划分为市场部、销售部（如图 2-1 所示），根据企业情况可加设产品部、零售部等；亦可按工作范围划分区域性的营销分公司，构成分公司向总部营销中心汇报的模式（如图 2-2 所示）。

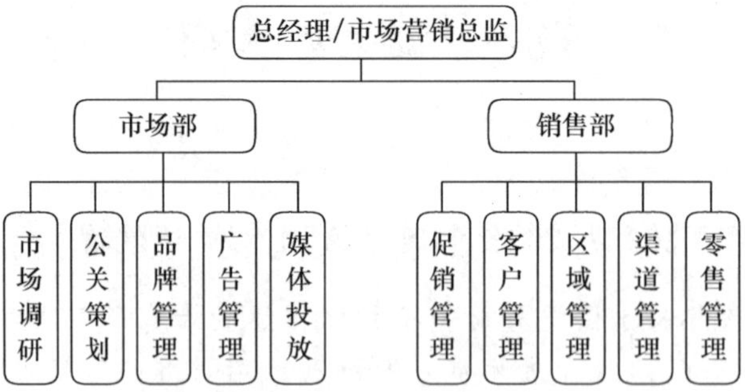

图 2-1　市场营销部工作职能划分

（二）企业营销人员的概念

营销人员是指从事市场分析与开发研究，为企业生产经营决策提供咨询，并进行产品宣传促销的人员。只要设计销售的人员都可以说是营销人员。每个营销人员都是销售人员，但销售人员不一定能担当营销的工作，营销最重要的是策划、头脑和广泛的人际关系等。营销和推销最大区别就是：营销讲究策划，它是解决产品怎么卖、卖什么、卖给谁等一系列问题；而推销只解决一个问题，就是怎么卖，即只完成了营销中的一个环节。

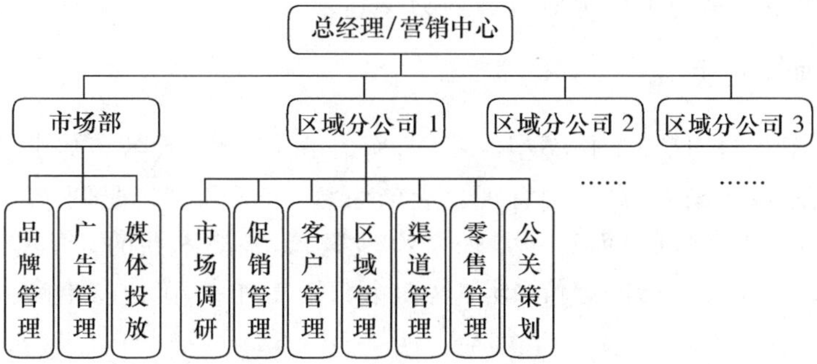

图 2-2　市场营销部工作范围划分

二、营销人员管理的三种制度

从管理方式的变化角度来看，营销人员可分为以下三种阶段性的管理制度。

（一）生产队长个别派工制

这种制度具有典型的农耕时代的特征，就是一个经理或老板，将不多的企业员工一个一个地派出去，没有太多的计划，也没有太多的安排，只是临时应对，想到什么做什么。

（二）车间主任的车床定位制

这种制度是把人定位在一个地方，并守住这个地方。比如做长沙市场的营销人员，就守住长沙这个市场，如果此员工的能力大，市场做得好，就可以让他负责整个中部地区和湖南省这个更大的市场。这种制度是工业时代的做法，即把一个乃至几个营销人员定位在某个区域或者某一类客户群上，这也是现在很多企业的通用做法。

（三）网络系统的交叉配合制

这种制度具有信息时代的特征，与前两种截然不同。在这种制度下，每个营销人员做的事不完全一样，至少不是每个人都去做推销。有些营销人员不直接接订单，其可能做市场调研，可能做市场分析，可能做市场策划，也可能去做媒介传播等，而不是做直接的销售。这种模式就是对营销人员进行进一步细分，实施精细化管理。一些具有现代特征的企业开始推广这种制度。

三、营销人员涉足的三大行业

如果按照营销客体来对企业进行分类，那么营销人员一般就要涉足三大行业。当然，中国的行业要细分远远不止三种，但是按这三大行业来划分就基本可以了解其营销的特征。

（一）消费者行业

消费者行业就是将产品直接卖给每一个个体的消费者。对这类消费品的营销，不管是食品还是服装，都有很多共同的特征。

（二）工业品行业

工业品行业或者叫工业品企业，这种企业产品的营销特点与消费品最大的区别在于购买的目的不同，前者是为了再生产的需要，后者是为了个人消费需要。

（三）服务型行业

服务型行业指除消费品、工业品以外的其他行业，以提供服务为其主要活动。

作为营销人员，一定要明确在三大行业中应重点进入哪个行业。但不论进入哪个行业、哪个领域,进入之后营销的工作都应以策划为核心。

四、营销人员的四种分工

营销人员由于各自岗位、工作类型的不同,所以分工不同,大致可以分为以下四种工种:做市场、做销售、做客户服务、做营销管理。应该注意,市场和销售是两个不同的概念:市场是一个大的概念,是战略性的;而销售是一个小的概念,是战术性的。从营销人员个人的发展来说,营销人员都要有自己的定位,即在这四个营销工种中,确定从事哪一岗位。

案例链接

营销师国家职业标准

一、岗位基本情况介绍

营销师是指从事市场分析与开发研究,为企业生产经营决策提供咨询,并进行产品宣传促销的人员。劳动和社会保障部于2006年重新颁布了营销师国家职业标准,并确定了营销员职业的二个等级:营销员、高级营销员。在此之上,设立了助理营销师(国家职业资格三级)、营销师(国家职业资格二级)、高级营销师(国家职业资格一级)。

该职业对从业人员的要求主要包括:职业道德、职业基础知识、市场调查分析、营销策略与营销活动管理、产品与价格管理、渠道管理、促销管理、销售管理及网络营销管理等职业功能领域。该职业一般每年举行两次考试,具体时间见劳动和社会保障部鉴定中心发文。

二、具体报考条件及要求

遵纪守法,具有良好的职业道德并具备下列条件之一者均可申报。

1. 助理营销师

(1) 连续从事本职业工作6年以上。

(2) 具有以高级技能为培养目标的技工学校、技师学院和职业技术学院专业或相关专业毕业证书,或者具有本专业或相关专业大学专科及以上学历。

(3) 取得本职业高级营销员职业资格证书后,连续从事本职业工作4年以上,或者连续从事本职业工作3年以上,经本职业助理营销师正规培训达规定标准学时数,并取得结业证书。

(4) 取得其他专业大学专科及以上学历证书后,连续从事本职业工作1年以上,或者经本职业助理营销师正规培训达规定标准学时数,并取得结业证书。

2. 营销师

(1) 连续从事本职业工作13年以上。

(2) 取得本职业助理营销师职业资格证书后,连续从事本职业工作5年以上,或者连续从事本职业工作4年以上,经本职业营销师正规培训达规定标准学时数,并取得结业证书。

(3) 取得本专业或相关专业大学本科学历证书后,连续从事本职业工作5年以上。

(4) 具有本专业或相关专业大学本科学历,取得本职业助理营销师职业资格证书后,连续从事本职业工作4年以上，或者连续从事本职业工作3年以上，经本职业营销师正规培训达规定标准学时数，并取得结业证书。

（5）取得硕士研究生及以上学历证书后，连续从事本职业工作2年以上。

3. 高级营销师

（1）连续从事本职业工作19年以上。

（2）取得本职业营销师职业资格证书后，连续从事本职业工作4年以上，或者连续从事本职业工作3年以上，经本职业高级营销师正规培训达规定标准学时数，并取得结业证书。

三、鉴定方式

分为理论知识考试和专业能力考核。理论知识考试和专业能力考核均采用闭卷笔试或者上机考试等方式。理论知识考试和专业能力考核均实行百分制，成绩皆达60分及以上者为合格。营销师、高级营销师还须进行综合评审。

五、基本要求

表 2-1　助理营销师（三级）工作要求表

职业功能	工作内容	能力要求	相关知识
一、市场分析	（一）市场调研	1. 能够收集二手资料 2. 能够设计市场调查问卷 3. 能够进行抽样调查	1. 间接资料调查方法 2. 市场调查问卷设计方法 3. 抽样调查知识
	（二）市场购买行为分析	1. 能够分析消费者与产业购买决策过程 2. 能够针对不同购买决策过程阶段提出不同的营销对策	1. 消费者购买决策过程 2. 产业购买决策过程 3. 中间商和政府购买决策
二、营销策划	（一）制订销售计划	1. 能够编制销售计划 2. 能够确定与分配销售配额 3. 能够编制销售预算 4. 能够进行销售活动分析	1. 销售计划体系的内容 2. 销售配额知识 3. 销售预算知识 4. 销售活动分析的方法
	（二）产品策划	1. 能够提出新产品开发建议 2. 能够分析新产品采用者类型 3. 能够提出调整产品价格的建议	1. 新产品的类型 2. 新产品采用者类型 3. 新产品扩散知识 4. 定价策略与技巧的知识
	（三）渠道策划	1. 能够选择不同的销售代理方式 2. 能够根据要求选择、管理代理商 3. 能够设计和运作连锁经营体系	1. 销售代理的选择知识 2. 销售代理商的管理 3. 连锁精英管理知识
	（四）市场推广策划	1. 能够策划销售促进活动 2. 能够制定广告策略 3. 能够策划公共宣传活动 4. 能够建立与媒体的联系	1. 销售促进策划知识 2. 广告策略 3. 公共宣传活动策划知识 4. 与媒体保持联系的原则
	（五）网络营销策划	1. 能够在互联网上与客户进行交流 2. 能够利用电子邮件进行营销 3. 能够利用互联网收集信息	1. 网络客户监控知识 2. 电子邮件营销知识 3. 互联网络调研知识

续表

职业功能	工作内容	能力要求	相关知识
三、产品销售	（一）访问顾客	1. 能够分析顾客购买心理 2. 能够针对顾客心态进行推销 3. 能够接近潜在顾客 4. 能够引起顾客兴趣 5. 能够激发顾客购买欲望	1. 顾客心理类型 2. 销售方格与顾客方格 3. 拜访顾客的方法 4. 产品介绍知识 5. 激发购买欲望知识
	（二）商务洽谈	1. 能够制定让步策略 2. 能够分析各种商务风险 3. 能够控制谈判进程 4. 能够分析合同纠纷产生的原因 5. 能够进行合同纠纷的谈判 6. 能够正确运用常见谈判策略和技巧	1. 让步策略 2. 阻止对方进攻的策略 3. 商务风险的预测与控制知识 4. 回避商务风险的措施 5. 驾驭谈判进程的知识 6. 合同纠纷谈判的知识 7. 常见谈判策略与技巧
	（三）试行订约	1. 能够处理客户异议 2. 能够寻找合适的时机提出成交建议 3. 能够增减或修改合同条款	1. 处理客户异议的程序 2. 提出成交建议的方法 3. 签订合同的知识
	（四）货品管理	1. 能够制定订购决策 2. 能够选择商品检测的方法 3. 能够做好销售终端管理	1. 订购决策知识 2. 商品检测的方法 3. 销售终端管理知识
四、客户管理	（一）客户服务管理	1. 能够评价服务质量 2. 能够采取措施提高服务质量	1. 服务质量的评价标准 2. 提高服务质量的方法
	（二）客户信用管理	1. 能够确定信用管理的目标 2. 能够制定信用政策 3. 能够选择追账策略	1. 信用管理的目标 2. 信用政策的主要内容 3. 追账策略
	（三）客户关系管理	1. 能够选择分销商 2. 能够激励中间商客户 3. 能够处理窜货问题	1. 选择分销商的知识 2. 激励中间商客户知识 3. 窜货管理知识
五、团队建设	（一）界定销售人员	1. 能够明确销售人员的职责 2. 能够制定人员销售决策	1. 销售人员的职责 2. 人员销售决策的内容
	（二）招聘销售人员	1. 能够选择企业招聘的途径 2. 能够进行网络招聘 3. 能够利用报纸进行招聘	1. 企业招聘的途径 2. 网络招聘知识 3. 报纸招聘知识 4. 招聘工作要点
	（三）销售人员培训	1. 能够分析培训需求 2. 能够制订与实施培训计划 3. 能够评估培训效果 4. 能够组织销售会议	1. 分析培训需求知识 2. 制订与实施培训计划的知识 3. 评估培训效果知识 4. 组织销售会议知识
	（四）建立销售制度	1. 能够推行销售制度管理 2. 能够建立营销管理基本制度	1. 销售制度管理知识 2. 营销管理基本制度

表 2-2 营销师(二级)工作要求表

职业功能	工作内容	能力要求	相关知识
一、市场分析	(一)市场调研	1. 能够拟定市场调研计划 2. 能够组织实施市场调研活动 3. 能够撰写市场调研报告 4. 能测算总市场潜量和区域市场潜量	1. 制订调研计划的知识 2. 组织市场调研活动的知识 3. 总市场潜量和区域市场潜量含义
	(二)市场营销环境分析	1. 能够综合分析国内市场行情 2. 能够分析市场营销宏观环境、微观环境给企业带来的机会与威胁 3. 能根据机会与威胁提出相应的对策	1. 市场营销环境分析的知识 2. 国内市场行情分析的知识
二、营销策划	(一)制订销售计划	1. 能够制订市场营销计划 2. 能够对产品进行市场定位	1. 市场营销计划的内容 2. 市场定位的知识
	(二)产品策划	1. 能够提出新产品创意 2. 能够设计包装策略 3. 能够计算与分析需求弹性 4. 能够制定产品价格	1. 新产品开发知识 2. 包装策略知识 3. 需求弹性与定价方法的知识
	(三)渠道策划	1. 能够设计分销渠道的长度、宽度和广度 2. 能够制定基本渠道政策 3. 能够制订物流计划	1. 销售分销渠道的知识 2. 渠道政策的内容 3. 物流计划的内容
	(四)市场推广策划	1. 能够进行广告促销策划 2. 能够寻找广告代理 3. 能够策划公共宣传活动 4. 能够进行危机公关 5. 能够撰写公共宣传新闻稿	1. 广告促销策划的内容 2. 广告代理的知识 3. 公共宣传活动策划的知识 4. 危机公关的知识 5. 公共宣传新闻稿的知识
	(五)网络营销策划	1. 能够对营销网页设计提出要求 2. 能够利用互联网络进行市场推广 3. 能够确定网络营销组合策略	1. 企业站点知识 2. 网页设计知识 3. 网络推广知识 4. 网络营销组合知识
三、客户管理	(一)客户服务管理	1. 能够进行服务质量的测评 2. 能够制订服务营销策略	1. 服务质量测评的知识 2. 服务营销组合的知识
	(二)客户信用管理	1. 能够规划信用销售业务流程 2. 能够进行应收账款管理 3. 能够合理应用信用政策	1. 信用销售业务流程规划知识 2. 应收账款管理知识 3. 信用政策知识
	(三)渠道成员管理	1. 能够设计中间商客户绩效评估指标体系 2. 能够提出渠道改进策略 3. 能够协调渠道成员之间的冲突	1. 中间商客户的绩效评估知识 2. 渠道改进策略 3. 渠道冲突管理的知识
四、团队建设	(一)激励销售人员	1. 能够制订竞赛激励计划 2. 能够激励不同类型的销售人员	1. 竞赛激励的方式 2. 激励不同类型销售人员方法 3. 成功销售代表的特质 4. 成功销售主管的特质
	(二)销售人员的绩效考核	1. 能够收集考核资料、建立绩效标准、选择考核方法 2. 能够计算与分析销售效率	1. 绩效评估知识 2. 销售效率计算方法 3. 销售效率图

表 2-3　高级营销师(一级)工作要求表

职业功能	工作内容	能力要求	相关知识
一、市场分析	(一)市场调研	1. 能够做出何时、何地对何种产品进行市场调查的决策 2. 能够进行市场行情预测	1. 市场预测决策知识 2. 市场预测的步骤与方法
	(二)国际市场分析	1. 能够对国际经济形势、行业状况和商品供求进行综合分析 2. 能够对生产发展趋势进行预测	1. 宏观经济与产业政策知识 2. 国际营销环境知识
二、营销策划	(一)制订销售计划	1. 能够分析现有业务 2. 能够编制现有业务组合计划 3. 能够编制新业务发展计划 4. 能够设计市场营销组织 5. 能提出市场营销活动的控制方案	1. 现有业务的分析方法 2. 新业务计划的编制方法 3. 市场营销组织的设计知识 4. 市场营销控制的方法
	(二)产品策划	1. 能够进行品牌形象设计 2. 能够制定并实施品牌策略 3. 能够根据市场情况调整产品价格	1. 品牌与商标知识 2. 品牌设计的原则与方法 3. 品牌策略知识 4. 主动与应对变价知识
	(三)渠道策划	1. 能够制定分销渠道战略 2. 能够设计与管理特许经营体系 3. 能够设计国际分销渠道模式 4. 能够进行渠道整合	1. 分销渠道战略知识 2. 特许经营体系知识 3. 国际分销渠道知识 4. 渠道整合知识
	(四)市场推广策划	1. 能够制订市场推广计划 2. 能够制定广告促销决策 3. 能够制定公共宣传决策 4. 能够制定直复营销决策	1. 市场推广计划知识 2. 广告促销决策知识 3. 公共宣传决策知识 4. 直复营销决策知识
	(五)网络营销策划	1. 能够制订企业站点计划 2. 能够进行域名注册 3. 能够制定在线价格策略 4. 能够制定网际销售促进策略	1. 企业站点规划知识 2. 域名注册知识 3. 在线价格策略知识 4. 网际销售促进策略知识 5. 网络安全知识
三、客户管理	(一)客户服务管理	1. 能够评价与监控服务质量 2. 能够设计顾客满意度调查表 3. 能够确定顾客忠诚度的衡量标准	1. 评价与监控服务质量知识 2. 衡量顾客满意度的知识 3. 顾客忠诚度管理知识
	(二)客户信用管理	1. 能够全面调查客户资信 2. 能够确定客户信用等级评估指标 3. 能够审定客户信用限度	1. 客户资信调查与分析知识 2. 客户风险分类方法
	(三)客户关系管理	1. 能够设计客户关系管理系统 2. 能够建立与管理战略联盟	1. 客户关系管理系统知识 2. 产销战略联盟知识 3. 战略联盟管理知识
	(四)商务谈判的组织与管理	1. 能够制订切实可行的谈判方案 2. 能够组织谈判活动	1. 谈判人员组合的知识 2. 谈判现场布置的知识 3. 谈判活动管理的知识

续表

职业功能	工作内容	能力要求	相关知识
四、团队建设	（一）制定销售人员战略规划	能够制定销售人员战略规划	制定销售人员战略规划的方法
	（二）甄选销售人员	1. 能够提出招聘销售人员的要求 2. 能够面试、选拔销售人员	1. 招聘程序 2. 面试与选拔销售人员知识
	（三）激励销售人员	能够选择激励销售人员方式	1. 激励原理 2. 激励销售人员方式
	（四）建立销售人员薪酬制度	能够制定合理的销售人员薪酬制度	1. 薪酬知识 2. 销售人员薪酬制度的制定方法

任务2 培养营销素质

案例链接

一个合格的汽车营销人员应具备的素质

在美国中部一家比较知名的车行，车行展厅内有六辆各种类型的越野车。一天，一对夫妻带着两个孩子走进了车行，凭着做了十年汽车销售的直觉，乔治认为这对夫妻是真实的买家。

乔治热情地上前打招呼，在交谈中，乔治非常认真地倾听了来自客户的所有信息，以确认自己能够完全理解客户对越野车的准确需求，之后他慎重而缓慢地说："车行现在的确有几款车可以推荐给你们，因为这几款车比较符合你们的期望。"乔治首先推荐了"探险者"，并尝试着谈论配件的不同作用。他邀请了两个孩子到车的座位上去感觉一下，因为两个孩子好像没有什么事情干，开始调皮，父母对乔治的安排表示赞赏。

这对夫妻看来对汽车非常内行。他推荐的许多新的技术、新的操控，客户都非常熟悉。由此可见，这对夫妻在来之前一定收集了各种汽车方面的资讯。目前，40%的汽车消费者在采购汽车之前都通过互联网搜索了足够的信息来了解汽车。但是，现在有许多营销人员都认为这样的客户不好对付，太内行了，也就没有任何销售潜力了。乔治却认为，越是了解汽车的客户，越是没有那些对汽车一窍不通的客户所持的小心、谨慎、怀疑的态度。

这对夫妻看来对"探险者"非常感兴趣，但是，乔治也展示了"远征者"——一个较大型的越野车，因为后者的利润会多一些。这对夫妻说超过他们的预算了。这时，乔治开了一个玩笑："这样吧，我先把这个车留下来，等你们预算够了的时候再来。"客户听完哈哈大笑。

乔治此刻建议这对夫妇到他的办公室来详细谈谈。在通往办公室的路上，他顺手从促销广告上摘了两个气球下来，给看起来无所事事的两个孩子玩，为与自己的客户能够专心协商创造了更好的条件。

乔治非常有效率地做好了相关的文件，但在这时，客户却说他们还需要再考虑一下。

此时，乔治完全可以使用另外一个销售中的技巧，那就是压力签约，即他可以运用压力迫使客户现在就签约。但是他没有这样做，因为他非常自信这个客户肯定会回来。他给了他们名片，欢迎他们随时与他联系。

两天以后，客户终于打来电话，表示他们去看了其他车行，但是没有合适的，所以准备向乔治购买他们喜欢的车，虽然价格高了一点，但是可以接受。他们询问何时可以提车，令人高兴的是，车行里有现车，所以乔治要求他们下午来。

下午客户来了，接受了乔治推荐的延长保修期的建议，乔治也安排了该客户这个车以后的维护、保养等工作。

（资料来源：选自孙路弘编写的《汽车销售的第一本书》，由中国人民大学出版社于2008年出版。）

【分析提示】这个案例说明一个营销人员不仅需要有一个流程性的销售技能表现，还需要许多个人素质方面的技能，如沟通的能力、拉近距离的能力、发现客户个人兴趣方面的能力以及协商能力等。尽管汽车销售流程会给汽车营销人员一个明确的步骤可以遵守，但是具体的软性的营销素质还取决于灵活、机智、聪颖的个人基本实力。虽然营销基本实力不容易得到量化，但是根据对汽车营销人员的长期研究，该行业提炼了七种必需的营销基本实力，分别是：行业知识、客户利润、顾问形象、行业权威、赞扬客户、客户关系、压力推销。

菲利普·科特勒在其名著《营销管理》中引用一项调查结果：27％的销售人员创造了52％的销售额。营销人员所从事的是极具创造性的工作，他的工作对象、环境等都处在不断地变换发展之中。营销人员工作成功与否，除了要以正确的观念和优质的产品为基础外，在很大的程度上取决于营销人员的素质。对于营销员而言，虽然能力在短时间内可以提高，但是，素质则需要长时间的培养，一般认为一个优秀的营销人员需要具备以下素质。

素质一：良好的态度。态度决定一切。态度是决定一个人做事能否成功的关键，作为一个营销人员，必须抱着一颗真诚的心，诚恳的对待客户，对待同事，只有这样，别人才会尊重你，把你当作朋友。

素质二：良好的品德。营销活动是一项塑造形象、建立声誉的崇高事业，它要求从业人员必须具有优秀的道德品质和高尚的情操，诚实严谨、恪尽职守的态度和廉洁奉公、公道正派的作风。在代表组织进行社会交往和协调关系中，不谋私利，不徇私情，为人正直，处事公道；在本职工作中，尽心尽责，恪尽职守，能充分履行自己的社会责任、经济责任和道德责任。那种玩忽职守、自由散漫、不学无术、损公肥私、投机钻营、趋炎附势、傲慢自大、争功夺利、嫉贤妒能的思想和行为，都是背离营销人员职业道德的。

素质三：渊博的知识。在当今以信息技术占主导地位的知识经济时代，营销的内涵已发生了深刻的变化，不能将其等同于单纯的推销了。这就要求营销人员必须具有学者的头脑，懂得与营销活动有关的政治、法律知识，懂得经济学、市场营销和推销理论知识，懂得社会学、心理学和语言学知识，懂得本企业商品及相关商品知识，等等。

素质四：敏锐的观察力。观察不是简单地看，很多销售人员的第一堂课就是学会“看”市场，这个看不是随意的浏览，而是用专业的眼光和知识去细心地观察，通过观察发现重要的信息。

素质五：良好的心理素质。心理素质渗透在人们的各种活动中，影响着人们的行为方式和活动质量。优秀的营销人员应具备的心理特征是：有浓厚的职业兴趣，它可以增强营销人员开拓进取的精神，使营销人员在奔波劳累之中乐此不疲，以持久的热情从事营销活动，探索营销的成功之路；营销人员要有充分的自信心，这是决定营销工作能否成功的内在力量。

素质六：较强的公关能力。营销人员应具备的公关能力主要包括：推销能力、观察能力、记忆能力、思维能力、交往能力、劝说能力、演示能力、核算能力、应变能力、反馈能力和自学能力。

素质七：准确的决策力。决策能力具体到营销方面显示出特别的意义，由于营销工作的特殊性，营销决策需要更加迅速、细致，决策能力在这里起到了重要的作用。具体到了执行细节，营销人员需要应对不同的市场变化，在政策允许的范围内，营销人员应该具有决策的相对权利。

案例链接

一个乡下来的小伙子去应聘城里"世界最大"的"应有尽有"百货公司销售员。

老板问他："你以前做过销售员吗？"

他回答说："我以前是村里挨家挨户推销的小贩子。"老板喜欢他的机灵，说："你今天可以来上班了。等下班的时候，我会来看一下。"

一天的光阴对这个乡下来的穷小子来说太长了，而且还有些难熬。但是年轻人还是熬到了5点，差不多该下班了。老板真的来了，问他说："你今天做了几单买卖？""一单。"年轻人回答说。"只有一单？"老板很吃惊地说："我们这儿的售货员一天基本上可以完成20单到30单生意呢。你卖了多少钱？"年轻人回答道："300 000美元。"

"你怎么卖到那么多钱的？"目瞪口呆，半晌才回过神来的老板问道。

"是这样的，"乡下来的年轻人说，"一个男士进来买东西，我先卖给他一个小号的鱼钩，然后中号的鱼钩，最后大号的鱼钩。接着，我卖给他小号的渔线，中号的渔线，最后是大号的渔线。我问他上哪儿钓鱼，他说海边。我建议他买条船，所以我带他到卖船的专柜，卖给他长20米有两个发动机的纵帆船。然后他说他的大众牌汽车可能拖不动这么大的船。我于是带他去汽车销售区，卖给他一辆丰田新款豪华型'巡洋舰'。"

老板后退两步，几乎难以置信地问道："一个顾客仅仅来买个鱼钩，你就能卖给他这么多东西？"

"不是的，"乡下来的年轻售货员回答道，"他是来给他妻子买卫生巾的。我就告诉他'你的周末算是毁了，干吗不去钓鱼呢？'"

（资料来源：http：//wenku. baidu. com/link? url＝Pv2kvhvkm7）

【分析提示】这个故事虽然有点夸张，但我们可以从中看出，成功的销售人员必须具备多方面的素质，包括自信、创新、热情、善于站在客户的角度为其出谋划策，等等。

素质八：良好的气质。气质在一个人的行为活动中的表现，跟人的身心健康有着密切的联系。如果一个人在工作中表现得紧张而有序，生活中严于律己，宽以待人，严守纪律，遵守公共秩序，这有利于提高气质的质量。"胆大而不急躁，迅速而不轻佻，爱动而不粗浮，服从上司而不阿谀奉承，身居职守而不刚愎自用，胜而不骄，喜功而不自炫，自重而不自傲，豪爽而不自欺，刚强而不执拗，谦虚而不假装”，这应该是营销人员共同的信条和宣言。

素质九：良好的团队合作精神。团队合作精神是人的社会属性在当今的企业和其他社会团体的重要体现，事实上它所反映的就是一个人与别人合作的精神和能力。一个优秀的营销人员总是具有强烈的团队合作意识——团队成员间相互依存、同舟共济，互敬互重、礼貌谦虚，彼此宽容、尊重个性，彼此间是一种信任的关系，待人真诚、遵守承诺，相互帮助、互相关怀，大家彼此共同提高，利益和成就共享、责任共担。只有具备了以上素质，我们才能在激烈的竞争中处于不败之地。

营销人员的素质是逐渐培养起来的，因此，营销人员的素质要想有一个质的突破，需要在日常营销过程中加以训练和培养。

任务3 建设营销道德

案例链接

电影《疯狂的石头》中“易拉罐中奖”一幕戏引人捧腹，易拉罐里的“巨奖”已成为“过街老鼠”。而记者近日在四川巴中发现，“巨奖”转移了阵地，又钻进了口香糖。

“我的运气太好了！”这是巴中市民李先生在当地一家小店购买“绿箭”口香糖后发现里面有一张奖票后的第一感觉。他稳定情绪后，再次核对了奖票上的内容。“一等奖16万元”的醒目字样和留在奖票上广州公证处的电话号码，让他相信了自己获奖并且不是在做梦。他拨通了奖票上广州公证处的电话号码，电话接通后一位张姓女士在反复核对奖票内容后，肯定了李先生中奖一事，并再三强调“绿箭”公司举办的这次活动于当天16时结束，希望李先生尽快办理相关手续，并称公证处可以代办，李先生需按他们提供的银行账号交1 200元公证费，公证处再将16万元现金寄给他。他欣喜万分，正准备给对方寄款时，家人劝他先打电话12315咨询一下。12315工作人员听说后，立即与设在广州的箭牌糖果有限公司客户服务部联系，对方坚决否认正在中国进行任何类似的抽奖。李先生才知道自己受了骗，所幸公证费未寄出。

针对不断出现在各种商品中的“巨奖”，有关部门提醒消费者：警惕各种有奖销售活动，不要轻易相信“天上会掉馅饼”；参加各种有奖活动时应充分了解有奖活动的内容；按法律规定，组织有奖销售活动必须要到工商机关办理相关手续，消费者参加前可向工商机关查询。

（资料来源：http://blog.sina.com.cn/s/blog_4b22da00010006dp.html）

一、营销道德

道德，是人们在社会生活实践中关于善恶、是非的观念、情感和行为习惯，是依靠社会舆论和良心指导的人格完善与调节人与人、人与自然关系的规范系统。

营销道德的基本原则是指与市场营销活动相适应的特殊道德要求。从着眼于和有利于促进他人利益和社会利益来实现营销人员的利益这一要求出发，营销道德的基本原则应当包括以下几点。

（1）守信。守信历来是人类道德的重要组成部分，即俗话说的“一言既出，驷马难追”。在现代营销中，守信具有举足轻重的地位。守信就是要求营销人员在市场营销活动中讲究信用。在当今竞争日益激烈的市场条件下，信誉已成为企业竞争的一种重要手段。

信誉是指信用和声誉，它是在长时间的商品交换过程中形成的一种信赖关系。它综合反映出企业、营销人员的素质和道德水平。

只有守信，才能为企业和营销人员带来良好的信誉。在当今的竞争中，谁赢得了信誉，谁就能在竞争中立于不败之地。谁损害了自己的信誉，谁就终将被市场所淘汰。守信就必须要信守承诺，不仅要信守书面承诺，还要信守口头承诺。口头承诺没有书面承诺正式，但口头承诺具有法律效力，是营销人员帮助顾客建立购买信心的重要工具。聪明的营销人员都不会冒着丧失信誉的风险违反向顾客许下的口头承诺。

此外，承诺还有明确的承诺和隐含的承诺之分。明确的承诺是合同、协议等明确规定的应履行的义务。隐含承诺则没有明确规定，它是隐含着的承诺，"合格产品"本身就隐含了承诺对该商品所应具有的质量负责的含义。一旦营销人员由于某种原因未能履行承诺，则有义务做出解释，请求顾客的谅解，必要时应主动赔偿损失，接受惩罚。

（2）负责。负责即要求营销人员在营销过程中对自己的一切经济行为及其后果承担政治的、法律的、经济的和道义上的责任。任何逃避责任的行为都是不道德的。在市场经济条件下，营销人员一般独立地做出营销的决策，因此他要对自己独立自主的营销活动及其可能带来的一切短期和长期的后果承担责任。营销人员在营销过程中的一言一行都代表着企业，不仅要对企业和社会负责，而且要对顾客负责。因此，营销人员在营销过程中应对顾客讲实话，如实地为顾客介绍营销品的优点和不足，向顾客提供能真实有效地满足其需要的商品，千方百计地为顾客排忧解难，赢得顾客的信赖，提高企业的声誉和社会效益。坚持负责原则，要求营销人员具有高度的自觉性和承担责任的勇气，以消费者利益为主。

（3）公平。公平是社会生活中一种普遍的道德要求，它是以每个社会成员在法律上和人格上人人平等为依据的。在市场经济中，这一道德原则也同样适用。

在营销过程中，坚持公平的原则主要有两方面的含义：一是营销人员对待营销对象，即对顾客必须公平。营销对象不论男女老幼，贫富尊卑，都有充分的权利享有他们应得到的服务。各种以次充好、缺斤短两、弄虚作假的行为都违反公平原则，也是不道德的。二是指在与对手的竞争中应坚持公平的原则。营销不可避免地存在竞争。竞争是提高服务质量，改善服务态度的动力，因而市场经济是鼓励营销人员之间展开大胆竞争的，但竞争也不可避免地带来一些负面效应。许多营销人员为了在竞争中战胜对手，不择手段，诋毁甚至无中生有地诽谤竞争对手的产品甚至人格，千方百计地欲置对方于死地，这种行为是十分不道德的。营销人员应充分发挥自己的聪明才智，开展公平合理、光明正大的竞争，这才符合市场经济鼓励竞争的初衷。

守信、负责、公平是现代营销最主要的也是最基本的道德原则。营销人员在营销过程中应随时考虑到自己所肩负的社会责任，考虑到自己的行为是否有利于社会公众的利益。从长远来看，遵守营销道德，坚持守信、负责和公平的道德原则，对营销人员个人、企业、顾客乃至社会都是有百利而无一害的。

二、现行企业营销道德问题的表现

营销道德是调整企业与所有利益相关者之间的关系行为规范的总和，是客观经济规律及法制以外制约企业行为的另一要素。遵循营销道德的营销行为，使营销人员、企业和顾客利益保持一致，从而有利于企业的经济效益和社会效益。违背营销道德的营销行为，使企业的利益与顾客的利益相悖，虽使企业一时受益，但不利于企业的长远发展，更有损社会公众的利益。因此，使营销行为沿着营销道德的轨道进行，对企业和社会双方都大有裨益。

企业营销道德失范的原因主要来自两个方面：从主观原因看，企业经营思想不端正、片面追求高利润，缺乏道德约束机制，营销人员素质不高，行业缺乏自律；从客观原因看，生产力发展水平决定道德水平，法制不健全，执法不严，地方保护主义严重，信息不对称，市场体系不健全、没有形成有序的竞争市场，社会道德观念受西方文化垃圾和传统封建文化的影响，消费者不健康的消费心理、自我保护意识不强等。在营销活动每个环节中都可能存在营销道德问题，主要包括以下几个方面。

（一）营销调研中的道德问题

市场营销调研往往涉及三个方面的关系，即调研人员同委托者、调研人员同受访者、委托者同调研人员。对于调研人员来讲，要为客户保守业务秘密；要保证调研工作质量，如问卷设计要认真，访问次数不要偷工减料，调研人员要经过严格培训，收集的资料要真实可靠；要尊重受访者的尊严和隐私权，并对其身份进行保密，未经许可，不能随意公布受访者提供的资料。对委托调研一方来说，要依约支付调研费，要公正全面地发表调研成果，不能断章取义，等等。如果违背以上原则，就属于道德问题，必然会引起人们的谴责。

（二）产品策略中的道德问题

为消费者提供货真价实的优质产品是企业最基本的社会责任，如违反这一原则便会产生营销道德问题。主要问题有：产品未达到应有的质量标准，产品实际提供的利益较少；企业出于自身利益考虑，未向消费者披露与产品相关的价值、功能、用途或安全信息；产品包装不能提供真实信息，包装所注明的内容与包装内物品不相符，以及包装过多造成社会资源浪费；由于竞争，企业采用劣质材料或配件冒充优质材料或配件，或改用廉价代用品而未告知消费者产品质量的变化，等等。

（三）价格策略中的道德问题

企业必须依据产品成本、消费者的承受能力和竞争对手的状况来制定价格，并把真实的价格提供给消费者。目前，在价格策略方面的不道德行为主要表现在：企业为追求利润而变相涨价或漫天要价，掠夺消费者利益；为了削弱或伤害竞争对手而实行差异性的歧视价格；为了争夺消费者及打击竞争对手而实行垄断价格，甚至对产品实行超额加成；利用消费者对价格信息的缺乏而不披露真实价格，目的是欺骗及诱惑消费者购买其产品。

（四）分销策略中的道德问题

在分销策略方面的不道德行为主要出现在企业与中间商之间。具体表现在：中间商出于自身利益的考虑，违反合约中关于产品的规定，任意销售畅销产品；不及时付款，影响生产者正常的资金运营；从非法渠道进货，损害生产者、批发商和顾客的利益；生产者凭借自身的产品优势或经营性垄断地位，采用减少或停止供货的手段迫使中间商屈服于自己的指挥，对中间商的销售活动施加干预等。

（五）促销策略中的道德问题

促销活动的社会责任是将产品或服务的真实信息传递给用户。目前，在促销策略方面的不道德行为主要表现在：为击垮竞争对手，制作和播放针对竞争者的攻击性广告，并通过这种方式诋毁同行业竞争对手以提高本企业和产品的地位；为诱惑消费者购买自己的产品而制作过度夸大产品功能效用或隐瞒产品缺陷的广告；文字广告宣传中使用含糊其辞、模棱两可的词句，引发消费者对广告真实含义的误解，使消费者做出错误的购买判断。

同时，在人员推销中也要注意避免以下行为：使用诱惑方式促使消费者购买既不需要也不想购买的产品；通过操纵或强迫手段向顾客推销伪劣产品或积压滞销产品；通过向对方送礼，甚至行贿的手段来获取销售订单，或者为获得个人回扣而向其他企业购买假冒伪劣产品。

（六）市场竞争中的道德问题

随着市场竞争的加剧，许多企业为了谋求竞争优势，采取各种不道德的竞争手段，既破坏了正常的竞争秩序、损害了同行利益，又增大了成本。市场竞争中的道德问题包括以下三个方面。首先，是以不道德的方式获得竞争对手的知识产权和商业秘密。近年来出现了多起商标抢注案例，有的抢注并非为了生产、销售产品，而是为了投机、获利。有的企业以合作、洽谈、考察为幌子，乘机获取对手的商业秘密；有的在对手企业安插“侦察员”；有的贿赂、收买对方工作人员；有的使用“商业间谍”；有的利用高新技术窃取对手商业秘密。其次，是开展恶性竞争。如开展价格大战或有奖销售战；或相互攻击、诽谤，制造谣言，诋毁竞争对手企业形象和产品形象。最后，是利用“权力营销”。不仅污染社会风气，为各种腐败现象提供了温床，而且给正当经营造成了冲击。

三、提高企业营销道德水平的措施

（一）树立诚信营销观念

在杜绝营销不道德行为的问题上，企业自律是根本。企业不仅是经济组织，更是社会组织，所以企业在不断追求自我生存发展的同时，也要承担一定的社会责任。这就要求企业在进行营销活动时，要把消费者的需求、企业的利益和整个社会的长远利益结合起来考虑。企业必须认识到，不道德行为所带来的利益只是暂时的，只有自觉遵守道德规范，树立自己在消费者和社会公众心目中的良好形象，才是企业发展的长远之计。诚信经营塑造的企业形象和品牌价值是企业最宝贵的无形资产，能给企业带来长远的经济利益。企业要树立诚信营销观念，要在不违反社会道德的前提下视消费者为上帝，坚持顾客至上。只有以消费者的利益为中心，企业才能诚实守信，不做欺骗消费者的不法行为。诚信不仅是企业生存之本，更是企业营销之道。再好的营销策略若失去了诚信，就不是成功的营销策略。诚信本身就是最好的营销策略。

（二）树立正确的消费观念

消费者通常在市场交易中处于弱势地位，由于对商品信息的掌握不充分，常受到不道德营销行为的侵害。要防止市场营销中的不道德行为，使自己免受侵害，消费者必须提高自身素质，树立正确的消费观念，增强自我保护意识，积极与违法的不道德营销行为做斗争。作为消费者，一方面，在面对琳琅满目的商品和强大的广告宣传攻势，以及产品的低价诱惑时，一定要保持清醒的头脑，做到理性购买，使不道德的企业及其商品在没有市场的情况下，被自然淘汰。另一方面，在自己的利益受到侵害时，要积极地诉诸法律，使不道德企业受到应有的惩罚。只有广大消费者都积极地行动起来，抵制市场营销中的不道德行为，营销不道德行为才能得以抑制。

（三）建立“义利统一”的价值体系

市场营销行为的本质应是利人利己的行为，应通过利人实现利己。中国儒家的“仁、义、礼、智、信”在现代企业营销中仍具有积极的意义："仁"可以作为企业经营与营销的核心，以“爱心”和“仁慈”去经营，赢得消费者的心；“义”是企业经营及营销的行为准则，“义”的准则要求企业不搞损害消费者利益的商业活动，不为消费者设置陷阱，不发不义之财；“礼”是推进企业营销，构建企业与消费者关系网络和新秩序的重要手段，企业的“礼”，就是要贯彻“维护消费者利益，诚心为消费者服务”；“智”是企业市场营销的谋略；“信”是市场营销的结果，企业要重视通过市场活动，树立信誉，提高声誉，实现美誉。

（四）创新营销方式

企业要立足市场，长期稳定发展，就必须创新营销方式。如某制衣厂的“透明营销”，自制的产品标签上公开标明面料及辅料的成本、用量、单位以及成衣的加工费、制造成本、工厂利税和零售价等，使消费者买得明白、买得放心。再比如某些企业的“揭短营销”，把产品的不足坦然地告诉顾客，显示出企业和商家一心为消费者着想的诚信精神和商业道德，以此来赢得消费者的信任。在国际上最典型的“揭短营销”就是产品召回(各国汽车行业都实行产品召回，可口可乐公司也曾经实行过产品召回)。以诚从商、以诚待客，历来为市场竞争之本。因为产品的不足总有一天会暴露的，再大的优点、再大的诺言也弥补不了不足，如果不能以好的态度认识和承认不足，甚至想方设法掩饰不足，到头来失去的是消费者的信任，得到的则是市场的惩罚和淘汰。“责任感营销”也属于一种诚信营销，它严格遵循生态准则，坚持适度营销原则，缩减在促销、广告上的费用，降低产品消费的社会总成本，实现企业、社会、消费者的共赢。

（五）加大监管执法力度

道德是法律的前提基础，法律是道德的保证，两者相辅相成。市场经济是法制经济，完善的法律体系对规范市场营销主体行为具有重要意义。法律法规不仅为治理企业的营销不道德行为提供依据，而且使企业有了参照的底线。近年来，我国颁布了一系列法律、法规来规范和约束企业的营销活动，涉及经济合同、商标、价格管理、广告、产品质量、不正当竞争、消费者权益等方面。但在法律上仍然存在一些空白或模糊之处，为不法企业钻漏洞、打擦边球提供了机会。违法成本偏低也鼓励了一些企业的不道德行为。政府监管部门如工商行政、物价、计量、技术监督部门必须加大执法力度，严厉处罚违法行为。只有当企业为其不诚信的行为付出沉重代价时，企业在营销中的不道德行为才能得以有效制止。

拓展提高

道德营销——企业营销未来发展的趋势

所谓道德营销，概括地讲是指以需求为导向，以符合社会道德和公众利益的要求为前提，通过整体营销活动，创造顾客满意度，推动社会进步的企业经营理念。具体讲就是企业的营销活动不仅要坚持需求导向的原则，而且要符合社会道德标准和公众的最大利益.

经济越是发达、人民生活水平越是提高，社会对企业的伦理道德和社会责任的要求就越高，道德营销成为未来发展的趋势。道德营销与一般营销相比，其内涵更加丰富，对企业营销活动的要求更高。

道德营销的特点如下。

1. 道德营销的提出是对经营理念的变革和发展

道德营销的理念并不排斥顾客导向,但却与之有本质区别。一般营销在理念上强调的只是单纯的需求导向和顾客满意度,这种理念本身包含了个人需求的满足与公众利益的背离性。企业通过整体营销活动,可能满足某个人或某一群人的需要,但却损害了更多人的利益。因此,一般营销理念支配下的企业营销活动从企业利益的角度讲是合理的,但从社会利益的角度讲却是不道德的。而道德营销强调的是顾客需求与公众利益的一致性,强调需求与道德的双重标准,这就在逻辑上排斥了以损害公众利益为结果的营销行为产生的可能性。使企业在引导消费,传递新的生活标准的同时,也引导着社会道德风尚,向消费者传递新的价值准则,最终使营销成为社会文明进步的促进力量。

2. 道德营销的提出使整体营销的内涵更加丰富

道德营销同样离不开整体营销活动,但道德营销要求将社会最大利益和社会伦理规范融于企业的每一具体营销活动中去。要求从企业战略的制定、市场定位、需求选择到营销组合、营销控制,都是在道德营销的观念和准则约束下进行的。

(1) 企业战略的制定应充分考虑到社会道德与责任的要求,企业的发展目标中应包括道德发展目标、道德形象的设计与塑造、职工道德观的教育和道德水准的提高,将道德目标的制定与实现作为企业发展战略中的重要内容。

(2) 目标市场的选择应以道德营销规范与准则为根据。不是任何一种市场需求都可以成为企业服务和开拓对象,而是要首先判断该需求是一种"好"的需求还是"坏"的需求。所谓"好"的需求是指企业开发这种市场机会在满足消费者需求的同时,为社会增加了利益,或至少没有产生"社会负效应"。所谓"坏"的需求是指企业满足消费者需求为自己带来利益的同时,但却产生了"社会负效应"。道德营销对传统的"消费者是上帝"的观念提出了质疑,不是任何一种潜在或现实的消费者都可以成为企业的"上帝",只有个人消费不会给公众造成损害的消费者才是企业真正的"上帝"。

(3) 产品策略的制定应贯彻道德营销的理念。质量设计应对消费者的安全负责,包装和品牌设计应符合社会道德风尚,包装材料的使用不应对社会环境造成污染,产品制造过程应尽量防止对周围居民造成干扰,三废的治理应努力达到规定的标准,产品的售后服务应使顾客获得更多的"让渡价值"。

3. 道德营销对"CI"活动提出更高的要求

"CI"是指企业形象或企业识别。具体指在调研和分析的基础上,通过策划和设计"CIS"(企业识别系统)来体现企业区别于竞争者的标志和特征,塑造企业在社会公众心目中的特定位置和形象,以开拓市场和争取顾客。"CI"从本质上讲是一种营销观念。20世纪80年代之后,随着竞争日益激烈,公司的形象对产品销售的重要性日益突出,许多大公司开始探索塑造企业形象的战略,有的沿袭美国的做法,从外部宣传入手,试图通过长时间的产品广告、企业广告来增进公众的了解,树立良好的企业形象;有的从公益活动和公共关系活动入手,试图通过改善企业与社会各界的关系来获得社会公众的了解和支持,从而树立良好的企业形象。但这些活动都是不系统、不全面的,虽然收到了一定的效果,但不能达到理想的状态。于是许多企业开始进行"CIS"策划,从而形成"CIS"策划的理论与方法。

4. 道德营销的提出进一步丰富了全面质量营销的内涵

全面质量营销是菲利普·科特勒在其著作《营销管理:分析、计划、执行与控制》一书的第 8 版中提出的一个新概念。科特勒把产品质量进一步区分为性能质量和适应质量。性能质量指产品的工程技术性能是否达到设计要求，顾客使用效果是否良好。适应质量则是指一种产品适应消费者需求的程度。科特勒认为性能质量不同的产品其适应质量却可能是相同的。例如，奔驰汽车的性能质量要比大众汽车高，因为它比大众汽车驾驶起来更平稳、快捷、持续时间更长，但这两种汽车都得到了各自目标市场顾客的青睐，适应了顾客需要，那么这两种汽车都提供了相等的“适应价值”。相反，某些产品在性能质量上很高，但如果这种质量规范不是顾客所需要的，或是错误的，那么这种性能质量也就没有意义。

（资料来源：http：//www.doc88.com/P-5184160609925.html)

情境实战演练

安利(中国)履行企业社会责任

在诚信守法的基础上，创新发展，不断提升企业价值，是安利(中国)的基本社会责任。同时，安利(中国)也会充分关注所有利益者，努力将对消费者、从业人员、环境以及社会的责任融入企业战略、组织结构和经营活动中，积极实践“为您生活添色彩”的企业愿景，实现与社会的可持续发展。

1. 良好的公司治理

尊重中国国情，诚信依法经营，是安利(中国)开展业务的基础。进入中国市场十多年来，为配合政策、法规的变化，公司对业务模式进行了 5 次重大调整，并于 2006 年 12 月 1 日获批直销经营许可。在企业内部运营方面，透过创办人信念、安利价值观等要素，安利(中国)制定了员工守则和营销人员营业守则等，要求员工及营销人员严格遵循高标准的行为准则。在照章纳税方面，至 2006 年底，安利(中国)累计缴纳各项税款达 150 亿元人民币，名列国家税务总局排出的 2006 年度“中国纳税 500 强”第 69 位。

2. 对消费者负责

安利(中国)目前生产四大类 170 款产品，通过了 ISO 9001：2000 质量管理及 HACCP 食品安全管理体系认证，ACNielsen 2006 年调查显示，安利产品美誉度达 86%。同时，公司制定了完善的购货保障制度，为消费者提供长达 30 天的无理由退货保障。保障期内，若消费者对产品不满意，产品未开封可全款退货；产品已开封且剩余量不少于一半，除纽崔莱营养保健品外，可退回一半货款，比现行法规的要求更为严格。

3. 对人员负责

安利(中国)现雇用员工约 5300 名，并为 20 万活跃的营销人员提供改善生活、多劳多得的就业机会。公司致力于为员工和营销人员营造健康安全的工作环境，通过了美国安全检测实验室公司的 OHSAS18001 职业健康与安全管理体系认证，并建立了完善的职业培训体系，在保障工作人员合法权益的同时，也为他们打造更为宽广的职业发展空间。

4. 对环境负责

在生产过程中，安利(中国)十分注重环保节能，努力成为资源节约型、环境友好型企业，通过了 ISO 14001：1996 环境管理体系认证，并曾获得国家环保总局颁发的“中国环境标志优秀奖”。同时，公司积极开展环保公益活动，宣传绿色消费理念，包括连续 4 年赞助并参与清扫珠峰活动，3 年内在全国种植 100 万棵树，多次举办清扫名山大川等活动。

5. 对社会负责

秉承“取之社会，回馈社会”的企业传统，安利（中国）在稳定发展的同时，积极投身公益事业，围绕“儿童、环保、健康”三大主题，陆续开展了“名校支教”“牵手特奥”和“冬日暖阳”等公益活动。截至 2007 年 6 月，安利（中国）参与并实施了 3100 多个公益项目，累计投入 1.9 亿元人民币。

思考与讨论

谈谈你对企业加强营销道德建设的体会。

职业能力形成训练

一、演练项目

职业定位与营销素养。

二、演练目的

引导学生认识自我，在学校就开始以职业人的身份重视营销素养，树立正确的营销道德观。

三、演练内容

（1）了解营销人员上岗必备的职业资格证。

（2）去学校附近的企业或超市调研，了解营销人员的分工，想一想做市场、做销售、做客户服务、做营销管理有什么不同，为自己职业发展定位。

（3）请已经毕业的学长回校谈谈做营销应具备的素质。

（4）针对当前营销不道德案例进行分析。

四、演练组织

（1）教师课堂部署，联系校企合作企业或实训基地，为学生演练提供平台。

（2）教师联系毕业生返校现身说法。

（3）学生自己确立营销定位。

（4）制定市场营销课程学习规划。

五、演练考核

（1）口述营销师资格证考核的主要内容。（30 分）

（2）提交一份所调研企业真实的《营销员工素质要求规范》。（50 分）

（3）分析当下“酒鬼酒塑化剂问题”。（20 分）

项目三　组建市场营销团队

"宁可考虑向有二流主意的一流人物投资，也决不向有一流主意的二流人物投资。"

——乔治·多里奥

项目目标

知识目标：

◎ 营销团队价值及特征。

◎ 团队分析与筛选。

◎ 选择确定企业，接受团队项目任务。

能力目标：

◎ 运用项目管理知识和方法提高团队及个人的沟通能力。

◎ 资料汇总能力、写作能力、创新管理能力。

项目引例

马云的创业团队

马云在福布斯中文网发布的2014中国富豪榜中，以195亿美元身家名列第一，成为中国首富。他的创业成功离不开他的"十八罗汉"创业团队。

马云曾经以为理想的团队是优势互补。但现在他认识到团队最重要的是宽容，每人都会犯错误，所以能不能在你的伙伴犯错误的时候包容他，能不能让自己愿意付出更多，而不计较什么。

马云总结过几类他觉得适合做创业伙伴的人。一是同学，因为同学之间是没有利益基础的。二是曾经多年共事的伙伴，曾经一起面对困难，面对挫折。三是曾经一起创过业的人，而且最好一起失败过，大家都知道底线在哪儿，都知道失败痛苦的滋味是什么。

如果已经组成了一个团队，那最重要就是宽容。问自己两个问题：第一个问题，在创业过程中，如果付出的东西大于对应的股份比例，比如，你和伙伴两个人得到的股份是一人一半，你却觉得付出了80%，你是不是能坦然开心地面对？第二个问题，如果你的合作伙伴做出一个错误的决定，当然你们肯定讨论过，争论过，但最终还是按他这个决定执行了，而这个决定导致了失败，你是不是能坦然面对坦然接受？

创业的路是一条很艰难的路，除非你真的有一个理想，否则别轻易上这条贼船，但是如果已经开始了，你确实觉得这是你的理想，那就应该坚定地走下去，如果成功的话应该谢谢好运气，谢谢帮你的朋友们；如果失败了，不要怨天尤人，分析自己的原因。

（资料来源：http：//club.1688.com/article/33699252.html）

引例分析

阿里巴巴的快速发展，主要取决于它独到合理的“团队人才”结构体系，不同层次的人才在团队中发挥互相协作的合作精神，成功地形成了符合自身发展特色的团队人才体系。

项目分析

面对现代市场，各种知识、技术不断推陈出新，竞争日趋紧张激烈，市场需求越来越多样化，企业管理层面临的情况和环境极其复杂，在很多情况下，单靠个人能力已很难完全处理各种错综复杂的信息并采取切实高效的营销行动，组织成员之间相互依赖、相互关联、共同合作成为现代企业人才需求的核心。学会组建营销团队（任务 1）选择模拟企业（任务 2）承接项目任务（任务 3）是学习者需要开展的项目任务学习，以职业人身份感悟营销、感悟创业、感悟合作，为实现“零距离上岗”作准备。

项目实施

任务 1　组建营销团队

一、认识营销团队

（一）什么是创业团队

团队是指一种为了实现某一目标而由相互协作的个体所组成的正式群体。是由员工和管理层组成的一个共同体，它合理利用每一个成员的知识和技能协同工作、解决问题，达到共同的目标。这一定义由下列五个要素构成。

1. 团队目标

团队应该有一个既定的目标，为团队成员导航，帮助成员认清要向何处去，没有目标这个团队就没有存在的价值。

2. 团队中的人

人是构成团队最核心的力量，2 个（包含 2 个）以上的人就可以构成团队。目标是通过人员具体实现的，所以人员的选择是团队中非常重要的一个部分。在一个团队中可能需要有人出主意，有人订计划，有人实施，有人协调不同的人一起去工作，还有人去监督团队工作的进展、评价团队最终的贡献。不同的人通过分工来共同完成团队的目标，在人员选择方面要考虑人员的能力如何、技能是否互补、人员的经验如何。团队中的几种角色，如表 3-1 所示。

表 3-1　团队九种角色

角色	角色描述
创新者	解决难题，富有创造力和想象力，不墨守成规
信息者	外向，热情，健谈，挖掘机会，增进联系
协调者	成熟，自信，称职的主事人，阐明目标，促使决策制定，分工合理
完美者	激发人的积极性，充满活力，在压力下成长，有克服困难的动力和勇气
监督者	冷静，有战略眼光与识别力，对选择进行比较并做出正确选择

续表

角色	角色描述
凝聚者	协作温和，感觉敏锐，老练，善于倾听，防止摩擦，平息争端
推进者	纪律性强，值得信赖，有保守倾向，办事高效，把想法变成实际行动
完成者	勤勤恳恳，尽职尽责，积极投入，找出差错与遗漏，准时完成任务
专家	目标专一，自我鞭策，勇于奉献，提供专门的知识与经验

3. 团队的定位

团队的定位包含两层意思。一是团队的定位。团队在企业中处于什么位置？由谁选择和决定团队的成员？团队最终应对谁负责？团队采取什么方式激励下属？二是个体的定位。作为成员，在团队中扮演什么角色？是订计划还是具体实施或评估？

4. 团队权限

团队当中领导人的权力大小跟团队的发展阶段相关，一般来说，团队越成熟领导者所拥有的权力相应越小，在团队发展的初期阶段领导权是相对比较集中的。团队权限关系到以下两个方面。

(1) 整个团队在组织中拥有什么样的决定权？例如，财务决定权、人事决定权、信息决定权。

(2) 组织的基本特征。例如，组织的规模多大，团队的数量是否足够多，组织对于团队的授权有多大，它的业务是什么类型。

5. 团队计划

计划有以下两个层面含义。

(1) 目标最终的实现需要一系列具体的行动方案，可以把计划理解成目标的具体工作程序。

(2) 提前按计划进行可以保证团队内的顺利工作。只有在计划的操作下团队才会一步一步地贴近目标，从而最终实现目标。

(二) 团队的类型

团队可以根据不同的方式进行组建，主要包括四种基本团队类型：过程改进团队、工作团队、自我管理团队和其他团队。

(1) 过程改进团队是指改进或开发某个具体业务过程的项目团队。团队成员为了实现一个特点目标而走到一起，由一个完善的项目计划指引，并以协商的方式开始和结束。特点：跨职能部门。

(2) 工作团队，有时也称作自发性团队。对某一特殊过程(例如，一个部门、一条产品线或业务过程的一个阶段)负责，成员在一个共同的环境里协同工作。

(3) 自我管理团队是指直接管理所在过程或部门的日常运作的员工群体。自我管理团队比工作团队具有更高的自主性，要求更多的事先计划、支持结构以及培训系统。

(4) 其他团队(包括临时团队)。指在一定弹性组织中，由于需要解决某个具体的问题或情况组建临时团队。

二、团队建设

团队建设是企业在管理中有计划、有目的的组织团队，并对其团队成员进行训练、总结、提高的活动。团队建设是事业发展的根本保障，团队运作是业内人士长期实践的经验总结，至今没有一个人是在团队之外获得成功的。团队的发展取决于团队的建设。

（一）团队建设的目的

在团队成员之间就共同价值观和某些原则达成共识，明确团队的目标、价值观及指导方针，使团队成员相信并且愿意通过努力工作实现团队和个人价值。唯有建立健全的团队，企业才能在市场竞争中立于不败之地。团队建设是作为团队管理者的领导把一盘散沙般的员工们凝聚成一个不可分割的有机的团队的过程，团队管理的结果是使用有限的人力资源产生更高的工作效率。

（二）高效团队的特征

1. 清晰的目标

高效的团队对所要达到的目标有清楚的了解，并坚信这一目标包含着重大的意义和价值。而且，这种目标的重要性还激励着团队成员把个人目标升华到群体目标中去。在有效的团队中，成员愿意为团队目标给出承诺，并清楚地知道自己应该做什么工作以及怎样共同工作，最后完成任务。

2. 相关的技能

高效的团队是由一群有能力的成员组成的。他们具备实现理想目标所必需的技术和能力，而且相互之间有能够良好合作的个性、品质。后者尤其重要，但却常常被人们忽视。有精湛技术能力的人并不一定就有处理群体内关系的高超技巧，高效团队的成员则往往兼而有之。

3. 相互的信任

成员间相互信任是有效团队的显著特征，也就是说，每个成员对其他人的品行和能力都确信不疑。我们在日常的人际关系中都能体会到，信任这种东西是相当脆弱的，它需要花大量的时间去培养而又很容易被破坏。而且，只有信任他人才能换来被他人的信任，不信任只能导致不被信任。所以，维持群体内的相互信任，还需要引起管理层足够的重视。组织文化和管理层的行为对形成相互信任的群体氛围有重要影响。如果组织崇尚开放、诚实、协作的办事原则，同时鼓励员工的参与和自主性，就比较容易形成信任的环境。

4. 一致的承诺

高效的团队成员对团队表现出高度的忠诚和承诺，为了能使群体获得成功，他们愿意去做任何事情。我们把这种忠诚和奉献称为一致的承诺。通过对成功团队的研究发现，团队成员对他们的群体具有认同感，他们把自己属于该群体的身份看作是自我的一个重要方面。因此，承诺一致的特征表现为对群体目标的奉献精神，愿意为实现这一目标调动和发挥自己的最大潜能。

5. 良好的沟通

毋庸置疑，这是高效团队一个必不可少的特点。群体成员通过畅通的渠道交流信息，包括各种言语和非言语信息。此外，管理层与团队成员之间健康的信息反馈也是良好沟通的重要特征，它有助于管理者指导团队成员的行动，消除误解。就像一对已经共同生活多年、感情深厚的夫妇那样，高效团队中的成员能迅速而准确地了解彼此的想法和情感。

6. 谈判技能

以个体为基础进行工作设计时，员工的角色由工作说明、工作纪律、工作程序及其他一些正式文件明确规定。但对于高效的团队来说，其成员角色具有灵活的多变性并总在不断地进行调整。这就需要成员具备充分的谈判技能。由于团队中的问题和关系时常变换，成员必须能面对和应付这种情况。

7. 恰当的领导

有效的领导者能够让团队跟随自己共同渡过最艰难的时期，因为他能为团队指明前途所在。

8. 内部支持和外部支持

要成为高效团队的最后一个必需条件就是它的支持环境。从内部条件来看，团队应拥有一个合理的基础结构。这包括：适当的培训，一套易于理解的用于评估员工总体绩效的测量系统，以及一个起支持作用的人力资源系统。恰当的基础结构应能支持并强化成员行为以取得高绩效水平。从外部条件来看，管理层应给团队提供完成工作所必需的各种资源。

（三）团队创建的过程

团队建设是事业发展的根本保障，团队运作是业内人士长期实践的经验总结，至今没有一个人是在团队之外获得成功的。团队的发展取决于团队的建设。团队建设应从以下几个方面进行。

1. 组建核心层

团队建设的重点是培养团队的核心成员。俗话说“一个好汉三个帮”，领导人是团队的建设者，应通过组建智囊团或执行团，形成团队的核心层，充分发挥核心成员的作用，使团队的目标变成行动计划，团队的业绩得以快速增长。团队核心层成员应具备领导者的基本素质和能力，不仅要知道团队发展的规划，还要参与团队目标的制定与实施，使团队成员既了解团队发展的方向，又能在行动上与团队发展方向保持一致。大家同心同德、承上启下，心往一处想，劲往一处使。

2. 制定团队目标

团队目标来自于公司的发展方向和团队成员的共同追求。它是全体成员奋斗的方向和动力，也是感召全体成员精诚合作的一面旗帜。核心层成员在制定团队目标时，需要明确本团队目前的实际情况，例如，团队处在哪个发展阶段？组建阶段，上升阶段，还是稳固阶段？团队成员存在哪些不足？需要什么帮助？斗志如何？等等。制定目标时，要遵循目标的SMART原则：S(Specific)明确性，M(Measurable)可衡量性，A(Attainable)可接受性，R(Realistic)实际性，T(Time)时限性。

3. 训练团队精英

训练精英的工作是团队建设中非常重要的一个环节。建立一支训练有素的销售队伍，能给团队带来很多益处。可以通过训练提升个人能力、提高整体素质、改进服务质量、稳定销售业绩。一个没有精英的团队，犹如无本之木；一个未经训练的队伍，犹如散兵游勇，难以维持长久的繁荣。

4. 培育团队精神

团队精神是指团队的成员为了实现团队的利益和目标而相互协作、尽心尽力的意愿和作风，它包括团队的凝聚力、合作意识及士气。团队精神强调的是团队成员的紧密合作。要培育这种精神，领导人首先要以身作则，做一个团队精神极强的楷模；其次，在团队培训中加强团队精神的理念教育；最重要的，要将这种理念落实到团队工作的实践中去。一个没有团队精神的人难以成为真正的领导人，一个没有团队精神的队伍是经不起考验的队伍，团队精神是优秀团队的灵魂、成功团队的特质。

5. 做好团队激励

营销活动是一种与拒绝打交道的行为；团队建设则是容易与别人的观念发生冲突的工作。营销工作是需要一定时间的坚持才能成就的事业，每个人要做好这一切，他所面临的最大挑战就是自己。因此，每个团队成员都需要被激励。领导人的激励工作做得好坏，直接影响到团队的士气，最终影响到团队的发展。激励是指通过一定手段使团队成员的需要和愿望得到满足，以调动他们的积极性，使其主动自发地把个人的潜力发挥出来，从而确保既定目标的实现。营销目标的达成往往通过树立榜样、培训、表扬、奖励、旅游、联欢、庆祝活动等多种多样的激励方式。

三、如何开团队会议

当我们在对营销团队有了充分认识、分析了成员现状、制定了团队需求标准、筛选了合适的成员后，开团队会是我们在本课程的学习过程中经常要做的工作，有的是在课堂上开，有的是在课下开。对企业来说，参加会议是管理人员经常性的工作，尽管许多人对开会非常厌烦。

对一个企业来说，适当的开会是必要的、不可缺少的，但是，如果会开得不明不白、毫无结果，既浪费了时间，又使参加会议的人一无所获。因此，开会要有目的性，这是会议开得有效的最低要求。同学们在开团队会时，首先要明确自己开会的目的，比如在“项目任务 1”中，就需要开团队会，要求团队各成员之间相互了解，并进行合理的分工。会议目的是“了解”和“分工”，需要队长主持，让队员们逐个发言进行自我评价，大家再讨论进行分工。

作为队长，首先要弄清楚会议的目的是什么；其次，在自己作为会议的主持人时，要有能力主持好会议，力争达到预期的结果；最后，在自己作为会议的参加者时，要积极地参与会议，不浪费时间，力争有所收获。

（一）开团队会的意义

会议是团队存在的体现，表现了一定的群体边界，展现了一个组织运作的事实，能使领导者产生成就感，使参加者对团队产生认同感。

会议是一种群体沟通，群体沟通的成本比较低，对解决协调问题尤其方便。会议过程中的沟通是全面的、交叉的，反馈是即时的、多方面的。

（二）团队会的类型

团队会的类型主要有两种：一种是制订方案的会议，一种是收集和交换意见、解决问题的会议。制订方案一般是在任务开始时，团队成员先明确任务的主要目的（这通常需要花费一定的时间，包括与教师进行反复沟通、同学间相互询问），然后围绕任务讨论，确定如何进行分工、时间上如何安排、谁负什么责任。收集和交换意见、解决问题的会议在团队会中占有相当的比例，在我们完成任务的过程中，经常需要大家在一起讨论，了解各个分工负责人的工作进展情况，鼓励广泛的讨论，进行充分的沟通，有时需要进行决策，以解决遇到的问题。

（三）团队会失败的原因

经常会发生团队会失败，也就是会议没有达到预期目的的情况。了解失败的原因对我们以后吸取教训很有帮助，这可以避免再发生会议失败、效率低下的情况。会议失败的原因，从根本上来讲是由于有关人员对会议不够重视，事先没有进行足够的准备，主要表现在以下几个方面。

第一，组织不当。会议组织不周密，致使会议偏离既定目标，或对目标失去控制。

第二，分析不够。误以为参会者都了解了会议的目的，并误以为会议上传递的信息，可以为参会者快速接受。

第三，备忘录失误。由于前一次会议的备忘录内容记录不够准确，因而在本次会议上需花费时间重新考虑有关问题，达成一致意见。

第四，议程安排不当。未能对会议和会议议程进行合理的计划安排，谈论的话题混杂多样，难以控制。

第五，会议主持人的原因。这方面包括：放任自由讨论；对会议的目的和即将产生的结论模糊不清；听任一、两个人夸夸其谈，使大多数人无法发表自己的见解。

（四）会议前的准备工作

一般来说，开会前要做好如下的准备工作。

第一，Why，为什么要召开这次会议？开会的目标是什么？要确定目标，需要回答如下三个问题：我能不能自己作决定？这个会议必须在这个时候开吗？如果改成打电话或写便笺，能不能达到相同的目标，效果会不会更好？

第二，When，什么时候召开？开会时间必须保证所有参加会议的重要人物都能出席。如果有权作出决定的人无法出席，那么这次会议很可能得不到预期的结果。

第三，Who，哪些人参加会议？即需要哪些人、多少人参加会议？

第四，Where，在哪儿开会？应重点考虑需要哪些书籍、备忘录或书面资料，是否需要事先写好议程表发给每个人？

（五）主持会议

一般来说，团队会由团队的队长来主持，对于涉及某个具体负责人的会议，例如，计算机使用问题、PPT 制作问题交流等问题，可以由相关的负责人来主持。

主持人应该明白，自己的任务主要是控制会议、阐明目标、鼓励大家各抒己见，并保证给予会议每一个成员有合理的发言机会和时间，保证每一个会议成员都明白会后自己应该承担的工作。

1. 主持人的责任

主持人应在会议前对下列各事项认真考虑，并作出决定：会议的目的、议事日程、参会人员；召开会议的时间和地点；会议种类和应散发的文字材料。

在会议召开期间，主持人应以创造和谐的会议气氛为己任，要做的工作是：宣布开会、控制议程、鼓励讨论、总结发言、控制人员发言、作出决议、确认行动和责任、闭会。

在会议结束之后，主持人还要对会议的过程作出总结，包括回顾会议情形，评价会议进展情况和结果。

主持人可参考表 3-2，总结自己的主持情况和水平，提高主持技巧。

表 3-2　主持人的行为表现记录表

行为	次数	引言或例句
组织安排会议		
确定、检查目标		
遵守时间		
鼓励发表见解、提出建议和问题		
澄清事实		
检查理解程度和意见是否一致		
引入正题还是离题太远		
使与会者对决策制定具有责任感		
过早结束、结果未明		

2. 会议开始的主持技巧

开会首先要准时，时间一到，即要宣布开会，人们最怕拖拖拉拉、到了时间却又开不了的会议。主持人在宣布会议开始时要心平气和，神态自然、镇定，以使纷乱、嘈杂的场面平静下来。会议一开始要说明议程安排、大纲及会议进行时间表，询问有没有人对会议的安排不清楚，并回答与会者提出的其他问题。

3. 会议进行中的主持技巧

在主持会议中，第一，主持人要尽早并简明地引出主题，说明讨论的目的；第二，把握和控制会议的进度；第三，要注意鼓励每个人发表自己的见解；第四，在一段时间里要集中讨论一个议题，在一个议题结束之后再开始下一个议题；第五，注意对不同意见的处理；第六，随着会议的进行，对已表述的观点要及时加以概括总结；第七，争取尽早得出结论。

4. 与不同的参会者打交道

(1) 始终保持沉默的参会者。参会者在会议中很少发言或干脆保持沉默，可能出于以下两个原因：有不同的意见或反对你的意见与构想；刚加入这个团体，开会的心情很紧张。如果参会者只是紧张，主持人应尽量鼓励他发言，并在他发言时，对他的表现加以赞许；如果参会者是由于有不同意见不发言，更应该鼓励他发表意见，并尽力找出他不同意的原因——可能会是很独到的看法。

(2) 喋喋不休的参会者。这种参会者会咬住一个主题不松口，这样往往会浪费宝贵的会议时间。对付此类人的办法是在他提出一个意见后就打断他，把目光注意力转向另一个人，例如，你可以说：“小李，这个意见很好。小王，你的看法怎样？”

(3) 反对任何建议的参会者。这种参会者好像是存心捣乱，他对别人提出的任何建议，都持反对立场，这样很可能使会议失去建设性。为了避免这种情况发生，可以在一开始就声明无论什么建议或意见，都欢迎大家提出来讨论，在有人不断批评别人的建议的情况下，就可以用这一点来提醒他。

(4) 思维散乱的参会者。主持人可以请这种参会者用比较精确的说法再解释一次他的观点，让大家都能听得懂，或者让他说明一下他的意见何以能解决目前大家正在讨论的问题，这样可以把讨论引导回正题。

(5) 窃窃私语的参会者。这种人常常使主持人有一种芒刺在背的感觉，这时主持人可以停止说话，让整个会场静下来，使私下谈话的人警觉。主持人也可以直接请问他们是不是觉得应该分组讨论，然后再把各组的结论集中起来讨论，这个方法有时候会产生非常好的效果。

(6) 脱离主题的参会者。这是一群人(在我们的学生团队里可能是两三个人)同时脱离会议主题的情形。一旦注意到整个会场的讨论离题了，主持人应该想办法打断大家，同时引进与主题有关的新话题。主持人也可以针对主题稍作总结，把大家注意力引导回正题。

(六) 参与会议的技巧

1. 参会者的责任

每一个会议参与者都对会议成功与否负有重要责任。全体成员必须通晓会议的目标、各个项目的议事日程和各自在会议上所担当的角色，如表 3-3 所示。

表 3-3　参会者的责任

开会之前	根据个人的观点研究问题
	依据所提供的文件、资料，准备经周密分析的论证材料
	记下开会的地点、日期和时间
	做好在会议中尽量发挥自己表达能力的心理准备
会议中间	倾听他人的观点
	积极发表自己的见解
	关注正在讨论的事项
	与主持人密切配合
会后检查	为什么要出席这次会议
	这次会议达成了什么结果
	还有哪些事情尚未完成
	进一步的行动由谁来负责

2. 记录员的责任

会议记录员的责任是对每一次会议进行记录，记录员可由团队队长担任，也可由队长指定人来担任。在记录中要写清楚会议的日期、地点、目的、最后形成的决议(行动方案)，以便指导以后的工作，并作为资料保存。

3. 积极参与会议的技巧

(1) 有备而来，开会前先把会议议程看一遍。

(2) 尽可能敞开心胸，善于接纳别人的看法，不要因为别人不同意你的意见就反对他们的看法，同样，也不要别人一开始反对，你就放弃自己的看法。

(3) 尽可能精确、明白地表达你的看法，不要随便引用一些不相关的证据，使议程受干扰。

(4) 不要不好意思说“我不知道”，可使用“这个问题我需要进一步了解”，当你听不懂的时候，别人可能也听不懂。

案例链接

《致加西亚的信》引发管理思考

2002 年年末，《致加西亚的信》一书在浪潮软件掀起了一次“学习的革命”。浪潮软件山东大区的不少员工被书中的灵魂人物罗文的事迹所感动。浪潮软件总裁丁兆迎对记者说："有人说，这是一本站在管理者角度，让职员甘心接受管理的书。这么说也许有些偏颇，但也不是没有道理。作为管理者，不仅要注重工作的效益，还应统一思想方向，才能广纳贤才。"丁兆迎介绍，浪潮软件从成立之初，就建立了一套科学有效的"以团队人才为本"的管理体制。在浪潮软件的管理思想中，"创新"是主旋律，整个团队都要不断地进行战略、制度、组织、观念和市场创新。丁兆迎介绍，浪潮软件还建立了适应自身发展的扁平化的组织体系。

浪潮软件副总裁肖成锋说："浪潮是我，我就是浪潮。"这是EIS产品部全体员工多年工作凝结的语言。从2001年的一个分销系统，扩展到分销物流、呼叫中心、专卖管理、客户关系管理、资金结算和电子商务多个系统，无不来自于这种共同的价值理念。在队伍管理方面，EIS团队已经开始在大连研发中心试行项目任务书制度和项目积分制度，对每一个项目成员的工作进行量化，为员工的评价提供参考数据。现在，EIS团队成员不再是简单地遵守规则，而已经成为建立和实施规则的积极推动者。

浪潮软件副总裁肖成锋认为："用好人才的关键是要做到岗位合适和对其充分信任。岗位合适分为三个方面，一是根据个人的特点安排合适的岗位，二是个人要喜爱岗位，三是岗位工作要具有一定的挑战性。"行业信息化的快速发展，使得在EIS产品部不断出现具有挑战性甚至是完全创新的岗位，每个想在EIS发展的员工，都能找到足够大的舞台。EIS管理层根据企业需要和个人意愿多次调整工作岗位，部分原来表现并不出众的员工在调岗后成为核心骨干，就得益于岗位的转变。肖成锋认为，"以团队人才为本"就是要求在企业文化建设中，更追求整体利益、团队价值。EIS管理层承认每一个为团队做出贡献的员工的成绩和价值，但不允许任何个人以为团队离不开自己，而发生不顾及整体利益的现象。在浪潮软件领导的强力支持下，年轻的EIS团队正处于蓬勃向上的发展中。

（资料来源：摘自2003年03月17日《新华网》）

任务2 选择模拟企业

一、选择模拟企业的注意事项

在各团队选择了模拟企业后，此后各项调查、分析活动的开展均是以该模拟企业作为对象，故模拟企业选择的好坏直接影响到本课程的学习。

在选择模拟企业时，最好选择国内的企业或者虽属于国外但在国内有经营场所的企业，因为我们对国内的企业比较熟悉，也容易查找相关的资料，必要时还可去企业进行实地调研，而国外的企业一方面我们不熟悉，另一方面，查找资料有困难，也不利于到企业去调研。

所选择的企业要大小适中，不要过小，如只有几个人的小企业，其运行、管理等诸多方面不是很成熟，也可能没有专门的营销部门；也不要过大，如跨国公司且主要经营在国外的企业。如果选择了较大的公司，一定要界定清楚本团队所要模拟运作的具体区域，如肯德基的中国北京市场、雀巢公司在中国北京的市场等。建议所选择的市场最好是当地市场，以方便后面的工作开展。有的团队选择的企业正好是当地的企业，但正面临着向外省市扩张，这样的企业也是可以选择的。

对于所选择的企业最好是同学们对其已有一定了解，如一般的日用品企业、啤酒公司、奶制品企业等，如果对所选择的企业经营的产品不太常见，则要求这个团队中至少有一个同学非常了解该企业经营的产品，且绝大多数同学均有兴趣来模拟该企业。

二、查找模拟企业的基本情况

（一）企业基本情况所包含的内容

企业的基本情况应该包括：企业的完整名称、成立日期、办公地点（总部、分部所在地），企业性质（国企、私企、外企、合资企业等），企业规模（可用注册资金、员工人数、销售额或利税额等资料来说明），主要经营什么业务，所经营的产品或服务在市场上的占有率情况（适用企业比较大、有一定知名度），组织情况，企业特色等。

案例链接

国美电器集团简介

国美电器集团成立于1987年1月1日，是中国最大的以家电及电子产品零售为主的全国性连锁企业，截止到2013年10月，在中国280多个城市拥有直营门店1 063余家，同时国美还有543家上市公司。目前，集团拥有员工（含门店促销员）20万人，每年为国家上缴利税超过20亿元。2008年3月中国连锁经营协会发布“2007年中国连锁百强”经营业绩，国美电器以1 023.5亿元位列首位。国美电器集团是中国企业500强之一。

案例链接

湖南三一集团有限公司

三一重工股份有限公司由三一集团投资创建于1994年。是全球最大的混凝土机械制造商，也是中国最大、全球第六的工程机械制造商。自成立以来，公司以年均50%以上的速度增长。目前，三一是全球装备制造业的领先企业之一。2013年，公司实现营业收入373.28亿元，净利润29.04亿元。自2012年以来，三一连续获评为中国企业500强、工程机械行业综合效益和竞争力最强企业、福布斯“中国顶尖企业”、中国最具成长力自主品牌、中国最具竞争力品牌、中国工程机械行业标志性品牌、亚洲品牌500强。2007年，三一集团实现销售收入135亿元，成为新中国成立以来湖南省首家销售过百亿的民营企业。2008年和2009年，尽管受金融危机影响，三一仍然延续了以往的增长。2010年，三一集团销售额超过500亿。目前拥有员工6万余名。

三一集团主业是以“工程”为主题的机械装备制造业，目前已全面进入工程机械制造领域。主导产品为混凝土机械、筑路机械、挖掘机械、桩工机械、起重机械、非开挖施工设备、港口机械、风电设备等全系列产品。其中混凝土机械、桩工机械、履带起重机械为国内第一品牌，混凝土泵车全面取代进口，国内市场占有率达57%，为国内首位，且连续多年产销量居全球第一。

目前，三一重工在全国已建有15家6S中心。未来几年内，将在全国31个省会城市、直辖市以及200多个二级城市开设6S中心。在全球拥有169家销售分公司、2 000多个服务中心、7 500多名技术服务工程师。今年,三一重工相继在印度、美国、德国、巴西投资建设研发和制造基地。自营的机制、完善的网络、独特的理念,将星级服务和超值服务贯穿于产品的售前、售中、售后全过程。

(二) 如何查找有关信息

1. 网络查找

我们需要查找的资料可以通过二手资料获得,获得二手资料最方便的是通过网络来查找。打开相应的网站,然后在关键词栏中输入想要查找的内容的关键词,相关的资料就出现了。

有的同学试图通过输入教师要求他们完成的问题来获得答案,比如,老师想让大家了解一下肯德基的营销渠道是怎样的,有些同学会在搜索引擎关键词栏中输入"肯德基的营销渠道",这种解决问题的方法是不恰当的。应该根据你想查找的资料,输入适当的关键词,然后根据所查到的信息来总结你要的资料。如还是上面的问题,可以输入"北京肯德基分布"来了解相关的信息。有些问题网上不一定有现成的资料,但有相关的资料,关键要看你是否会整合应用。

2. 实地调研

对于一些较小且具有一定特色的企业,在网络上未必能找到相关的资料,如果条件允许,可以到企业去进行实地调研,但这样做的前提是与该企业的人员较熟,可以以合法的途径获得内部信息。

3. 通过其他二手资料查找

除了通过网络和实地调研外,我们还可以通过企业所发的宣传单、企业的内部杂志等获得一些二手资料。

任务3 承接项目任务

一、项目任务书

项目任务书是对一个改进项目审定和定义的文档。其适用场合为:

(1) 当一个项目开始时;

(2) 需要阐述项目的信息或者目的、范围、时机、状况等;

(3) 评估时(确保项目集中且准时地更新了目前任务进展);

(4) 当项目过程中所得到的信息表明需要变更任务书时。

二、如何接受项目任务

(1) 要明确领导布置的是哪一个项目任务,要求完成哪些内容。

(2) 拿到任务书后要认真阅读,不明白的地方要找到领导询问,讲出疑惑的地方,直到弄清楚为止。

(3) 把自己对项目书的理解跟领导说一次,看理解是否完全正确。

三、制订项目任务计划

案例链接

工作计划制订的必要性

当我开始思考如何规划自己的时间时,我的思路变得毫无头绪,我不习惯进行规划,所有的工作和任务安排都在我的脑子里。

后来我渐渐发现,如果事先不记下一点什么,我会忘记一些事。因此我开始列清单,后来我列清单都上瘾了,生活不得不依赖一大堆纸张和便条。有时候不慎把那些清单丢失,立即就变得恐慌起来。我花时间寻找已经写好的单子,这真让人沮丧,因此我开始在日记中记下各种计划和安排。不久,我养成了每天工作结束后在日记中写下计划的习惯,并把它们按顺序排列起来。我在日记中写下我不得不做的事、我希望做的事和我喜欢做的事。我把这些事按重要性排序,然后决定何时做何事。现在我每天的第一件事就是翻看日记,我已经意识到现在已经离不开计划了。

(资料来源:选自《个人与团队管理》,由中央广播电视大学出版社 2008 年出版)

一般项目任务计划包括以下几个方面。

(1) 市场分析。也就是根据了解到的市场情况,对产品的卖点、消费群体、销量等进行定位。

(2) 销售方式。就是找出适合自己产品销售的模式和方法。

(3) 客户管理。就是对客户如何进行服务和怎样促使他们提高销售或购买;对潜在客户怎样进行跟进。这一点是非常重要的,应在计划中占主要篇幅。

(4) 销量任务。就是制定出合理的销售任务。只有努力地利用各种方法完成既定的任务,才是计划作用所在。完成后,要总结出好的方法和模式,完不成,需要总结还存在的问题和困难。

(5) 考核时间。销售工作计划可分为年度销售工作计划、季度销售工作计划、月销售工作计划。考核的时间也不一样。

(6) 总结。就是对上一个时间段销售计划进行回顾与评判。

以上六个方面是项目任务计划必须具备的。当然,计划也不是一成不变的,要根据市场的情况变化进行调整。

拓展提高

构建营销组织

营销组织主要有职能型、产品型、市场型、地理型等不同类别的结构。

1. 职能式组织

职能式组织是传统的市场营销组织形式。它是根据市场营销需要完成的工作来设立机构,是直线职能制的营销组织(如图 3-1 所示)。其优点是行政管理工作简化。其缺点是由于各机构独立性较强，各部门会强调自己职能更重要，而不利于内部协调行动。

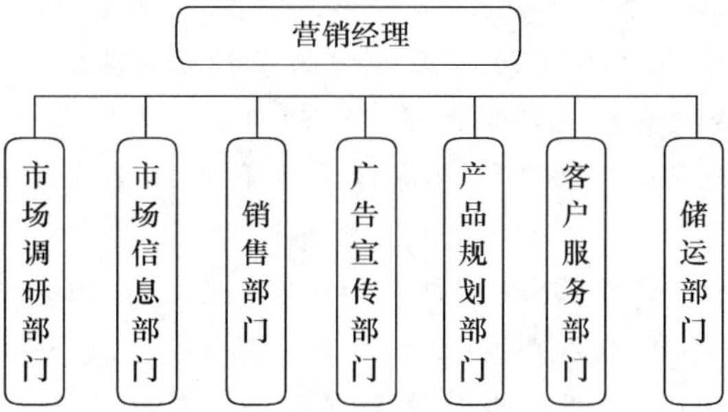

图 3-1　职能式营销组织

2. 产品式组织

产品式组织是指随着产品品种的增多，为了突出对产品的重视，企业把产品作为独立部门的营销组织形式（如图 3-2 所示）。其优点是所经营的所有产品都受到一视同仁的对待，使产品销售量普遍提高；同时营销专业人员负责一种或几种产品，易于熟悉产品知识和特点。其缺点是可能增加营销人员，同时会出现几个部门的人员在同一地区重复销售的状况。

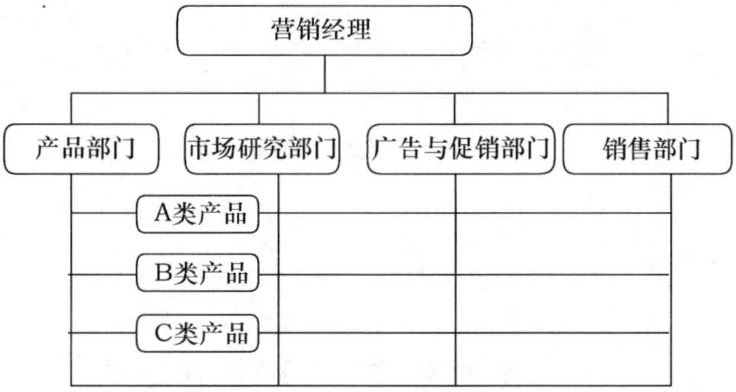

图 3-2　产品式营销组织

3. 地区式组织

地区式组织多是大公司、大工厂所采取的组织形式（如图 3-3 所示）。这种组织形式能使产品销售范围更广。由于各地区有不同特点，地区式组织可以在不同地区采取不同的营销策略，以实现共同的目标。同时结构简单，分工明确，便于考核营销人员成绩。其缺点是机构分散，各地区容易各自为政，不易协调。

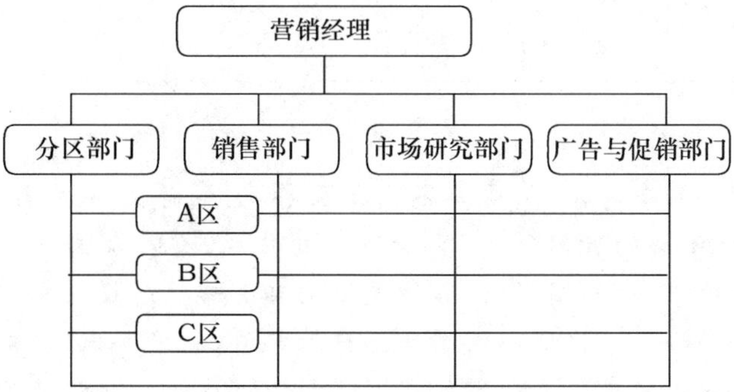

图 3-3　地区式营销组织

4. 市场式组织

市场式组织又叫“顾客式组织”，这种组织形式按照本企业产品所销售的市场(顾客)差异设立市场营销组织，由专员负责不同购买类型的营销业务(如图 3-4 所示)。市场式组织是当企业的市场销售种类较多且差异较大时建立的组织形式。其优点是有利于企业全面掌握不同市场的特殊营销规律，了解市场的特殊需要和发现潜在市场。缺点与产品式组织相同。

营销组织不论采取什么形式，其任务都是为了从组织上保证企业整个营销任务的完成，其根本任务都有调研、计划、执行和服务四个方面。为了保证任务的完成，企业内部必须搞好协调，调动各方面的积极性，团结一致地全面实现企业营销目标。

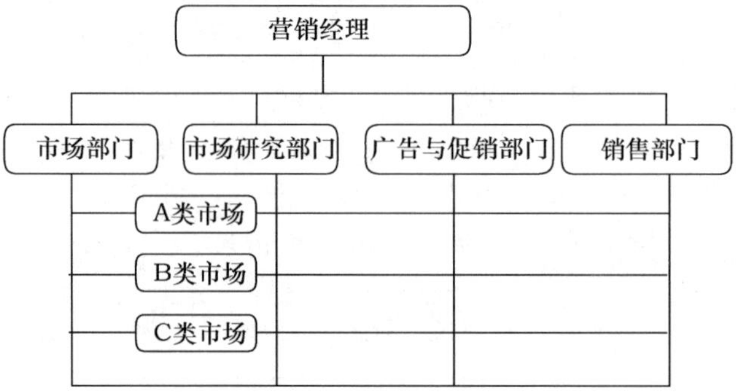

图 3-4　市场式营销组织

情境实战演练

资料一

表 3-4　世界 500 强生产企业素质额数统计表

素质	团队精神与协作能力	创新精神及创造力	沟通能力	学习能力	工作热情及主动性	敬业	责任感	诚实守信	正直	专业技能	进取心及成长欲	忠诚
额数	27	22	17	15	14	13	12	11	11	10	10	10

高 ——————→ 低

资料二　与雄狮和猛虎相比，狼真算不上是猛兽，它的体力与形状都与狗差不了多少。但是，狼却以自己矢志不移的食肉信念、百折不挠的作战态度、众狼一心的团队精神纵横自然界。其实在人类社会中，有的国家虽小，但是他们却有着狼一样的意志与团队精神。战争年代，他们以小国之师侵入大国，所向披靡犹如狼入羊群；和平年代，他们用经济对全球进行侵略和渗透几乎又入无人之境！在我们的周围，有这样的企业，起步虽晚，资金不足，社会的资源并不充分，但是他们上下一心，抱着一种坚决卓越的成功信念，不达目的不罢休，他们的行为与精神与狼又是何等的相似!

如果将狼的态度与意志移植到业务代表的大脑中,将狼群的法则用在营销团队的运作与管理上,那么企业就有了一支狼性的营销团队。这支狼性的营销团队能够将产品和技术,卖出一流的市场。

思考与讨论

1. 从世界500强生产企业素质额数统计表,你想到了什么?
2. 根据以上资料谈谈团队创建的要素有哪些?
3. 你认为在生活中如何来创建这种狼性的团队?

职业能力形成训练

一、演练项目

创建营销团队、制订团队的工作计划、选择模拟营销企业或产品。

二、演练目的

在教师的指导下完成分组任务,通过上网查资料、协调沟通、充分讨论,确定本团队要模拟的企业,并写出企业简介。

三、演练内容

(1) 将一个班的学生分成6—8个团队,每个团队5—7人,并由学生自荐和推荐的方式选出各营销团队的队长。

(2) 选择模拟企业,学会查找模拟企业的基本情况。

(3) 各营销团队在占有充分资料的基础上,制订团队的工作计划,合理科学承接营销项目任务。

四、演练组织

(1) 各小组成员创建营销团队,通过收集资料、实地观察、文献查阅等方式,制订团队工作计划。

(2) 各团队小组在完成整理、分析团队的工作计划的基础上,撰写出200字的企业简介,并制定共同完成某企业营销项目任务的实施报告。

(3) 汇报与交流。

五、演练考核

(1) 分组情况,各组成员姓名及分工。(30分)

(2) 所确定的公司名称及简介。(30分)

(3) 各团队学生间的合作精神。(30分)

(4) 同学互评,教师点评。(10分)

模块二

市场营销战略分析

出门看天气;营销识环境;生意知行情;信息抵万金。企业作为国民经济的细胞,它的生存和发展与其所面临高度不确定的内外动态经营环境休戚相关。市场机会就隐藏在这些市场营销环境因素的现状及其变化趋势之中,正如菲利普·科特勒所说:“今天,你必须比处在同一水平者跑得更快。”企业必须随时开启环境监测之窗,持续地跟踪和监测它们。市场营销战略分析就是以现代市场营销观念为指导,以市场调研为手段和工具,去分析市场营销环境,以发现其中潜藏着的市场机会,躲避其中的环境威胁;通过洞察消费者购买行为,确定目标市场营销策略,有针对性地成功开展营销活动。

项目四　分析市场机会

企业能够而且应当影响自己所在的营销环境，而不应单纯地顺从和适应环境。

——〔美〕 菲利普·科特勒

项目目标

知识目标：

◎ 熟悉微观环境和宏观环境的主要内容及变化趋势。

◎ 掌握企业应对营销环境变化的对策。学会对商机的发掘与把握。

能力目标：

◎ 能拥有较高的对企业经营管理活动的观察力、领悟力和敏感度，善于分析和利用营销信息环境进行营销决策。

◎ 能够在系统性思维训练的基础上形成一定的发散思维、逆向思维以及创造性思维。

项目引例

国内葡萄酒市场营销环境分析

某酒厂对我国葡萄酒市场营销环境进行了一次调查，调查结果如下。

(1)自然环境：日照时间、降雨量、昼夜温差等条件都适宜酿酒葡萄生长。仅河北省酿酒葡萄种植面积已达26万亩，酿酒葡萄总产量达到20多万吨。

(2) 消费市场：中国人口多，经济持续快速增长，居民可支配收入不断增加，生活水平迅速提高，购买力逐步增强，而且外国人员来华经商、旅游等日益频繁。

(3) 文化环境：中国酒文化源远流长，酒已经成为中国人的一种文化沉淀，成为各种社交场合必不可少的消费品。从文化层面上来讲，中国人对酒足饭饱的需求非常强烈且根深蒂固。近几年来，随着大家对白酒危害性认识的加深，同时对葡萄酒特别是干红葡萄酒宣传力度的加大，人们对于干红的需求日益增加，喝干红已经成为保护身体、提高品位的一种时尚。

(4) 政策环境：葡萄酒属于酒精度较低的发酵酒种，品格高雅，而且种植葡萄可以开发利用山坡地、沙砾地等不宜种植粮食的土地资源。

(5) 生产工艺：中国葡萄酒行业还处于发展起步阶段，葡萄酒的技术工艺、产品质量、档次、品种等与国际水平相比还有一定的差距。

(6) 葡萄酒市场：中国葡萄酒市场虽然存在巨大潜力，但是远没有进入快速成长的时期，市场的发育和成熟需要一定时间。

（7）竞争环境：入世后，技术雄厚、品牌强势的国外企业冲破中国高关税和相关保护政策的壁垒，以低价位进入中国，从而使中国国内葡萄酒市场竞争更趋激烈。

（资料来源：选自佘伯明编写的《市场营销实务》，由东北财经大学出版社于2008年出版）

引例分析

企业对环境的反应决定了企业的感受。任何事物的存在和发展都离不开特定的环境的影响，市场营销活动也是一样。

项目分析

作为社会经济的细胞，每一个企业的生存和发展都与其所面临的高度不确定的内外动态经营环境休戚相关。营销环境是一把“双刃剑”，其变化既可能给企业的营销活动带来机会，也可能带来威胁。“识时务者为俊杰”，作为现代营销者，必须善于分析环境带来的机会与威胁，确保企业在激烈的竞争中立于不败之地。这就决定了本项目的任务是通过认知市场营销环境（任务1），并分析企业面临的宏观营销环境和微观营销环境（任务2，任务3）学会发掘商机。

项目实施

任务1　认知市场营销环境

一、市场营销环境的概念及类型

（一）市场营销环境的概念

市场营销环境泛指一切影响和制约企业营销活动的内、外部因素的集合，如图4-1所示。

营销环境的变化或是给企业带来营销机会，或是给企业的生存环境带来威胁。所以从这个意义上讲：

市场营销环境＝机会＋威胁

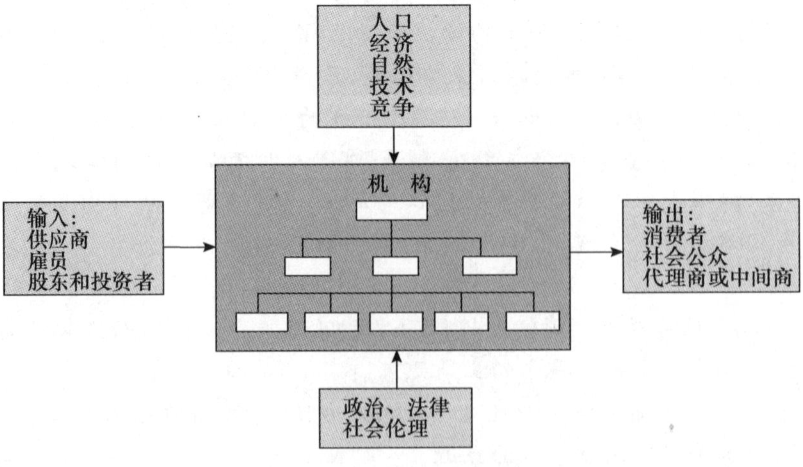

图4-1　企业营销环境

（二）市场营销环境的类型

1. 按影响范围分：宏观环境和微观环境

公司微观环境是指由公司本身市场营销活动所引起的与公司市场紧密相关、直接影响其市场营销能力的各种行为者。包括公司供应商、营销中间商、竞争者和公众等。

公司宏观环境是指影响公司微观环境的各种因素和力量的总和。包括人口统计环境、经济环境、自然环境、政治环境及文化环境等。

2. 按控制性难易分：可控因素和不可控因素

可控因素是指由公司及营销人员支配的因素，包括最高管理部门可支配的因素。

不可控制因素是指影响公司的工作和完成情况而公司及市场营销人员不能控制的因素，包括消费者、竞争、政府、经济、技术和独立媒体。

3. 按环境的性质分：自然环境和文化环境

自然环境包括矿产、动物种群等自然资源及其他自然界方面的因素，如气候、生态系统的变化。

文化环境包括社会价值观和信念、人口统计变数、经济和竞争力量、科学和技术、政治和法律力量等。

二、市场营销环境特征

（一）客观性

环境作为营销部门外在的不以营销者意志为转移的因素，对企业营销活动的影响具有强制性和不可控性的特点。一般说来，营销部门无法摆脱和控制营销环境，特别是宏观环境，企业难以按自身的要求和意愿随意改变它。如企业不能改变人口因素、政治法律因素、社会文化因素等。但企业可以主动适应环境的变化和要求，制定并不断调整市场营销策略。有的企业善于适应环境就能生存和发展，有的企业不能适应环境的变化，就难免被淘汰。

（二）差异性

营销环境的差异性不仅表现在处于不同的国家或地区之间，也表现在不同的企业，不仅其宏观环境存在着广泛的差异，其微观环境也千差万别。同时还表现在同一环境变化对不同企业的影响不同。

案例链接

颇受美国消费者喜爱的高露洁牙膏，初次进入日本市场，与居日本榜首的狮王牙膏采用同属红、白两色的单纯设计，不同的是，高露洁牙膏包装以红为主，红底白字，狮王牙膏以白为主，白底红字。

高露洁采用“红底白字”包装，是因为美国人无论男女老幼都偏爱红色，如运动衣、地毯、小汽车，甚至香烟包装。红色在美国象征着活动、生命力。在所有的颜色中，红色被认为最有意义并被印象化，所以高露洁牙膏采用红色设计，是自然不过了。

红色被日本人认为是带有婴儿和女性气息的色彩，日本人爱好白色，很多商标名称都冠有“白”字，如白鹤、白雪等。他们认为像国旗那样，大片的白底上一个鲜红的太阳才是最美的色彩。狮王牙膏掌握了这一民族性心理，包装设计以白色为主，使用红字，高露洁牙膏则恰恰相反，大块地使用红色，漠视日本消费者与美国消费者在色彩感觉和购买心理上的差异，导致它进入日本市场时，出乎意料地滞销，市场占有率仅达1%。

（资料来源：《市场报》2000年7月19日第四版）

【分析提示】高露洁牙膏遭到厄运的原因，显然是包装设计不符合日本人的审美习惯和兴趣。因此，一个企业要进入一个区域市场或国际市场，需要让当地的消费者购买和消费你的产品或服务。当地消费者能否接受，关键在于这些产品或服务是否符合当地消费者的文化习惯和传统，如果试图反传统，必须有足够的能力来达到反传统的目的，但风险收益将会很大。像麦当劳、诺基亚等大企业在进入台湾市场时，充分注意到了本地的文化和消费者的情感因素，因此，接受度就比较高。

（三）动态性

动态性是营销环境的基本特征。任何环境因素都不是一成不变的。相反，他们始终处于变化，甚至是急剧变化之中。例如，顾客的消费需求偏好和行为特点在变，宏观产业结构在调整，等等。企业应密切关注营销环境的变化趋势，以便随时发现市场机会和监视可能受到的威胁。

案例链接

政治风云导致“米沙”的失败

1977 年，洛杉矶的斯坦福·布卢姆以 25 万美元买下西半球公司一项专利，生产一种名叫“米沙”的小玩具熊，用作 1980 年莫斯科奥运会的吉祥物。此后的两年里，布卢姆先生和他的伊美治体育用品公司致力于“米沙”的推销工作，并把“米沙”商标的使用权出让给 58 家公司。成千上万的“米沙”被制造出来，分销到全国的玩具商店和百货商店，十几家杂志上出现了这种带 4 种色彩的小熊形象。开始，“米沙”的销路很好，布卢姆预计这项业务的营业收入可达 5 000 万到 1 亿美元。不料在奥运会开幕前，由于苏联拒绝从阿富汗撤军，美国总统宣布不参加在莫斯科举行的奥运会。骤然间，“米沙”变成了被人深恶痛绝的象征，布卢姆的赢利计划成了泡影。

（资料来源：选自北京大学《市场营销学 60 例》案例精选。）

【分析提示】这个案例主要体现出了营销环境的多变性。“米沙”玩具熊主要是受政治环境的影响。面对营销环境对企业带来的威胁，一般有三种应对方法：改变自己的营销策略，转移，退出。

（四）相关性

市场营销环境不是由某一个单一的因素决定的，它要受到一系列相关因素的影响。从在较长历史时期对整个市场营销环境进行的考察，我们便不难发现，各种环境因素总是不同程度地相互关联着。比如，市场价格不但受到市场供求关系的影响，而且还受到科技进步及财政金融政策和税收政策的影响。再如，一个国家的体制、政策与法令总是影响着该国科技、经济的发展速度和方向，继而会改变社会的某些风俗与习惯。同样，科技和经济的发展又会引起政治体制和经济体制的相应变革，促使某些政策法令相应变更。

任务 2　研判宏观营销环境

企业及其他参与者都是在一个大的宏观环境中运行的，包括人口、政治法律、经济、社会文化、科学技术和自然环境等因素，这些因素都是企业“不可控的因素”。通过宏观环境分析，把握企业经营所处的环境，以利于企业做出正确的决策，如图 4-2 所示。

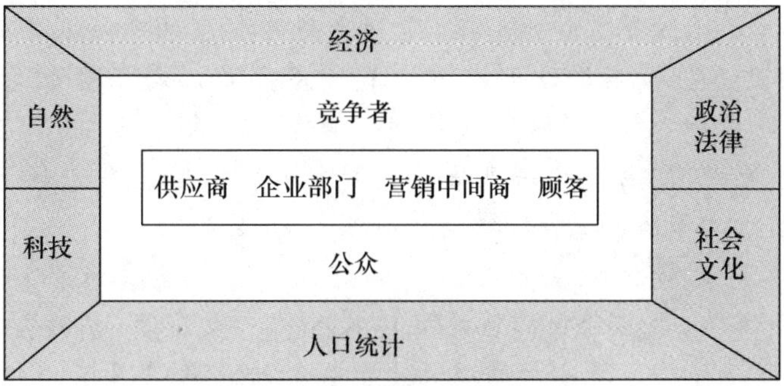

图 4-2 市场营销环境

一、人口环境

市场是由有购买力和购买欲望的人们所组成的，市场上人口规模、人口地理分布、人口的流动趋势、年龄构成、出生率、结婚率、死亡率以及人口的人种、种族和宗教等构成了宏观环境中的人口环境因素。这些因素会对市场格局产生深刻的影响，并会直接影响企业的营销活动和经营管理。宏观环境主要是通过人口数量和结构来影响市场的规模与内涵。

（一）人口数量

人口数量决定市场的规模与潜量。当前世界人口数量发展变化的主要趋势为全球人口“爆炸性”增长。世界总人口已经达到 65 亿，2050 年将达到 90 亿，并且 80％在发展中国家。我国人口也已经超过 13 亿。这首先意味着人民生活必需品的需求增加。人口多，需求绝对量大。人口多，购买力足，则表示市场扩大；购买力不足，则会造成市场不景气。企业要通过市场研究，去发现各种未满足的需求所形成的市场机会。

（二）人口结构

人口结构主要通过年龄结构、性别结构、家庭结构、教育与职业结构、人口地理分布结构等变化来影响市场的需求，研究人口结构有助于企业结合自己的资源和能力，有针对性地选择目标市场。

1. 年龄结构

人口的年龄结构对市场格局产生深刻的影响，并会直接影响企业界的营销策略和营销活动的内容和形式。

不同年龄对消费商品的需要是不一样的：10 岁以下儿童，玩具和食品等是他们的主要消费品；10—19 岁的青少年，牛仔裤、电子产品是他们的主要消费品；20—34 岁的青年人，休闲装、家具、电器、运动器材等是他们主要的消费品；35—49 岁的早期中年人，汽车、服装、房子、娱乐、美容是他们的主要消费品；而 50—60 岁的后期中年人，旅游、娱乐、保健品是他们的主要消费品；60 岁以上的老年人，对医疗保健、人寿保险、住房和老年公寓等“银色产品”需求迅速增加。

案例链接

《2013中国统计年鉴》显示，截至2013年年底，我国60岁及以上老年人口达1.9亿，占全球老年人口的35%，居世界首位。同时，中国老龄化程度的年增长率高达3.2%。预计到2030年，中国老年人口将超过欧洲人口。我国老年产品与服务的需求构成了一个十分庞大、丰富多彩的市场。据计算，目前老年人消费能力每年达4 000亿元人民币，2010年达到1万亿元人民币，但老年产品供给尚不足1 000亿元，老年市场供给近乎空白。老年人的消费需求以人寿保险、医疗保健和生活服务为热点。

【分析提示】人口老龄化形成了潜力巨大的新市场。老年人的购买力是相当可观的，一般来讲，社会保障、养老金和储蓄是退休收入的三大来源，据调查显示，城市老年人中有42.8%的人拥有存款。随着经济发展，老年人的收入将呈不断增长之势。有数据称，仅退休金一项，到2010年就增加到8 300多亿元，而到2030年将达到73 000多亿元。随着社会进步和经济收入的提高，老年人正在逐步抛弃"重积蓄、轻消费""重子女、轻自己"的传统观念，花钱买健康，花钱买潇洒正成为现代老人的时尚追求，这表明老龄化已经创造了一个规模庞大的市场。

当前我国人口结构主要有两大突出问题。一是人口出生率低问题。这将对某些企业造成环境威胁，主要是与儿童食品、用品、学校办学规模相关的生产企业有关；但对某些企业又提供了良好的商机，如为餐饮、酒店、旅游、体育、娱乐和航空等行业带来极具吸引力的营销机会，促进了第三产业的发展。二是人口趋于老龄化问题。随着中国传统家庭结构的巨变，空巢家庭的增加，越来越多的老年人得不到家庭的有效照顾，老年服务的社会化势在必行。这就给企业带来了商机。

2. 性别结构

性别差异会给人们的消费需求带来显著的差别，反映到市场上就会出现男性用品市场和女性用品市场。两个市场的需求不同，购买习惯亦有所不同。一般来说，女性市场需求旺盛，女性服装、化妆品等成了女性市场的重要商品。女性还担负着抚育儿女的重任，儿童商品也可纳入女性市场。企业可以针对不同性别的不同需求，生产适销对路的产品，制定有效的营销策略，开发更大的市场。

3. 家庭结构变化

主要表现为：① 家庭小型化，老舍笔下的"四世同堂"或巴金笔下的"家"那样的大家庭已不多见；② 晚婚、少子女，"丁克一族"趋势；③ 离婚率高，单亲家庭增多；④ 职业妇女增加；⑤ 非家庭住户兴起，北京、上海、深圳许多人不结婚现象、"剩女现象"，等等。

4. 教育与职业结构

受教育的程度不同，从事的职业不同，对商品功能、款式、包装和服务等方面的需求差异也比较明显。一般来说，教育程度高的职业消费者，购买商品追求高雅、美观、时尚；而教育程度相对低的职业消费者，购买商品则讲究价廉、实用。在我国，随着高等教育规模的扩大，人口的受教育程度普遍提高，收入水平也逐步增加。企业应关注人们对报刊、书籍、电脑这类商品的需求变化。

5. 人口的地理结构

一是人口地理分布格局不同，所处的地理环境、气候条件、自然资源和风俗习惯等差别明显，市场差异显著。人口的地理分布是指人口在不同地区的密集程度。由于自然地理条件以及经济发展程度等多方面因素的影响，人口的分布不会是均匀的。世界人口正在加速城市化，在许多国家和地区，人口往往集中在几个大城市里。从我国来看，人口主要集中在东南沿海一带，约占全国总人口的 94%，而西北地区人口仅占 6%左右，而且人口密度逐渐由东南向西北递减。另外，城市的人口比较集中，尤其是大城市人口密度很大，在我国就有上海、北京、重庆等好几个城市的人口超过 1 000 万人，而农村人口相对分散。人口的这种地理分布表现在市场上，就是城市市场集中程度高，销售周转快；农村市场分散，运输成本大。

案例链接

中国陶瓷出口西欧市场

中国的陶瓷厂生产的瓷口杯长期出口欧美市场，但近年来我国生产的瓷口杯在西欧并不受消费者欢迎，销量一直不够理想，精明的日本商人找到了中国产品的缺点，设计了斜口形的瓷杯，抢走了市场。原来中国的陶瓷厂是按国内的消费者特点制作的圆口形瓷口杯，不适应白种人"高鼻梁"使用。

【分析提示】不同区域的市场有着各自的消费特点，要想在市场竞争中占有一席之地，关键要研究"市情"，了解消费者的需求。该企业的失败主要是忽视了不同种族消费者需求的差异。

二是人口流动迁移现象突出。我国人口的基本流动方向是从农村流向城市；从经济不发达地区流向经济发达地区；从内陆地区流向沿海地区。旅游事业的发展，也加大了人口流动性。如春节期间韶山红色旅游线的开通，为湖南旅游业创造经济效益，许多东北、广东居民来湖南过年，其最直接的结果就是加大了社会购买力在不同地区之间的流动。

6. 学历结构

人口学历结构反映人口受教育程度的高低。不同学历等级的人口，会表现出不同的消费偏差。通常，高学历等级的人口，更多倾向于购买有知识品位的商品；低学历等级的人口，则较多讲究所购商品价廉、实用。随着我国九年义务教育的普及和高等教育机会增加，人口的学历层次将会普遍提高，这将会给电脑等知识商品市场营销带来机遇，甚至文化礼品市场业将在我国逐渐兴起，成为市场的一个重要组成部分。

二、经济因素

经济环境是影响企业营销活动的主要环境因素，它包括收入因素、消费支出、产业结构、经济增长率、货币供应量、银行利率、政府支出等因素，其中收入因素、消费结构对企业营销活动影响较大。

(一) 消费者收入分析

收入因素是构成市场的重要因素，甚至是更为重要的因素。市场规模的大小，归根结底取决于消费者的购买力大小，而消费者的购买力取决于他们收入的多少。企业必须从市场营销的角度来研究消费者收入，通常从以下五个方面进行分析。

1. 国民生产总值

它是衡量一个国家经济实力与购买力的重要指标。国民生产总值增长越快，对商品的需求和购买力就越大，反之，就越小。

2. 人均国民收入

这是用国民收入总量除以总人口的比值。这个指标大体反映了一个国家人民生活水平的高低，也在一定程度上决定商品需求的构成。一般来说，人均收入增长，对商品的需求和购买力就大，反之就小。

3. 个人可支配收入

个人可支配收入是指在个人收入中扣除消费者个人缴纳的各种税款和交给政府的非商业性开支后剩余的部分，是可用于消费或储蓄的那部分个人收入，它构成实际购买力。个人可支配收入是影响消费者购买生活必需品的决定性因素。

4. 个人可任意支配收入

个人可任意支配收入指在个人可支配收入中减去消费者用于购买生活必需品的费用支出(如房租、水电、食物、衣着等项开支)后剩余的部分。这部分收入是消费需求变化中最活跃的因素，也是企业开展营销活动时所要考虑的主要对象。这部分收入一般用于购买高档耐用消费品、娱乐、教育、旅游等。

5. 家庭收入

家庭收入的高低会影响很多产品的市场需求。一般来讲，家庭收入高，对消费品需求大，购买力也大；反之，需求小，购买力也小。另外，要注意分析消费者实际收入的变化。注意区分货币收入和实际收入。

案例链接

《蜗居》台词

郭海萍说："每天晚上，我坐在窗前，看着窗外的灯光，我就会在想，这城市多奇妙啊，有多少人，就有多少种生活，别人的生活我不知道，而我呢？每天一睁开眼，就有一串数字蹦出脑海：房贷六千，吃穿用度两千五，冉冉上幼儿园一千五，人情往来六百，交通费五百八，物业管理三四百，手机费两百五，还有煤气水电费两百。也就是说，从我醒着的第一个呼吸起，我每天要至少进账四百，至少……这就是我活在这个城市的成本。这些数字逼得我一天都不敢懈怠，根本来不及细想未来十年。"

（二）消费者支出分析

随着消费者收入的变化，消费者支出会发生相应变化，继而使一个国家或地区的消费结构发生变化。

1. 消费结构

德国统计学家恩斯特·恩格尔于1857年发现了消费者收入变化与支出模式，即消费结构变化之间的规律性。

2. 恩格尔系数

恩格尔所揭示的这种消费结构的变化通常用恩格尔系数来表示，即：

恩格尔系数＝食品支出金额/家庭消费支出总金额

恩格尔系数越小，食品支出所占比重越小，表明生活越富裕，生活质量越高；恩格尔系数越大，食品支出所占比重越高，表明生活越贫困，生活质量越低。恩格尔系数是衡量一个国家、地区、城市、家庭生活水平高低的重要参数。企业从恩格尔系数可以了解目前市场的消费水平,也可以推知今后消费变化的趋势及对企业营销活动的影响。

|案例延伸|

表 4-1 恩格尔系数

恩格尔系数	富裕程度
59%以上	绝对贫困
50%—59%	勉强度日
40%—50%	小康水平
20%—40%	富裕社会
20%以下	非常富裕

我国城乡居民的恩格尔系数,1980 年是 60%,1990 年是 56.7%,1999 年是 46.49%。1994 年美国的恩格尔系数是 9.3%,英国为 11.5%,法国为 16.3%,日本为 19.1%,意大利为 25.7%,印度为 53.1%。据预测,2020 年我国居民消费的恩格尔系数可以降到 30%以下,农村居民消费的恩格尔系数可以降到 40%以下。

(三)居民储蓄和信贷

储蓄和信贷水平会影响一定时期的需求总量,改变市场需求构成。

居民储蓄的形式,可以是银行存款,可以是购买的债券,也可以是手持现金。较高的储蓄率会推迟现实的消费支出,加大潜在的购买力。我国人均收入水平虽然不高,但储蓄率相当高,银行储蓄存款余额长期增长,国内潜在市场规模巨大。

信贷的主要形式有短期赊销、分期付款和消费贷款等。消费信贷使消费者可以用贷款先期取得商品使用权。消费信贷的规模与期限在一定程度上影响着某一时期内提供信贷的住宅、购车等现实的购买力的大小。

三、政治和法律环境

政治法律环境是影响企业营销的重要宏观环境因素,包括政治环境和法律环境。政治环境引导着企业营销活动的方向,法律环境则为企业规定经营活动的行为准则。政治与法律相互联系,共同对企业的市场营销活动产生影响和发挥作用。

(一)政治环境分析

政治环境是指企业市场营销活动的外部政治形势。一个国家的政局稳定与否,会给企业营销活动带来重大的影响。如果政局稳定,人民安居乐业,就会给企业营销造成良好的环境。相反,政局不稳,社会矛盾尖锐,秩序混乱,就会影响经济发展和市场的稳定。企业在市场营销中,特别是在对外贸易活动中,一定要考虑东道国政局变动和社会稳定情况可能造成的影响。

政治环境对企业营销活动的影响主要表现为国家政府所制定的方针政策,如人口政策、能源政策、物价政策、财政政策、货币政策等,都会对企业营销活动带来影响。例如,国家通过降低利率来刺激消费的增长;通过征收个人收入所得税调节消费者收入的差异,从而影响人们的购买;通过增加产品税,对香烟、酒等商品增税来抑制人们的消费需求。

(二)法律环境分析

法律环境是指国家或地方政府所颁布的各项法规、法令和条例等,它是企业营销活动的准则，企业只有依法进行各种营销活动，才能受到国家法律的有效保护。近年来，为适应经济体制改革和对外开放的需要，我国陆续制定和颁布了一系列法律法规，例如《中华人民共和国产品质量法》《企业法》《经济合同法》《涉外经济合同法》《商标法》《专利法》《广告法》《食品卫生法》《环境保护法》《反不正当竞争法》《消费者权益保护法》《进出口商品检验条例》，等等。企业的管理者必须熟知有关的法律条文，才能保证企业经营的合法性，运用法律武器来保护企业与消费者的合法权益。

案例链接

《广播电视广告播出管理办法》

自2010年1月1日起，《广播电视广告播出管理办法》(61号令)开始实行。规定包括：每套节目每小时商业广告播出时长不得超过12分钟；电视台在19：00—21：00的黄金档期间，其每套节目中每小时的广告播出总量不得超过节目播出总量的15%，即9分钟；电视台在19：00—21：00之间播出电视剧时，每集中可以插播1次商业广告，时长不得超过1分钟。

【分析提示】在我国除中央电视台以外，往往广告收入越高的电视台，广告超时现象越严重。目前，大多电视广告时长都超过了12分钟，卫视台中广告额最高的湖南卫视在晚间一些时段的广告时长甚至超过1倍。受《广播电视广告播出管理办法》影响，由于时间资源被控制，预计今年会有超过100亿元的电视广告因此而被压缩掉。加上《关于加强电视购物短片广告和居家购物节目管理的通知》也自2010年1月1日起开始执行，这意味着许多电视台一直以来将电视购物划为内容而非广告的"擦边球"方式必须终止。这无疑对电视行业是一种威胁。但如何摆脱单纯依靠广告创收，寻找延伸产品开发又给广电提供了市场机会。

对从事国际营销活动的企业来说，不仅要遵守本国的法律制度，还要了解和遵守国外的法律制度和有关的国际法规、惯例和准则。例如，前一段时间欧洲国家规定禁止销售不带安全保护装置的打火机，无疑限制了中国低价打火机的出口市场。日本政府也曾规定，任何外国公司进入日本市场，必须要找一个日本公司同它合伙，以此来限制外国资本的进入。只有了解掌握了这些国家的有关贸易政策，才能制定有效的营销对策，在国际营销中争取主动。

(三) 政府的方针政策

其可变性比较大。因为国家的经济方针政策是随政治而变的，一般具有动态的特点。国家不同的阶段和不同的时期，依据不同的经济目标制定和调整方针、政策，这必然对企业的营销产生直接或间接的影响。国家的宏观经济政策主要体现在：人口政策、产业政策、能源政策、财政金融货币政策等方面。

(四) 公众利益团体力量增强

公众利益团体是指为了维护某一部分社会成员的利益而组织起来的，旨在影响立法、政策和舆论的各种社会团体。"压力集团"这一团体对政府立法、执法和舆论导向有很大的影响力。1985年国务院批准成立的中国消费者协会，在维护消费者权益方面做了大量的工作。企业的营销者既要善于应付消费者保护运动的挑战，又要善于捕捉消费者保护运动所提供的机会。

案例链接

禁烟运动

美国的法律规定，禁止向青少年出售香烟，同时以1997年4月为起点，到12年后即2009年4月禁止在香烟中使用尼古丁，因为据世界卫生组织研究发现，吸烟是一种流行病，它与肺癌、喉癌、心脏病、乳腺癌、弱视癌等25种疾病有关，吸烟行为每年可导致世界300万人死亡。现在全世界15岁以上的人群中有1/3的人在抽烟，因此，必须开展禁烟运动。由于吸烟有害身体健康，禁烟运动在我国开展也是必然趋势，试想这一法律规定对企业的环境机会和威胁。

【分析提示】制定禁烟法律和开展禁烟运动，是香烟产品营销环境的变化。对营销环境消极适应者采取的对策是禁烟法律实施后再研究营销对策，而积极适应者则及时预测禁烟法律制定与实施的时间，积极开发无尼古丁香烟、禁烟产品、香烟替代品等，并制定相应的营销策略，创造新的需求，开发新的市场。

四、社会文化环境

社会文化环境是指在一种社会形态下已经形成的价值观念、宗教信仰、风俗习惯、道德规范等的总和。任何企业都处于一定的社会文化环境中，企业营销活动必然受到所在社会文化环境的影响和制约。为此，企业应了解和分析社会文化环境，针对不同的文化环境制定不同的营销策略，组织不同的营销活动。企业营销对社会文化环境的研究一般从以下几个方面入手。

（一）教育状况

受教育程度的高低，影响到消费者对商品功能、款式、包装和服务要求的差异性。通常文化教育水平高的国家或地区的消费者要求商品包装典雅华贵、对附加功能也有一定的要求。因此企业营销开展的市场开发、产品定价和促销等活动都要考虑到消费者所受教育程度的高低，采取不同的策略。

（二）宗教信仰

宗教是构成社会文化的重要因素，宗教对人们消费需求和购买行为的影响很大。不同的宗教有自己独特的对节日礼仪、商品使用的要求和禁忌。某些宗教组织甚至在教徒购买决策中有决定性的影响。为此，企业可以把影响大的宗教组织作为自己的重要公共关系对象，在营销活动中也要注意到不同的宗教信仰，以避免由于矛盾和冲突给企业营销活动带来的损失。

（三）价值观念

价值观念是指人们对社会生活中各种事物的态度和看法。不同文化背景下，人们的价值观念往往有着很大的差异，消费者对商品的色彩、标识、式样以及促销方式都有自己褒贬不同的意见和态度。企业营销必须根据消费者不同的价值观念设计产品，提供服务。

（四）消费习俗

消费习俗是指人们在长期经济与社会活动中所形成的一种消费方式与习惯。不同的消费习俗，具有不同的商品要求。研究消费习俗，不但有利于组织好消费用品的生产与销售，而且有利于正确、主动地引导健康的消费。了解目标市场消费者的禁忌、习惯、避讳等是企业进行市场营销的重要前提。

五、科学技术环境

科学技术是社会生产力中最活跃的因素，它影响着人类社会的历史进程和社会生活的方方面面，对企业营销活动的影响更是显而易见。现代科学技术突飞猛进，科技发展对企业营销活动影响作用表现在以下几个方面。

（一）科技发展促进社会经济结构的调整

每一种新技术的发现、推广都会给有些企业带来新的市场机会，导致新行业的出现。同时，也会给某些行业、企业造成威胁，使这些行业、企业受到冲击甚至被淘汰。例如，电脑的运用代替了传统的打字机，复印机的发明排挤了复写纸，数码相机的出现夺走胶卷的大部分市场，等等。

（二）科技发展促使消费者购买行为的改变

随着多媒体和网络技术的发展，出现了“电视购物”“网上购物”等新型购买方式。人们还可以在家中通过“网络系统”订购车票、飞机票、戏票和球票。工商企业也可以利用这种系统进行广告宣传、营销调研和推销商品。随着新技术革命的进展，“在家便捷购买、享受服务”的方式还会继续发展。

（三）科技发展影响企业营销组合策略的创新

科技发展使新产品不断涌现，产品寿命周期明显缩短，要求企业必须关注新产品的开发，加速产品的更新换代。科技技术运用降低了产品成本，使产品价格下降，并能快速掌握价格信息，要求企业及时做好价格调整工作。科技发展促进流通方式的现代化，要求企业采用顾客自我服务和各种直销方式。科技发展使广告媒体多样化、信息传播快速化，促使市场范围广阔性、促销方式灵活性增强。为此，企业要不断分析科技新发展，创新营销组合策略，适应市场营销的新变化。

（四）科技发展促进企业营销管理的现代化

科技发展为企业营销管理现代化提供了必要的装备，如电脑、传真机、电子扫描装置、光纤通信等设备的广泛运用，对改善企业营销管理，实现现代化起了重要的作用。同时，科技发展对企业营销管理人员也提出了更高要求，促使其更新观念，掌握现代化管理理论和方法，不断提高营销管理水平。

六、自然环境

自然环境是指自然界提供给人类各种形式的物质资料，如阳光、空气、水、森林、土地等。随着人类社会进步和科学技术发展，世界各国都加速了工业化进程，这一方面创造了丰富的物质财富，满足了人们日益增长的需求；另一方面，增加了资源短缺、环境污染等问题。从1960年起，世界各国开始关注经济发展对自然环境的影响，成立了许多环境保护组织，促使政府加强环境保护的立法。这些问题都对企业营销有一定挑战。对营销管理者来说，应该关注自然环境变化的趋势，并从中分析企业营销的机会和威胁，制定相应的对策。

（一）自然资源日益短缺分析

自然资源可分为两类，一类为可再生资源，如森林、农作物等，这类资源是有限的，可以被再次生产出来，但必须防止过度采伐森林和侵占耕地。另一类资源是不可再生资源，如石油、煤炭、银、锡、铀等，这种资源蕴藏量有限，随着人类大量地开采，有的矿产已近于枯竭的边缘。自然资源短缺，使许多企业面临原材料价格大涨、生产成本大幅度上升的威胁；但另一方面又迫使企业研究更合理地利用资源的方法，开发新的资源和代用品，这些又为企业提供了新的资源和营销机会。

（二）环境污染日趋严重分析

工业化、城镇化的发展对自然环境造成了很大的影响，尤其是环境污染问题日趋严重，许多地区的污染已经严重影响到人们的身体健康和自然生态平衡。环境污染问题已引起各国政府和公众的密切关注，这对企业的发展是一种压力和约束，要求企业为治理环境污染付出一定的代价，但同时也为企业提供了新的营销机会，促使企业研究控制污染技术，兴建绿色工程，生产绿色产品，开发环保包装。

（三）政府干预不断加强分析

自然资源短缺和环境污染加重的问题，使各国政府加强了对环境保护的干预，颁布了一系列有关环保的政策法规，这将制约一些企业的营销活动。有些企业由于治理污染需要投资，担心影响扩大再生产而拒绝治理。这样做是不可行的，企业必须以大局为重，要对社会负责、对子孙后代负责，要加强环保意识，在营销过程中自觉遵守环保法令，担负起环境保护的社会责任。同时，企业也要制定有效的营销策略，既要消化环境保护所支付的必要成本，又要在营销活动中挖掘潜力，保证营销目标的实现。

案例链接

蒙牛经典案例诠释低碳经济模式之优

哥本哈根峰会以后，低碳旋风席卷全球。少开一次车，少耗一度电，少用一张纸……低碳生活方式大受追捧，一时成为时尚。前总理温家宝在峰会上向全球庄严承诺：到2020年，中国单位GDP碳排放比2005年减少40%—45%。在这一战略目标的激励下，国内一大批有社会责任感的企业纷纷确定并实施低碳发展战略，以低碳减排的实际行动开辟自己的可持续发展之路。

“低碳之路，初看起来对企业好像是个包袱和束缚，但是从长远看来，对每一个企业来说，又是利好抉择，也是实现企业可持续发展的必经之路！”蒙牛乳业集团有关责任人如此阐释。

正是在这种超前理念的引导下，蒙牛乳业集团成立之初就把生态建设和生产发展置于同等重要的地位对待，注重环境保护和可持续发展，致力于探索循环经济的发展模式，着力于构建绿色花园工厂。

为了改善企业核心区的生态环境，蒙牛启动荒山绿化工程，将三万亩荒山全部变绿。他们首先是在育苗基地培育小树苗，再将优良的树苗移种上山，为荒山披上绿装。蒙牛高管还分别承包了荒山山头，对其投资。目前已有一万多亩的荒山绿化完毕。除此之外，他们还有效利用蒙牛牧场的优良天然条件与沼液资源，进行大棚种植。在牧场南面兴建了57个高标准塑料大棚，棚内种植无公害有机蔬菜，在改善环境的同时，也丰富企业员工和附近百姓的菜篮子。

如今，低碳经济风头正劲，暗示了蒙牛的生态发展战略，等于为其添加了一部引擎。蒙牛决策层认为，低碳经济不仅要在生活和生产过程中降低碳排放，更应该通过营造大规模的绿色吸收二氧化碳，减少有害气体比重，削弱现有的碳量压力。经过十年苦心经营，如今，蒙牛基地和厂区都已变成了花园式的风景区，其周边的数万亩荒山也已经开始披上绿衣，整个和林格尔县的生态环境因此改观。

十年来，蒙牛累计投入环保资金4亿元，建立起万吨级污水处理厂，实现国家一级达标排放，不仅可为周围的农业灌溉和企业生产提供水源，其水质甚至可以直接用来养鱼。低碳之路不仅没有给蒙牛增添负担，反而加快了其发展步伐，增强了发展后劲。单以蒙牛的沼气发电厂来说，该厂通过处理动物排泄物，每年可向国家电网提供1 000万度的电力，所生产的中水全部用于园区绿化供水与灌溉牧草，发电产生的热能将用来维护牧场的日常供暖。蒙牛以自己的成功实践，向社会提供了一条集种植、养殖、生产、生物质能发电、有机肥良性循环为一体的绿色循环经济模式。

十年来，低碳扩张使蒙牛步入了发展的快车道。蒙牛已从刚成立时那栋不起眼的53平方米的两居室，逐步走出草原，走向全国，走向世界。跨进了世界乳业二十强的行列。2010年3月20日，国家统计局所属中国行业企业信息发布中心2009年度中国市场商品销售统计结果新闻发布会在京召开，蒙牛代表民族乳业卫冕中国乳品市场商品销量冠军，这也是蒙牛第四次蝉联此项冠军。可以预言，秉承低碳发展理念的蒙牛，在下一个十年，会走得更加稳健和潇洒。

（资料来源：http：//finance. ifeng. com/news/corporate/20100331/1992713. shtml）

任务3　分析微观营销环境

市场营销的微观环境主要是指由企业和供应商、中介商、顾客、竞争对手和公众等形成的基本关系。微观环境比宏观环境对企业市场营销的影响更为直接。微观环境中的一些因素经过企业的努力可以不同程度地加以控制，因此又称“可控因素”。

通过企业自身、市场、竞争者、营销渠道、公众的微观分析，了解企业基本营销系统的状况。

一、企业内部环境

企业的市场营销活动不是一个孤立的职能，它必须同时与企业的其他职能部门，包括高层管理者、财务部门、研究与开发部门、管理部门、原材料供应部门、生产部门、销售部门等相互配合。各个职能部门的合理分工、密切配合和相互协作是开展成功的市场营销工作的关键。

企业的组织结构包括由决策层、管理层、执行层组成的纵向结构，以及由供应、研发、生产、营销、财会、人事等部门组成的横向结构。

企业在制定决策时，首先要考虑的是企业各主要职能部门之间的分工与协作，营销部门要与生产制造部门、供应采购部门、人力资源管理部门、财务部门、研发部门等密切协作，共同研究制订年度计划和长期计划。其次要考虑企业最高管理层的意图，接受最高管理层的智慧和指导，以高层决策为依据，制订市场营销计划，并报最高管理层批准后执行。

二、供应商和营销中介

（一）供应商

供应商是指向企业提供原材料、部件、能源、劳务和资金等资源的企业和组织。供应商对企业的营销活动有重要影响，供应短缺、工人罢工或其他事故，都可能影响企业按期完成交货任务，不仅影响到企业的短期收益，而且损害企业在顾客心中的信誉。因此，企业在选择供应商时应当注意尽可能扩大供应来源，不能依赖于任何单一供应商，以免受其控制。

（二）营销中介

营销中介是指在促销、销售以及把产品送往最终购买者过程中给企业以帮助的那些组织和机构，包括：① 中间商：商人中间商、代理中间商；② 实体分配机构：包装、运输、仓储、装卸、搬运、库存控制、订单处理；③ 营销服务机构：如调研公司、广告公司、咨询公司、传播公司等；④ 金融中介：银行、信托公司和保险公司。

三、竞争者

竞争者是指同本企业具有相同或相似的目标顾客，而且所提供的同本企业提供的产品或服务具有相似或相同效用的企业或个人。在市场经济条件下，任何企业在目标市场都不可避免地会遇到现实的和潜在的竞争对手的挑战。一般会面临以下四种竞争者。

（1）愿望竞争者，指提供不同产品以满足不同需求的竞争者。比如，生产彩电、洗衣机、电冰箱的家电企业之间就是愿望竞争者，对于生产彩电的企业来说，如何说服顾客首先选购彩电而不是其他家电，就是它的竞争力的来源之一。

（2）平行竞争者，指能满足同一种需要的各种产品提供者。比如，交通需要的满足可以通过小轿车、摩托车、自行车、公交车等方式满足，它们之间是平行竞争者。

（3）产品形式竞争者，指满足同一需要产品的不同形式生产者之间的竞争。如同一产品类型具有不同型号、式样、功能。

（4）品牌竞争者，指满足同一需要的同种形式产品的不同品牌之间的竞争。如笔记本电脑有 DELL、Lenovo 等品牌。这种品牌之间的竞争，即同行业之间的竞争是企业的营销人员需要着重研究的。竞争者的营销策略、优势以及在同行业中所处的竞争地位等都是企业必须关注的。

四、顾客与公众

（一）顾客

顾客也即目标市场。

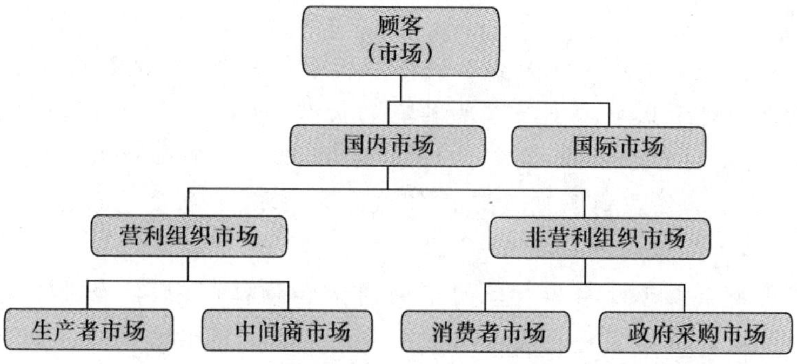

图 4-3　顾客市场的分类

（二）公众

公众指所有实际上或潜在地关注、影响一个企业达成其目标能力的群体和个人。如政府机构、新闻媒介、融资机构、中介机构、群体团体、社区组织和居民、国际上各种公众等，关注、监督、影响和制约着企业的营销活动，因此，企业必须处理好与这些公众的关系，善于预见并采取有效措施满足公众的各种需求，塑造企业良好的信誉和公众形象。

（1）金融公众（financial publics）：指银行、投资公司、股东证券、保险公司等，他们影响企业获得资金的能力。

（2）媒体公众（media publics）：指电视、报纸、杂志、广播等传递信息的大众媒体。

（3）政府公众（government publics）：指对企业的经营活动有相当影响力的有关政府机构。这些机构就产品的安全性、广告的真实性等方面进行监督，如工商行政管理局、税务局、各级物价局等。

（4）市民团体（citizen-action publics）：指消费者组织、环境保护组织、少数民族团体等。

（5）地方公众（local publics）：指企业当地的居民、社区团体和地方政府。

（6）一般公众（general publics）：企业需要知道一般公众对其产品和活动的态度，企业在一般公众中的形象直接影响到他们是否购买本企业的产品。

（7）内部公众（internal publics）：包括企业内部的所有员工。在许多情况下企业的形象是靠企业的员工传达给外部顾客的，特别是在服务性企业。所以，处理好内部公众关系是搞好外部公众关系的前提。

企业要了解公众的需要和意愿，就要采取积极的态度与公众沟通，借此树立企业的良好形象。如何处理企业与公众的关系已成为企业营销的一门艺术。

| 拓展提高 |

SWOT 分析法

一、SWOT 分析法

SWOT 分析法也称态势分析法，就是企业将与研究对象密切相关的各种主要优势（Strengths）、弱势（Weaknesses）、机会（Opportunities）、威胁（Threats）等（简称“SWOT”），通过调查列举出来，并依照矩阵形式排列，然后用系统分析的思想，把各种因素匹配起来加以分析，从中得出一系列相应的结论，帮助企业制定竞争战略。

1. 优势和劣势

企业优势和劣势分析实质上就是企业内部经营条件分析，或称企业实力分析。

优势是指企业相对于竞争对手而言所具有的优势，包括人力资源、技术、产品以及其他特殊实力。例如，充足的资金来源、高超的经营技巧、良好的企业形象、完善的服务体系、先进的工艺设备、与买方和供应商长期稳定的合作关系、融洽的雇员关系、成本优势等，都可以形成企业优势。

劣势是指影响企业经营效率和效果的不利因素和特征，他们使企业在竞争中处于劣势地位。一个企业潜在的劣势主要表现在以下几方面：缺乏明确的战略导向、设备陈旧、盈利较少甚至亏损、缺乏管理和知识、缺少某些关键的技能、内部管理混乱、研究和开发工作落后、企业形象较差、销售渠道不畅、营销工作不得力、产品质量不高、成本过高等。

2. 机会和威胁

企业的机会与威胁均存在于市场环境中，因此机会与威胁分析实质上就是对企业外部环境因素变化的分析。市场环境的变化或给企业带来机会或给企业造成威胁。环境因素的变化可能对某一企业是不可多得的机会，但对另外一家企业则可能意味着灭顶之灾。

环境提供的机会能否被企业利用，同时，环境变化产生的威胁能否被企业有效化解，这取决于企业对市场变化反应的灵敏程度和实力。市场机会为企业带来收益的多寡，不利因素给企业造成的负面影响的程度，一方面取决于这一环境因素本身的性质，另一方面取决于企业优势与劣势的结合状况。最理想的市场机会是那些与企业优势达到高度匹配的机会，而恰好与企业劣势结合的不利因素将不可避免地消耗企业大量的资源。

在对企业环境因素进行评价时，一种有意义的方法便是对企业优势、劣势和市场机会、威胁的结合分析，也可称其为企业内外情况对照分析法。

企业内外情况对照分析法所用的是十字形图表或矩阵分析，所以也称为十字图表法或矩阵分析法。

现以某房地产经营企业的实例来说明这种方法，如表4-2所示。

表4-2　企业内外环境对照分析

	企业优势（S）	**企业劣势（W）**
内部环境	1. 企业管理能力、市场应变能力强，发展势头平稳 2. 领导班子强、团结，中层干部力量强 3. 设计人员素质高 4. 具有较强的质量意识	1. 企业整体规模不大，属中小型开发商 2. 首次涉足商务用房市场，开发经验欠缺 3. 项目资金不足 4. 营销策划、市场推广能力差
	有利条件（机会 O）	**不利因素（威胁 T）**
外部环境	1. 商务写字楼市场需求潜力大 2. 企业拟开发的地段处于本市规划中的中央商务区范围内，具备良好的升值潜力 3. 政府对开发商务用房较为支持，有优惠政策	1. 房地产企业受宏观经济因素影响大，波动性强 2. 商品住宅市场趋于饱和 3. 房地产项目融资困难 4. 市场竞争激烈、本企业知名度不高

表4-2基本上概括了该房地产开发企业面临的形势：①企业有住宅开发经验，却遇到了商品住宅市场供应饱和的威胁；②对于商务写字楼开发，一方面竞争激烈，另一方面企业缺乏开发和销售经验；③企业虽整体规模不大，但管理水平高，市场应变能力强，设计与质量控制人员素质高；④拥有具有增值潜力的开发用地，能够获得政府支持。通过以上几点分析，该开发商只要大力加强市场营销力量，就有可能成功进入商务用房市场，并形成良性循环。通过这个实例可以看出，这个方法的主要优点是简便、实用而且有效；主要特点是通过对照分析，能够把外部环境中的有利和不利条件、内部条件中的优势和劣势联系起来。

二、企业营销策略

1. 企业对付环境威胁的策略

面对环境对企业可能造成的威胁，企业常用的对策有以下三种。

(1) 反抗策略——企业试图通过自己的努力限制或扭转环境中不利因素的发展。这是一种积极的、主动的策略。企业可以通过各种方式利用政府通过的某种法令或与有关权威组织达成某种协议，以抵消不利因素的影响。如我国贵州茅台酒厂发现市场上有许多厂家盗用和仿冒茅台酒商标，致使该厂的经营受到威胁，他们毅然拿起法律武器，捍卫自己的合法权益，以消除营销环境中对自己的不利影响。

(2) 减轻策略——企业力图通过调整、改变自己的某些策略，达到降低环境变化对企业的负面影响程度。例如，环境变化导致企业某些原材料价格大幅度上涨，致使本企业的成本增加，在企业无条件或不准备放弃目前的主要产品的市场时，可以通过加强管理、提高效率、降低成本以消除原材料涨价带来的威胁。一般可以采用以下几种方法：① 寻找代用品替代原来的原材料；② 设法提高产品的市场销售、扩大市场份额；③ 改变企业的营销策略。

(3) 转移策略——企业通过转移自己的主要产品、现有市场或投资方向来避免环境对企业的威胁。该策略包括以下三种：① 产品转移，即将受到威胁的产品转移到其他市场。如美国的卷烟销售在本国受到限制，几家大卷烟制造商将他们的产品转移到发展中国家进行销售。② 市场转移，即将企业的营销活动转移到新的细分市场上去。如某食品厂原本生产婴儿食品，随着出生率下降，老龄化来临，该目标市场已经萎缩，企业经过实验发现老年与婴儿在某些食物上的需求很相近，便把主要的目标市场转移到老年群体中。③ 行业转移，即将企业的资源转移到更有利的新行业中去。如有些机械设备制造厂，面临行业的萧条，决定放弃自己原有的主营产品，转移到生物制品行业。

2. 企业调节市场需求的策略

(1) 扭转性营销策略。也称转变性营销，市场的主要部分对某项产品或服务持否定和拒绝态度，被称为“否定需求”或“负需求”，这时企业所采取的营销对策应是扭转性营销。

(2) 刺激性营销策略。也称激活营销，是企业面对“无需求”时所采取的营销对策。

(3) 开发性营销策略。也称发展营销，是面对现实中没有适当的产品和服务能够满足消费者需求时企业所采取的营销对策。

(4) 恢复性营销策略。也称提升营销，是面对产品或服务处在“需求下降”的通道中企业所采取的营销对策。

(5) 协调性营销策略。也称同步营销，是面对由于季节、时点等变化造成的某些产品或服务需求波动时企业所采取的营销对策。

(6) 保持性营销策略。也称维持营销，是面对产品或服务的需求水平、时间或时点与期望的需求和时间一致时企业所采取的营销对策。

(7) 降低性营销策略。也称低调或限制性营销，是面对市场需求超过了企业的供应能力时企业所采取的营销对策。

(8) 抵制性营销策略。也称对抗营销，是面对一些不健康的产品或服务的需求(有害需求)时企业应采取的营销对策。

总之，面对复杂多变的市场营销环境，企业要进行认真的分析，辨别需求类型，采取合理的措施来调节需求，以达到供给与需求相一致。

情境实战演练

假日经济

2013年12月11日,《国务院关于修改〈全国年节及纪念日放假办法〉的决定》在国务院常务会议中审议并原则通过,对于2014年开始的休假做了一定的调整,这已经是第三次修订,调整后的放假安排有如下调整。

(1) 国家法定节假日总天数增加1天,即由10天增加到11天。

(2) 对国家法定节假日时间安排进行调整:元旦放假1天不变;春节放假3天不变,但放假起始时间由农历年除夕调整为正月初一;五一国际劳动节由3天调整为1天;十一国庆节放假3不变;清明、端午、中秋增设为国家法定节假日,各放假1天。

思考与讨论

1. 假日的政策性调整给企业营销环境带来什么样的变化?
2. 假日调整以后,取消了五一长假,你认为对哪些行业产生了威胁?
3. 假日调整为哪些行业创造了市场机会?这些行业可以采取什么样的营销策略?

职业能力形成训练

一、演练项目

营销团队自创企业或背景企业营销环境分析。

二、演练目的

培养学生就业与创业能力,通过真实项目的演练,使学生熟悉市场营销宏观环境与微观环境分析,学会发现商机和避免威胁的方法。

三、演练内容

针对营销团队所选择的自创企业或背景企业,为其进行全方位的宏观环境和微观环境分析,达到熟悉如何进行环境分析的目的。

四、演练组织

(1) 小组成员研讨拟订调查方案。

(2) 对自创企业或所选背景企业进行市场营销环境的二手资料搜集和实地调查。

(3) 进行市场调研汇报,时间为5分钟。

五、演练考核

(1) 介绍小组成员,注意礼仪和团队合作。(30分)

(2) 创业点子新或选题新。(20分)

(3) 对所创企业宏观、微观环境分析到位。(40分)

(4) 时间掌握精确。(10分)

项目五　实施营销调研

营销胜利的基础越来越取决于信息，而非销售力量。

——菲利普·科特勒

项目目标

知识目标：

◎ 掌握营销调研的概念、类型和内容。

◎ 掌握营销调研的过程和关键步骤。

◎ 掌握调研问卷的构成要素、问卷设计程序。

能力目标：

◎ 能运用营销调研程序和技术等理论，设计营销调研问卷。

◎ 能运用具体方法和抽样技术搜集营销调研资料。

◎ 能够撰写完善的市场营销调研报告。

项目引例

某公司是一个民营化妆品连锁企业，2006 年 5 月成立，在不到四年的时间里，该公司依靠敏锐的市场意识、对消费者的深度理解和把握、先进的营销模式、强烈的创新意识取得了惊人的业绩。然而，随着公司的不断发展壮大，在营销方面也出现了不少难以解决的问题。例如，老顾客流失，新顾客很难引入等，而这些都成为制约公司发展的瓶颈。

公司在营销方面存在的问题主要表现在以下几个方面。

1. 公司总体定位不清晰，业务定位不明确，缺乏系统的分析与论证

2. 目标市场和目标顾客不清晰，缺乏系统的调研、分析和论证。

3. 连锁经营体系中目前的激励机制不完善，美容师为追求短期利益致使客户过度消费的现象存在。美容师队伍流动较大，人员归属感不强，缺乏制度和方法留住和稳定员工，以达到企业持续稳定发展的目的。

4. 连锁经营体系中目前单店经营尚未形成统一的成功运作模式，客观条件和服务提升方面有待加强，人为因素目前起主导作用，业绩浮动较大。

5. 店面的培训以技能为主，缺乏系统的店面运营管理方面的相关培训。

6. 总部与店面、店面与加盟商之间的关系不清晰，业务管理混乱。

（资料来源：http：//www. whmyjj. org/news/）

引例分析

要想解决该化妆品企业出现的问题，首先需要进行营销调研，从而为管理者提供决策依据。要进行营销调研首先要明确要调研的问题，制订调研计划，选择合适的调研方法，并为

其设计调研方案进行调研。

项目分析

市场营销调研是一项十分复杂的工作，要顺利完成调研任务，必须有计划、有组织、有步骤地进行。本课题的任务就是让学生能够专业地识别和界定要调研的问题，制作出调研设计、组织营销调研；分析调研数据并得出可信和公平的调研报告。

任务 1　设计市场调研方案

任务 2　组织营销调研

任务 3　设计市场调查问卷

任务 4　整理分析市场营销调研数据

任务 5　撰写市场调研报告

项目实施

任务 1　设计市场调研方案

案例链接

大学生手机市场调查方案

为了更好地开发某企业的手机市场，确立某品牌手机产品在本市的市场地位，拓展本品牌手机市场的发展空间，更好地满足消费者的消费需求，某企业计划对大学生手机市场进行一次较系统的市场调查。

（一）确定问题与调查目的

针对目前本市手机市场的基本情况，本次市场调查须本着科学严谨、真实可靠、调查与论证相结合的原则，对此项调查进行深入的研究。本次市场调查的目的包括：

(1) 明确手机市场的品牌认知与竞争情况；

(2) 了解和分析各层次消费群体的消费需求和消费行为；

(3) 掌握手机销售终端对各手机品牌的销售状况；

(4) 了解消费者及各手机销售终端对“大显”手机的认知和建议，以及本品牌与其他品牌相比的优缺点；

(5) 掌握其他品牌手机产品的营销策略与推广方式；

(6) 最终目的一是为调整本公司手机产品的营销策略提供市场依据；二是为确立本公司在本市手机市场的营销定位。

（二）调查内容

1. 各手机品牌的认知与竞争情况

(1) 各手机品牌的认知度；

(2) 各手机品牌的购买频率；

(3) 不同档次手机的购买频率；

(4) 各手机品牌的购买意向;

(5) 各手机品牌的市场份额。

2. 消费者的消费行为与需求

(1) 消费者对各品牌手机产品质量的评价;

(2) 消费者对各手机产品款式的认知与要求;

(3) 不同层次消费者对手机产品价格的接受程度;

(4) 影响消费者购买手机产品的主要因素;

(5) 消费者对手机产品功能的要求;

(6) 不同层次消费者购买手机产品的场所。

3. 销售终端各手机品牌的销售状况

(1) 各销售终端销售不同手机品牌的数量与月销售总量;

(2) 各销售终端销售各手机品牌的喜好程度;

(3) 各销售终端销售各手机品牌的价格;

(4) 各销售终端对各手机品牌质量、款式、功效的评价与要求;

(5) 各销售终端不同品牌手机产品的促销与推广方式;

(6) 各销售终端对本公司手机产品的评价以及与其他品牌相比的优缺点;

(7) 请各销售终端提出本公司手机产品存在的问题(质量、价格、包装、客户服务、促销)及建议。

(三) 调查方法

(1) 校园定点拦截调查法:对一般的、不同层次的消费者采用校园定点拦截访问的方式进行调查,即在本院校的繁华地带租用场地,由访问员对消费者进行讲解后,进行一对一的访问。样本数不宜过多,建议为30—50人。

(2) 深访调查法:对各手机产品销售终端采用深度访问法进行深度访问,目的是了解各零售商对手机产品认识情况,设定访问样本为十个销售终端。

(四) 调查结果的复核与统计分析

(1) 统计采用小组合作分析对销售结果进行分析。

(2) 问卷调查的准确率为80%。

(3) 系统分析误差为80%。

(五) 调查组织

时　　间	内容安排
10月8日—10月9日	设计问卷、选择样本、了解品牌
10月9日—10月10日	调查前的准备(踩点、问卷试调查)
10月11日	调查实施(深访调查、定点拦截调查)
10月15日—10月20日	问卷的复核与审核
10月21日—10月30日	统计分析、编写调查报告
10月7日—10月15日	印刷和提交调查报告

(六) 费用预算

共印刷1000份问卷,一份问卷共5张。总费用:1 000×5×0.2=1 000(元)。

【分析提示】市场调研是手机开发企业为了及时做出正确的投资决策和营销决策，而客观、系统地收集、整理、研究、分析大学生手机市场有关信息资料，将其转化为决策所需信息的工作过程。

“管理的重点在经营，经营的中心在决策”。企业的经营决策正确与否，关系到企业的兴衰存亡，正确的决策源自科学的市场调研。不少企业因为一个错误的决策导致破产，也有很多企业因为一个正确的决策取得了巨大的成功。因此，越来越多的企业认识到市场调研工作的重要性，认识到科学的市场调研是企业的好帮手。只有重视市场调研工作，科学地、系统地开展市场调研工作，真正发挥市场调研对营销工作的促进作用，才能在激烈的市场竞争中不断取得胜利。

（资料来源：http：//wenku. baidu. com/link？ url＝XEGkvyFav6zh3wEes9uD-bAykk. htm）

市场调研(Marketing Research)即运用科学的方法，系统地、客观地收集、整理和分析研究市场营销活动的各种资料或数据，并提出调研报告，用以帮助营销管理者了解营销环境，发现问题及机会，作为市场预测和营销决策的依据。

市场调研是一项复杂的、严肃的和技术性较强的工作。它包括明确营销中的经营决策问题，详细规定研究这些问题所需的信息，设计信息收集的方法，管理并实施数据收集过程，整理分析调查结果、解释报告结果并解释结果的含义，撰写市场调研报告。

营销调研方案包括的组成部分如表 5-1 所示。

表 5-1 营销调研方案的构成

组成部分	描述
确定调研的内容与方式	简要阐明所辨别出的管理决策问题；详细描述具体的营销调研内容；确定调研方式：探究调研、描述调研、因果调研
设计营销调研的步骤	① 确定问题与调查目标；② 确定所需资料；③ 制订营销调研计划；④ 实施数据收集；⑤ 数据整理和分析；⑥ 撰写调查报告
确定营销调研的方法	确定调研方法：询问法、观察法、实验法 选择接触方式：邮寄、电话、面访和网上调查
选择数据收集方法	一手资料的收集（观察法、实验法、调查法） 二手数据的收集与处理
准备调研工具	实际调查提纲、调查表和问卷、准备仪器设备
确定样本	定义总体目标、样本设计
制订数据分析计划	定性分析和定量分析，制定数据表格、制定数据分析策略
制订调研实施计划	时间和进度计划；预算及分配；人员选择及培训

一、确定营销调研的内容与方式

（一）市场营销调研的内容

确定调研内容就是在调研目的的基础上，把调研问题展开和细化的过程。衡量一个市场调研方案设计是否科学标准，主要看该方案的设计能否体现调研的目的和要求，是否符合实际。市场营销调研的内容主要包括以下几种。

1. 市场环境的调查

市场环境的调查主要包括经济环境、政治环境、社会文化环境、科学环境和自然地理环境等。市场的购买力水平，经济结构，国家的方针、政策和法律法规，风俗习惯，科学发展动态，气候等都是影响市场营销的因素。

2. 市场需求调查

市场需求调查主要包括消费者需求量调查、消费者收入调查、消费结构调查、消费者行为调查等。

3. 市场供给调查

市场供给调查主要包括产品生产能力调查、产品实体调查等。具体为产品数量、质量、功能、型号、品牌以及生产供应企业的情况等。

4. 市场营销因素调查

市场营销因素调查主要包括对产品、价格、渠道和促销的调查。产品调查主要包括了解市场上新产品开发的情况、设计的情况、消费者使用的情况、消费者的评价、产品生命周期阶段、产品的组合情况等。产品价格调查主要包括了解消费者对价格的接受情况、对价格策略的反应等。渠道调查主要包括了解渠道的结构、中间商的情况、消费者对中间商的满意情况等。促销活动调查主要包括各种促销活动的效果，如广告实施的效果、人员推销的效果、营业推广的效果和对外宣传的市场反应等。

5. 市场竞争情况调查

市场竞争情况调查主要包括通过对竞争企业的调查和分析，了解同类企业的产品、价格等方面的情况及其采取的竞争手段和策略，做到知己知彼，帮助企业确定竞争策略。

（二）市场调研的基本方式

根据市场调研的目的确定调研方式，即进行探测性调研、描述性调研、因果关系调研，还是进行预测性调研，如表 5-2 所示。

表 5-2　市场营销调研的基本方式

	探测性调研	描述性调研	因果关系调研	预测性调研
目的	认识面临的问题及性质	描述市场的状态与特征	确定并解释变量因果关系	推断和测量市场的未来变化
特点	调研方法较灵活，是整个调研设计的起点	正式调研，使用有代表性的大样本数据进行定量分析	制定调研问题的假设，收集数据，假设检验	依据市场的历史和现状，凭经验并应用一定的预测技术，对市场的未来趋势进行预计、测算和判断
方法	专家访谈、定性资料、二手资料	一手资料收集、问卷调查、二手数据	实验法	定性预测、定量预测
本质	了解有什么	知道是什么	认识为什么	可能会是什么

1. 探测性调研

探测性调研是一种非正式的小样本调研，收集资料的方法灵活多样。用于探询企业所要研究的问题的一般性质。

案例链接

在设计液态奶消费市场调研方案时，为了掌握有关情况，应该去查阅统计年鉴了解奶制品的纵向数据；阅读有关液态奶的文章，了解各竞争者的情况；访问液态奶销售点，了解消费者购买和零售商的情况；观察超市液态奶的品牌、品种和价格，比较各自的定位；与公司有关人员交谈，认识公司决策对信息的需求；必要时还可组织焦点小组访谈，确定问卷应收集的信息。

【分析提示】通过以上调研可以获取设计本项调研方案所需的有关信息。研究者在研究之初对所欲研究的问题或范围还不很清楚，不能确定到底要研究些什么问题。这时就需要应用探测性研究去发现问题、形成假设，调研过程灵活而不规范，不涉及结构式问卷，不涉及抽样技术，其结果也不能由部分推断总体参数，至于问题的解决，则有待进一步的研究。

2. 描述性调研

描述性调研是通过详细的调查和分析，对市场营销活动的某个方面进行客观的描述，而不涉及或不深究现象的本质内容。通常以探测性调研为先导，在对调研问题、内容、对象、范围有明确认识的基础上，选择大规模有代表性的样本进行数据收集，并对数据进行定量化分析。其要回答的问题是“如何”或“何时”。

案例链接

一家快餐店开设了一家分店，公司想知道人们是如何惠顾这家分店的。即惠顾者是谁？应该测量这些人的什么特点？我们是否要测量他们的年龄、性别或他们的居住地点及他们是如何来这里的？应当在什么时候去测量他们，是在他们购买时还是购买以后？在什么地方测量？为什么要测量他们？如何测量他们？是用问卷询问还是观察他们的行为？如何来实施？是用电话、邮寄，还是人员访问？

【分析提示】这些问题的一些答案已在假设中得到暗示，或者引导描述性调研的假设本身就是一些答案，但另一些则不明显，调研人员只有通过思考或通过一个小规模的试验性或探索性调研才能说明它们。无论在何种情况下，在描述性调研的“谁”“什么时候”“在哪里”“为什么”得到明确的结论之前，调研人员应当延迟收集用来检验假设的第一手资料。

3. 因果关系调研

因果关系调研是正式的定量化调研，主要采取实验法。目的是找出关联现象或变量之间的因果关系。因果关系调研的目的就是寻找足够的证据来验证这一假设。其所要回答的问题是“为什么”。

案例链接

空调机增加制热功能能否使销售额增加10%？更换月饼包装，销售额会如何变化？降价10%、20%，市场份额会如何变化？

【分析提示】因果性调研通常要把调研目标表述为假设。假设是关于两个以上变量间关系的推测性表述。做出的假设要对检验的因果关系做明确的定义。假设的因果关系一般是营销者要做出决策的依据，这些假设尚未被证实，因此需要通过收集数据来检验因果关系的有效性。

4. 预测性调研

市场营销所面临的最大的问题就是市场需求的预测问题，这是企业制订市场营销方案和市场营销决策的基础和前提。预测性调研就是企业为了推断和测量市场的未来变化而进行的研究，它对企业的生存与发展具有重要的意义。

二、设计市场调研的程序

营销调查是一项有序的活动，是由一系列收集和分析市场数据的步骤组成。一般按如下程序进行：① 确定问题与调查目标；② 确定所需资料；③ 制订营销调研计划；④ 实施数据收集；⑤ 数据整理和分析；⑥ 撰写调查报告。

（一）确定问题与调查目标

由于市场调查的主要目的是收集与分析资料以帮助企业更好地做出决策，以减少决策的失误，因此调查的第一步就要求决策人员和调查人员认真地确定研究的目标。

确定营销调研问题的步骤是：明确管理决策问题，确定与之相关的营销调研问题，制定恰当的营销调研目标。在此基础上，调研者就可以勾画出该项营销调研的研究框架和选择适用的营销调研方法。

案例链接

摩托车厂应该建在哪里

日本一家知名汽车制造商要在我国投资建设一个摩托车生产厂，他们决定要进行一项市场调研。最初界定的决策问题是“哪里的投资环境好”并且把江苏昆山列为实地考察对象。但很快他们就发现，首先要决策的问题应为“是否要进入中国市场进行投资”，然后才是“工厂应该建在哪里”。这样，原来的实地考察问题就转变为二手资料的调研问题。由此他们必须先弄清“中国中央政府和地方政府有关摩托车的政策是什么”。

【分析提示】在任何一个问题上都存在着许许多多可以调查的事情，如果对该问题不做出清晰的定义，那收集信息的成本可能会超过调查提出的结果的价值。

（二）确定所需资料

确定问题和假设之后，下一步就应决定要收集哪些资料，这自然应与调查的目标有关。例如：① 消费者对本公司产品及其品牌的态度如何？② 消费者对本公司品牌产品价格的看法如何？③ 本公司品牌的电视广告与竞争品牌的广告，在消费者心目中的评价如何？④ 不同社会阶层对本公司品牌与竞争品牌的态度有无差别？

（三）制订营销调研计划

第三步要求制订一个营销调研的计划，主要有：数据来源、调查方法、调查工具、抽样计划及接触方法，如表 5-3 所示。

表 5-3　市场调研计划的构成

市场调研计划的组成	描述
确定资料来源	二手资料、一手资料
选择数据搜集方法	确定调研类型：探测调研、描述调研、因果调研 确定调研方法：观察、调查、实验
准备调研工具	问卷、仪器
制订抽样计划	定义总体目标，选择抽样方法，样本设计 编制各级抽样框，实施抽样过程，样本评估
选择接触方法	电话、邮寄、面谈

（四）实施数据收集

实施数据收集涉及调研执行人员到现场开展调研的工作，如进行入户访问、行人拦截面访或通过电话、邮寄或电子邮件开展调研。

数据收集工作通常包括：调查准备，包括调查工具的准备（准备问卷、抽样工具等）、调查人员培训；调查作业管理，包括安排调查日程及执行、调查质量控制。数据收集工作必须通过调查员来完成，调查员的素质会影响到调查结果的正确性。

（五）数据整理和分析

通过调查所收集的资料一般是分散、零星和不完整的，需通过整理使其系统化和条理化。具体内容将在“任务 4 整理分析市场营销调研数据”中详细介绍。

（六）撰写调研报告

市场调查的最后一步是撰写一份书面报告。书面调研报告是调研工作和成果的有形展示，必须足够重视调研报告的写作。具体内容将在“任务 5 撰写市场调研报告”中详细介绍。

三、确定营销调研的方法

调查对象的代表性直接影响调查资料的准确性。根据调研目的及人力、财力、时间情况，要确定合理的调查对象和调查样本的多少。

大多数的市场调查是抽样调查，即从调查对象总体中选取具有代表性的部分个体或样本进行调查，并根据样本的调查结果去推断总体。抽样方法按照是否遵循随机原则分为随机抽样和非随机抽样。

（一）随机抽样

随机抽样就是按照随机原则进行抽样，即调查总体中每一个个体被抽到的可能性都是一样的，是一种客观的抽样方法。随机抽样方法主要有以下几种。

（1）简单随机抽样，即从总体 N 个单位中任意抽取 n 个单位作为样本，使每个可能的样本被抽中的概率相等的一种抽样方式。

例如，先把总体各单位全部编号并制成签条或卡片，充分混合后用手摸取，直到抽满预定的单位数。

（2）分层抽样，即根据某些特定的特征，将总体分为同质、不相互重叠的若干层，再从各层中独立抽取样本，这是一种不等概率抽样。

（3）分群抽样，是将调查母体区分为若干个群体，然后以单纯随机抽样方法选定若干群体作为调查样本，对群体内各子体进行普遍调查。在进行居民出行调查中，可以采用这种方法，以住宅区的不同将住户分群，然后随机选择群体为抽取的样本。

（二）非随机抽样方法

常用的非随机抽样方法主要有以下几种。

（1）任意抽样。这是纯粹以便利为基础的一种抽样方法。例如，柜台访客调查，街头路边拦人调查。这种方法抽样偏差很大，结果极不可靠。一般用于准备性调查，在正式调查阶段很少采用。

（2）判断抽样。这是指根据调查人员的主观经验从总体样本中选择那些被判断为最能代表总体的单位作为样本的抽样方法。

案例链接

某企业要对福建省旅游市场状况进行调查，营销调研部门选择厦门、武夷山、泰宁金湖等旅游风景区作为样本调查。

【分析提示】判断抽样适用于总体的构成单位极不相同而样本数很小，同时设计调查者在对总体的有关特征相当了解（明白研究的具体指向）的情况下，适合特殊类型的研究（如产品口味测试等）。

（3）配额抽样。配额抽样与分层抽样类似，要先把总体按特征分类，根据每一类的大小规定样本的配额，然后由调查人员在每一类中进行非随机抽样。

四、选择资料收集的方法

（一）一手资料的收集

一手资料，是指调研人员直接向调研对象收集的资料。其特点是针对性、真实性和适用性强。但收集一手资料的成本较高，时间也较长。收集原始资料的主要方法有三种，即观察法、实验法和调查法。

1. 观察法

观察法是指通过观察正在进行的某一特定市场营销过程，来解决某一市场营销研究问题。例如，调查人员通过对顾客购物行为的观察，预测某种商品的购买、销售情况，包括观察顾客与售货员的谈话，观察顾客进出商店以及在商店逗留的时间等。

2. 实验法

实验法是指从影响调查问题的许多因素中选出一至两个因素，将它们置于一定条件下进行小规模的实验，然后对实验结果进行分析的调查方法。如改变某种商品的品种、包装、设计、价格、广告、陈列方法等因素后，观察因变量引起的效果。

实验法的最大特点是把调查对象置于非自然状态下开展市场调查，这样可提高调查的精度。

3. 调查法

调查法主要有三种方式，即电话访问、邮寄问卷以及人员访问。

（1）电话访问。

电话访问可获得最迅速、最及时的信息。与邮寄问卷相比，其优势在于访问人员可与多人交谈，并可及时澄清问题的疑难点，而且电话访问的反应率也比邮寄问卷高。电话访问有两个缺点：一是访问只限于有电话的个体；二是谈话时间受限制，不能问太多问题。

（2）邮寄问卷。

邮寄问卷具有较强的可送达性和可接近性，在调查那些不愿接受访问或对调查人员抱有偏见的对象时，它最经济、实用。可节省人力，受访者有充分的时间思考，问题可以提得全面些。但是邮寄问卷有两个缺点：一是问题的用语必须简单明白且问题不能太多；二是邮寄问卷的反应速度慢且反应率也最低，回收率低，其真实性难以保证。

（3）人员访问。

人员访问在这三种方式中最具有灵活性，可以提出许多问题，并且还可以察言观色，及时补充、修正面谈内容。但是，采用这种方式要花费很高的成本，因此企业一般很少采用。

（二）二手资料的处理与收集

二手资料，是指经他人收集、记录、整理所形成的各种资料和数据。由于二手资料是已经存在的且来源很广，故收集成本较低。表 5-4 总结了二手资料的潜在来源。

表 5-4 二手资料的来源

来源	描述
内部资料	公司的销售数据、损益表、资产负债表、销售访问报告、单据、存货等
政府出版物	政府报告、统计年鉴、人口普查数据、法律文件、政策法规等
报纸和杂志	《人民日报》《中国经营报》《经济参考报》《销售和市场》及地方报纸等
商业资料	零点调查、央视调查、新时代调查等
网上资料	中国市场营销网、中国人口信息网等
营销数据库	工商企业名录、零售扫描数据库、媒体接触数据库

因为二手资料往往具有滞后性、准确性难以确认、针对性和适用性也较差的特点，因此需要对二手资料进行评估，判断其是否符合公正性、有效性、可靠性标准，否则很可能会给调研工作带来风险。

五、选择营销调研的工具

收集一手资料可选择使用的调研工具有调查表、测试仪器、心理测试用具。

（一）调查表

调查表如收集数据的调查提纲、调查表格或调查问卷。

（二）测试仪器

测试仪器多用于观察和实验测试，尤用于广告调查（如表 5-5 所示）。

表 5-5 常用测试仪器

种类	用途
电流计	用于测量受试者在看到特定广告或图片后所表现出的兴趣或情感的强度
速示器	快速闪现一个展露广告的设备，在每次展露后，由受试者说出或回忆他所记住的东西
眼相机	用于观察和记录受试者眼睛的活动情况，事后研究人员将分析他的目光落在哪个位置，持续多长时间
收视器	安装在家庭电视机上的电子设备

案例链接

尼尔森公司在征得一些家庭同意后，在其电视机上安装收视器，它可以记录收看电视的频道、节目和持续的时间等数据。这些数据可以通过因特网传送给数据收集者。

（资料来源：http://chinafamilypanel.nielsen.com/general/Terms-Conditions）

【分析提示】通过分析这些数据，就可以清楚地了解到受众对电视媒体接触的习惯和各电视频道或栏目的收视率。而这些数据是媒体机构向潜在客户提供广告报价的依据。

（三）心理测试用具

如著名的罗夏测量法，让受试者看一套墨渍图片，问这个图片最像什么，受试者可以自由地对这幅墨渍图片加上某些意义或解释，测试者据此判断受试者的人格类型和心理特征。再如图片理解测验法，通常是让受试者看一幅与调查内容有关的图片，然后根据他对这幅图片的反应，来推断分析他的态度。如果营销调研采用这些心理测试方法，就必须准备相应的图片或工具。

六、确定样本

在统计学中，一般将小于 30 的样本称为小样本，大于 50 的样本称为大样本。营销调研的目标总体一般异质性较大，选取的样本规模应在 50—5 000 个基本单位。同时还要兼顾调研费用和调研时间。调研者可以使用表 5-6 所示经验数据来确定样本容量的大致范围。

表 5-6　确定样本数大致范围的经验数据

总体规模(人)	100 以下	100—1 000	1—5 000	5 000—10 000	1 万—10 万	10 万以上
样本占总体比重(%)	50 以上	20—50	10—30	15—3	1—5	1 以下

七、制订数据分析计划

这一部分要写明在数据录入与处理时所运用的统计分析软件，还要写明数据录入复核的方式和比例。

八、制订调研实施计划

营销调研的实施计划是更细致的具有操作性的具体安排，如调查的详细日程安排，调研费用的预算、调研员的安排等。

（一）规划研究时间

表 5-7　规划研究时间

程序＼时间	1	2	3	4	5	6	7	8	9	10	11	12
方案与问卷设计	■	■	■									
问卷试调查				■	■	■						
调研实施						■	■	■				
数据处理与分析									■	■	■	
报告撰写与提交											■	■

（二）预算调研费用

要根据调查范围的难易程度来全面考虑各阶段的费用支出，以免将来出现不必要的麻烦而影响调研的实施。

通常情况下，一个市场调研项目前期计划的费用安排占总预算的 20%，实施调研阶段的费用安排占总预算的 40%，后期整理数据、分析报告阶段的费用占总预算的 40%。

（三）访员安排

访员安排主要是指调研的组织管理、调研项目组的设置、调研人员的选择与培训、调研质量的控制等。

任务 2　组织营销调研活动

一、组建调研队伍

市场调研是一项繁杂的工作，这些就需要组建一个高效的调研团队，其调研从业人员应具备基本的素质。

（一）调研总监

调研总监是调研团队的高级职位，负责指导和监督整个调研计划以及调研项目的设计和执行。

（二）高级项目经理

在调研总监的指导下，高级项目经理全面负责调查项目的设计、执行和管理。

（三）高级分析师

高级分析师负责与其上级和分析师等其他人员一起参加项目的开发、设计和执行，通常要设计调研问卷、确定要使用的研究技术，对资料进行处理和分析，撰写数据分析报告和最终的报告。

（四）现场调查部主管

现场调查部主管负责招聘、培训、监督和评价调研员及其他现场实施人员。

（五）座谈会主持

座谈会主持负责小组座谈会的人员挑选、提纲准备和会议主持，与其他研究人员一起完成调研报告。

二、调研人员的招聘、培训与监督

（一）招聘和挑选调研人员

圆满完成调研工作的关键是选择有效率的调研人员。优秀的调研人员能够充分与被调研者沟通，以获得尽可能多的信息。因此，企业应首先明确优秀调研人员的标准，并按此标准进行招聘和挑选。一般标准包括以下几点：

(1) 冒险精神，勇于接受挑战；

(2) 应具极强的自信心；

(3) 关心顾客，能从消费者角度考虑问题。

（二）调研人员培训

调研人员的培训主要包括以下几种。

(1) 企业自身情况及所属行业的培训：对企业基本状况的了解；对企业主要竞争对手状况的了解；对企业所处行业的了解。

(2) 对于市场调研技能、技巧的培训：收集资料的技巧；调研程序的培训；调研的方式、技能。

(3) 对临时招聘人员的培训：调研目的、调研背景说明、调研方式、样本比例的分配、调研纪律等。

(4) 对调研人员进行培训的方式主要有：口头培训、角色演练、使用录音带及录像带、使用培训软件。

（三）调研人员的监控

(1) 事中的监控：不定期抽查和现场监督。

(2) 日常监控：调研人员要随时反馈信息，企业另派人对调研对象进行回访。

(3) 事后监控：通过对行动计划与结果报告的对比，以及通过报告中的一些关键指标考察调研人员对目标的实现程度。

任务 3　设计市场调查问卷

案例链接

液态奶消费调查问卷

____________女士/先生：

您好！我是××大学营销专业的大学生。我们利用暑假开展大学生社会实践活动，正在本地进行一项有关液态牛奶的研究。感谢您的参与，谢谢！

（一）鉴别区分问卷

Q1. 请问您家里决定购买牛奶产品的家庭成员都有谁？（一周中至少五天住家里）

____

Q2. 比较而言，他们之中，谁是购买牛奶的最主要的决定者？

（二）购买形态调查

B1. 您一般是在什么地方买酸牛奶？

连锁商店/大型超市/食品店……1　　卖冷饮的小商店/小商贩……2

附近的零售店……………3　　路边的售奶点………………4

现挤现卖点（牵着奶牛卖鲜牛奶）…5　　送到住宅附近卖奶的商贩……6

B2. 平时，您一般一次买多少鲜牛奶？

250 克以下……1　　250—500 克…2

500—1 000 克…3　　1 000 克以上…4

B3a. 您在选购牛奶时较注重产品本身的哪三个因素？

口味口感…1　新鲜…2　品牌…3　不含抗生素…4

非还原奶…5　产地…6　卫生…7

B3b. 您在选购牛奶时较注重有关营销方面的哪三个因素？

购买便利…1　价格…2　有抽奖…3　有礼品…4

打折…5　广告宣传…6　其他（请注明）________ 7

（三）产品与品牌认知问卷

P1. 您认为现在商店销售的鲜牛奶：（勾选结果）

品牌形象好/差　促销少/多　质量好/差　价格太高/便宜

不含/含抗生素　新鲜/不新鲜　包装差/好　卫生/不卫生

P2. 您能说出哪些比较熟悉的鲜牛奶品牌？（尽可能多答出）

1. ________　2. ________　3. ________　4. ________

（四）背景资料问卷

最后，我想了解一下您个人的情况。这些资料用做统计分析，并为您保密。

E1. 您的文化程度是：

未受过正规教育…1 小学…2 初中…3 高中/职校/技校…4
中专…5 大专…6 大学本科……7 研究生……8

E2. 您从事的职业属于下列哪一种？

离退人员…1 公务员…2 教师/科技人员…3 医护人员…4 一般员工…5
个体经营者…6 农民…7 家庭主妇…8 大学生…9 其他…10

E3. 您全家平均月收入（包括工资、奖金、兼职等所得）属于哪一档？

1 000 元以下…1 1 000—2 000 元…2 2 000—3 000 元…3
3 000—4 000 元…4 4 000—5 000 元…5 5 000—6 000 元…6
6 000—8 000 元…7 8 000—10 000 元…8 10 000 元以上…9

（资料来源：http：//wenku. baidu. com/link? url = e9kbF1wibgwRJW3yTGLQziePilMlcPL8u. htm.）

一、调查问卷的设计

（一）调查问卷的内容

调查问卷是最常用的定量调研工具，最适合做描述性调研。调查问卷可用于多种形式的调查，如人员面访、电话访谈、邮寄调查、网上调查等。

调查问卷在形式上是一份由提问和备选回答项目构成的调查表格，问卷一般应包括如表 5-8 所示的构成要素。设计问卷就是要系统地安排这些要素，以达成收集信息支持决策的营销调研目标。

表 5-8 调研问卷要素构成

组成要素	描述
标题	表明这份问卷的调查主旨是什么
封面信	给受访者的一个短信，用以说明调研者的身份、调查意图或意义，并请求支持配合
指导语	用来指导访问员的调查工作，或指导被调查者如何填写问卷；调查作业指导语的目的在于规范访问员的调查工作，通常要特别标示出来
基本信息	是指与营销调研问题相关的调查项目，它是按确定的调查目标设计的。在问卷中，调查项目是用一系列的提问和备选回答项目组成的
分类信息	也称调查对象的背景资料。当以个人为调查对象时，分类信息涉及性别、年龄、民族、文化程度、职业、收入、所在地等项目；当以家庭为调查对象时，分类信息包括家庭人口数量、收入、家庭成员组成及其关系等项目
致谢	在访问调查完成后，不要忘记感谢被调查者的友好配合与帮助
调查作业记载	涉及调查、审核、录入等环节的作业记载是为了明确责任、调查进程，对各环节加以控制而专门设计的
编码	编码是对问卷中的调查项目赋予代码的过程，即要给每个提问和每个备选回答项目赋予一个代码（数字或字母），以方便录入数据

通过调查问卷可以向调查对象询问各种问题，如涉及消费者行为、意向、态度、认知、动机及生活方式等问题。在典型的调查问卷中，大多数提问都是有固定选项的，被调查者只需从中选择自己的答案。

二、调查问卷设计程序

（一）阐明需由调查问卷收集的信息及接触方式

在设计调查问卷时需要做的工作就是筛选出需要通过调查问卷收集的数据，我们可以用调查目标或调研项目来表述，并将其逐一列出。

接触方式对调查问卷的设计有很大的影响。如面访调查，访问员可以和受访者面对面地沟通，面访调查问卷中可以设计较多的提问，提问也可以更复杂一些。而电话调查问卷就必须设计得简单短小，不能占用太多的通话时间，否则，受访者会挂机。而邮寄调查问卷或留置调查问卷则要有更详细的填写说明。

（二）选定单个提问的项目及内容

这个问题涉及调查问卷的细节设计。在确定提问项目和内容时，需要审核以下两个问题。第一，这个提问项目是否必要。例如，优酸乳一般可归到酸牛奶的类别中，不用单独提问；加奶饮料种类繁多，含奶量差异很大，也不是委托人所关心的，故舍去；而鲜豆浆现在的消费量很大，是鲜牛奶的主要替代品，故列入。第二，这个提问项目是用一个提问还是用几个提问比较好。例如，“平时，您家里买鲜牛奶、酸牛奶或鲜豆浆吗”，这个提问就会让受访者无法回答。他可能只买鲜奶，而不买酸奶和鲜豆浆，因此，必须将其分解为以下三个提问才合理。

Q1. 平时，您家里买鲜牛奶吗？

Q2. 平时，您家里买酸牛奶吗？

Q3. 平时，您家里买鲜豆浆吗？

（三）设计每个提问

此时需注意受访者能否很好地回答提问，应重点审核以下三个问题。

第一，受访者掌握相关的资料或数据吗？例如，大多数家庭中购买牛奶的事情一般由女主人来做。如果向男主人询问购买牛奶的问题，由于他可能根本不买牛奶，也就无法回答提问。所以，在提问之前，应先问几个测量熟悉程度、产品使用及过去经验的过滤性问题，这样就可以把不合格的应答者排除在外。

第二，受访者能够准确无误地记住某些情况的数据吗？例如，“您上个月总共购买了多少斤鲜牛奶”，受访者就可能因为根本就没有记账而无法回答这个问题。如果把这个问题中的“上个月”改为“每周”，或许有可能回答出来。

第三，受访者能够清晰准确地回答某些类型的问题吗？例如，下面的提问就过于专业化，普通的受访者可能因为根本不了解这些术语而无法回答。此时，应给予提示、解释或注解。

Q. 请问您的家庭属于下列的哪一类型？

① 单亲家庭　② 核心家庭　③ 主干家庭　④ 联合家庭　⑤ 其他家庭

（四）决定提问的结构

提问可以设计为采用结构化或非结构化的回答方式。结构化提问，也是封闭式提问，是指在提问之后给出了一组固定的选项；非结构化的提问，也是开放式提问，是指在提问之后不给出固定的选项的提问，而让被调查者自由回答。

（五）选择提问的适当措辞

提问措辞是指要把提问的内容和结构，转换成被调查者能够清楚而轻松理解的询问用语。因此，应采用 6W 准则严谨定义提问的论题并核查拟定的提问措辞。6W 是指提问的论题应包含的人物（Who）、事件（What）、时间（When）、地点（Where）、原因（Why）和方式（Way）。

另外，提问措辞要使用通俗易懂的词语，避免含混的用词，避免诱导性用语，避免隐含选择，避免隐含假设，避免推论和估计，避免使用正面和负面陈述。

（六）设置检验可靠性的提问

为测试一份调查问卷的应答者的回答是否真实可靠，应设置检验真实性的提问。即同一个提问以不同的方式问两遍，或者原来用正面陈述，现在用负面陈述，然后比较两次回答的结果，如果是真实的，其结果也应该是相同的。

（七）安排适当的提问顺序

安排提问顺序时应考虑提问的内容、类型、逻辑关系、难易程度等因素。排列顺序应注意提问的前后连贯性，不要使应答者感到思路中断。容易回答的提问应放在调查问卷的前部，然后逐步排列较难的提问，重要的提问应放在重要的地方。

（八）设计调查问卷页面的形式和布局

调查问卷页面应简洁、整齐、美观，便于阅读、回答和记录。调查问卷中的每一个提问都要单独列出，排列得要尽可能整齐，备选回答项目排列要一致，开放式提问应留出足够的空白供填写。每个提问之间要留有足够的空隙，排得过密会影响阅读、填答，也会使卷面不美观。通过字体、字号的变化来优化问卷版面。封闭式提问的每一选项都要赋予代码，最好用阿拉伯数字。调查问卷要便于实际调查作业、审核和录入等工作。

（九）调查问卷的审核及其调查

调查问卷初稿通常由一个人或者几个人设计，由于考虑不够全面细致等原因，初稿不可能尽善尽美。试调查是检查调查问卷设计质量最合适的办法。试调查的审查内容包括：被调查者对问题能否完全理解；措辞和表达方式是否会产生诱导性；问卷的长度是否合适；问卷的结构和形式是否合理；问卷的编排顺序是否恰当，前后是否连贯；答案的数量、表达、分类是否恰当。

经验表明，填答一份调查问卷所花时间以不超过 30 分钟为宜。如果调查问卷长度太长，被调查者会感到厌倦，致使拒答率上升或者敷衍了事，最终会影响调查问卷数据的真实性。

任务 4　整理分析市场营销调研数据

当实地调查完成时，收集的所有访问表格只是一堆资料而已。研究人员必须将所有收集来的资料加以编辑、组织及分类与制表，方能使调查资料进而变成可供分析解释的资讯。

一、编辑

剔除不可靠、不准确及与调查目的无关的资料，使剩余资料都为有排列性、可靠的、有参考价值的资料。

二、汇总及分类

将调查资料先行分门别类加以汇总，再将大类资料根据调查目的需要，进行更为详细的分类。

三、制表

将分类后的资料分别进行统计及汇总，并将汇总结果以统计数字形式表示。制表方式分为：① 简单制表，是将答案一个一个分类而制成统计表；② 交叉制表，是将两个问题的答案联系起来，以得到更多的资讯；③ 多变数间关系分析，是将两个以上的问题的答案关联起来，以得到更多的资讯。

四、统计资料

市场调查在经过访问资料收集、整理和分析之后，其最终目的乃在于提出调查结论并解释结论的内涵。

(1) 以百分数法，记述调查分布情况。

表 5-9　百分数法调查表

报纸	份数	百分比(%)
A	14 000	18.30
B	2 400	31.37
C	750	9.8
D	950	12.42
E	1 550	20.26
其他	600	7.85
总数	7 650	100.00

(2) 以统计表，表示分布情况。

表 5-10　分布情况统计表

每月收入	年龄				
	20—29	30—39	40—49	50—59	60 以上
250 元以下 139	98	30	5	2	4
250—450 元以下 159	40	63	24	10	22
450—650 元以下 186	10	95	40	13	28
650—850 元以下 153	8	30	70	15	30
850—1 000 元以下 127	7	20	50	10	40
1 000—1 500 元以下 75	6	15	24	20	10
1 500 元以上					
合计					

(3) 以统计检定方法分析资料结果。检定假设是否成立，并说明各种调查资料间依存

关系。

如果属记叙性调查，应将调查资料及各种资料间的相互关系阐释清楚，以作为市场调研结果报告的依据。

如果属于假设检定调查，应明白指出假设条件是否成立，进而作为市场调研结果的报告。

任务5　撰写市场调研报告

市场调研的最后一步是撰写一份书面报告，向管理层报告结论和建议，也是整个过程中的关键环节。营销调研人员应让管理层相信，依据所收集的数据得出的结论是可信和公正的。

营销调研报告要采用一个合理而清晰的结构，表5-11给出了调研报告的一个基本结构。

表5-11　营销调查报告的结构

封面	报告题目，作者，执行单位，委托单位，日期
目录	内容目录，表目录，图目录，附件目录
执行总结	① 主要结果；② 结论；③ 建议
正文	① 调研问题：背景、问题的陈述 ② 调研方法 ③ 调研设计：调研设计类型，信息要求，二手数据收集，原始数据收集，量表技术，调查问卷设计和预测试，抽样技术，样本设计，现场实施控制 ④ 数据分析：数据分析方法，数据分析方案 ⑤ 调研结果 ⑥ 调研布局 ⑦ 结论和建议
附件	调查问卷及图表，统计分析结果，清单

撰写调研报告既是一个综合的过程，又是一个分析的过程，更是一个“营销”调研报告的过程。要用浅显易懂的文字来写作，要直截了当、简明扼要地表达，避免使用晦涩的词语；应以客观、科学和严谨的态度陈述结果、结论和建议；要善于使用图表辅助正文，做到图文并茂。最后还要让调研报告有一个漂亮和专业的外观。

|拓展提高|

口头汇报与答辩

市场营销调研报告可以分为书面报告和口头报告。在许多情况下，除了向客户提供书面报告外，还有必要向客户作一场口头汇报。而且大多数的客户也希望能听到研究人员的口头汇报，而演示文稿是口头汇报的必备材料。

一、口头报告的重要性及特点

口头汇报可以帮助决策者更好地理解书面报告并采纳其中的意见和建议，同时口头汇报还有助于加强研究人员和客户之间的沟通、交流，并及时解答客户的提问。此外，有些高层管理人员可能没有时间阅读书面报告，因此口头报告也是他们了解调查报告的唯一途径。

口头汇报的特点表现在以下几点：

(1) 能用较短的时间说明所需研究的问题；

(2) 生动、具有感染力，能给对方留下深刻印象；

(3) 能与听众直接交流，便于双方沟通；

(4) 具有灵活性，可对报告内容、时间作必要调整。

二、准备口头汇报的材料

一般来说，向客户作口头汇报之前需要准备好如下几类材料。

1. 汇报提要

为了帮助听众理解报告，应该让每一位听众手持一份关于汇报流程和主要结论的提要。注意：提要中应该留出足够的空间让听众作记录或评述。

2. 视觉辅助

如投影仪、笔记本电脑等应该提前准备并安装好，如果已经安装好，应该再检查一下，以免临时出现问题。一些需要讲解的调查结论、建议等应事先用幻灯软件做成演示文稿。

3. 执行性摘要

每名听众最好都有一份包括调研方法、调研结果、结论与建议的执行性摘要。

4. 最终书面报告的复印件

书面报告是市场营销调研的最终产品，是我们研究结果的一种实物凭证，在口头汇报时应事先准备好几份最终书面报告的复印件。

三、设计演示文稿

演示文稿是用 PowerPoint 等软件制作出来的供演讲人展示用的一组文件，它可以通过计算机、投影仪等播放。演示文稿因其良好的视觉效果而给人以专业化的印象，更有说服力，更可信和更有趣。

演示文稿的设计要注意以下四点。

1. 标题

主标题应该使用大字号，以 44 或 50 号为宜；副标题用 32 号字；举例用 28 号字。用简洁的短语，而非完整的句子。

2. 语言

简练而准确；每张演示文稿中包含 3—5 个观点。更多的内容可放于另一张演示文稿中。

3. 模板

选用的模板最好能与调研的主题有关；可以将公司的图标等放到母板上，以作点缀。

4. 背景

背景文字的颜色反差应该大些，这样读起来会比较方便。

四、成功地进行口头报告

成功的书面报告并不代表成功的口头汇报，而有效的口头汇报可能会弥补书面报告的不足，取得意想不到的结果。要进行一场成功的口头汇报，需要注意如下几点。

（1）精心准备。

（2）充分练习。

（3）出色表现。

（4）留出一定的时间与对方交流。

情境实战演练

小细节大风险

国内一家知名的电视机生产企业，在2004年初设立了20多人的市场研究部门，并分成两组调研团队采用完全相同结构的抽样样本，相同的调研问卷，开展了一次市场调研活动，结果两组调研团队得出的数据结论差异巨大。也是因为此次调查，直接导致该企业市场研究部门被注销、人员被全部裁减。

问卷中有这样一个问题："列举您会选择的电视机品牌？"

其中一组的结论是：有15%的消费者选择本企业的电视机；另一组得出的结论却是，36%的消费者表示本企业的产品将成为其购买的首选。巨大的差异让公司高层非常恼火，为什么完全相同的调研抽样，会有如此矛盾的结果呢？公司决定聘请专业的调研公司来进行调研诊断，找出问题的真相。

普瑞辛格的执行小组受聘和参与调查执行的访问员进行交流，并很快提交了简短的诊断结论：第二组在进行调查执行过程中存在误导行为。首先，调研期间，第二组的成员佩戴了公司统一发放的领带，而在领带上有本公司的标志，其尺寸足以让被访问者猜测出调研的主办方；其次，第二组在调查过程中，向被访问者出示候选题板（无提示问题），而本企业的名字处在候选题板的第一位。以上两个细节，向被访问者泄露了调研的主办方信息，影响了消费者的客观选择。

这家企业的老总训斥调研部门主管："如果按照你的数据，我要增加一倍的生产计划，最后的损失恐怕不止千万。"

（资料来源：http：//biz.163.com/05/0325/19/IFNDB05700021E2Q.html）

思考与讨论

1. 什么是市场营销调研？市场营销调研的内容主要有哪些？
2. 进行市场营销调研应该注意哪些问题？
3. 案例中企业市场营销调研为什么失败？你认为应该如何改进？

职业能力形成训练

一、演练项目

营销团队自选项目进行市场调研。

二、演练目的

培养学生信息收集与分析的能力。

三、演练内容

(1) 明确调研的目的。
(2) 设计调查问卷。
(3) 选择调研对象,进行问卷调查。
(4) 对调查表进行统计分析。
(5) 在调研班级随机选择 10—15 名同学访谈。
(6) 撰写调研报告。

四、演练组织

(1) 确定调研内容及对象。
(2) 以创业小组或学习小组为单位组织营销调研。
(3) 交流、总结。

五、演练考核

(1) 能针对给定的调研项目进行有效的方案设计与实施。(50 分)
(2) 能够设计有效的调研问卷,并对调研数据进行整理分析。(20 分)
(3) 能够撰写完善的调研报告。(20 分)
(4) 精彩的口头汇报。(10 分)

项目六 缔结消费者

西班牙古谚语：欲成为斗牛士，必先认识牛的习惯。

项目目标

知识目标：

◎ 理解消费者市场的含义及特点。

◎ 明确消费者购买需要。

◎ 掌握消费者购买心理类型和购买心理特征。

◎ 领会影响消费者购买的主要因素。

◎ 熟悉消费者购买行为的整个决策过程。

能力目标：

◎ 能灵活运用消费者行为因素和消费者购买决策过程与步骤的一般原理，有针对性地制定营销决策，促进消费者购买行为。

项目引例

“银色”市场的营销策略

老年市场已成为现代企业最关注的市场，某服装企业在开展老年人服装的销售时采用了以下一些营销策略：① 在广告宣传策略上，着重宣传产品的大方实用，易洗易脱，轻便、宽松；② 在媒体的选择上，主要是电视和报纸杂志；③ 在信息沟通的方式方法上主要是介绍、提示、理性说服，而力求避免炫耀性、夸张性广告，不邀请名人明星；④ 在促销手段上，主要是价格折扣，展销会；⑤ 在销售现场，派出中年促销人员，为老年消费者提供热情周到的服务，为他们详细介绍商品的特点和用途，若有需要，还可送货上门；⑥ 在销售渠道的选择上，主要选择大商场，靠近居民区，并设立老年专柜或老年专卖店；⑦ 在产品的款式、价格、面料的选择上，分别采用了以庄重、淡雅、民族性为主，以中低档价格为主，以轻薄、柔软为主，适当地配以“福”“寿”等喜庆寓意的图案；⑧ 在老年顾客的接待上，要求销售人员在接待过程中要以介绍质量可靠、方便健康、经济实用为主，在介绍品牌、包装时注意顾客的神色、身体语言，适可而止，不硬性推销。

一天，在该企业设立的老年服装店里来了大约四五位消费者，从他们亲密无间的言谈上可以推测出这是一家子，并可能是专为老爷子来买衣服的。老爷子手拉一位六七岁的男孩，面色红润、气定神闲、怡然自得，走在前面，后面是一对中年夫妇。中年妇女转了一圈，很快就选中了一件较高档的上装，要老爷子试穿；可老爷子不愿意，理由是价格太高、款式太新，中年男子说：“反正是我们出钱，你管价钱高不高呢。”可老爷子并不领情，脸色也有点难看。营业员见状,连忙说,老爷子你可真是好福气,儿孙如此孝顺,你就别难为他们了。小男孩也摇着老人的手说:“好的好的,就买这件好了。”老爷子嘴上说小孩子不懂什么好坏,但脸上已露出了笑容。营业员见此情景,很快将衣服包好,交给了中年妇女,一家人高高兴兴地走出了店门。

(资料来源:http://wenda.tianya.cn/3ba50c174014d150000475bcb18d46e2.htm)

引例分析

满足消费者需求是企业永恒的话题,而企业对消费者需求的了解则是建立在研究购买行为的基础上的。购买行为研究的核心是主体如何选择、购买和使用特定产品来满足自己的需要和欲望。这家服装企业也是因为根据老年人的消费心理和购买行为制定的营销策略,才使其销售员能迅速把握不同群体的消费心理和购买行为,实施恰到好处的营销,从而顺利实现交易活动。

项目分析

消费者购买行为是指消费者为了满足自身的生存、享受和发展的需要而购买商品和服务的行为。对消费者购买行为的分析是市场信息营销管理的核心内容,也是一切营销活动得以开展的起点,只有对目标顾客进行充分的关注,才能有可能通过产品和服务使顾客的需要得到满足。由于消费者生活在纷繁复杂的社会之中,购买行为受到诸多因素影响,企业需要从消费者的角度去观察和看待产品,并开展有针对性的营销活动,这样才能有效地掌握消费行为。因此,了解消费者市场特征(任务 1),充分挖掘消费者的需要(任务 2),探究消费者信息渠道(任务 3),推进消费者的购买评估选择(任务 4),促进消费者的购买决策(任务 5),开展跟踪消费者的购后行为(任务 6)是分析消费者购买行为的主要任务。

项目实施

任务 1　了解消费者市场特征

一、消费者

消费者是指购买、使用各种消费品或服务的个人与用户。在现实生活中,同一消费品或服务的购买决策者、购买者、使用者可能是同一人,也可能是不同的人。在消费决策过程中,不同类型的购买参与者扮演着不同的角色。如果把产品的购买决策、实际购买和使用视为一个统一的过程,那么,处于这一过程任一阶段的人,都可以称为消费者。

在购买决策过程中,越来越多的产品所涉及的决策成员往往不止一个人。购买角色有多个:

(1) 倡议者——首先提出或想要购买某种商品或劳务的人;

(2) 影响者——提供建议或看法影响最后购买决策的人;

(3) 决策者——对购买决策的某个方面(是否买、买什么品牌、何时买、何处买)给出决定的人;

(4) 购买者——实际去购买的人;

（5）使用者——使用、消费该产品或服务的人。

汽车厂商必须了解谁是决策者，谁是影响者，谁是参与者，因为这些人对产品设计、广告词或价格的确定都有影响。比如，家用汽车的选择，可能是孩子提出买辆新车，朋友推荐新车的类型，丈夫选择了新车的牌子，妻子可能对新车的规格与内装饰有明确的要求，也许丈夫出钱，而妻子用车却比丈夫频繁。那么汽车厂商所做的广告就得面向丈夫，汽车厂商还得设计一些能取悦妻子的性能。了解了主要的参与者和角色，会有助于市场营销人员恰当地安排市场营销计划，拟定恰当的广告词，取得最佳营销效果。

图 6-1　假如某家庭欲购买一辆汽车

二、消费者市场

消费者市场是指为满足生活消费需要量而购买货物和劳务的一切个人和家庭。在市场营销观念的指导下，企业的活动必须以顾客为中心，以市场为导向。企业如果失去了顾客，失去了市场，就不可能生存下去。消费者市场是一切市场的基础，是最终市场。因此，企业要想在营销中出其不意、屡战屡胜，就必须研究消费市场及购买行为、消费者需求的特点和行为模式，掌握市场的基本特点，从而根据特点制定相应的策略。

案例链接

周月华是某大学摄影专业的学生，为了学好摄影技术欲购买一台照相机。周月华的老师建议他购买日本佳能和尼康品牌机，他的同学大多都是购买这两个品牌的相机，周月华的父亲同意让他自己选择品牌。在为期一周的时间内周月华通过去各大商场了解、网络信息搜索、查看佳能和尼康两个品牌的说明书及广告宣传。认为佳能相机在款式和色彩方面比尼康好。便电话告诉父母决定购买佳能单镜头反光照相机一台，型号为 5D2，价格是 16000 元，但周月华的母亲说，家里刚装修完房子，暂时没有那么多余钱，建议周月华购买相机价格应控制在 5000 元以内，并听同事说尼康相机机器机械性能优于佳能，耐用，且近期有赠送礼品活动。2010 年 5 月 1 日周月华在其父亲的陪同下从国储商店购买了一台尼康 D50＋AS 型价格是 4500 元单镜头反光照相机。购回后第二天发现有质量问题，立即拿去商店更换，商店营业员热情地说，这是小问题不用换，修理一下就可以了，周月华拿回了经过维修的照相机，回家使用时发现又出现同样的质量问题，于是拿去商店再次提出更换，商店的值班经理说，不能更换。

【分析提示】消费者的购买活动是一个复杂的过程，消费者购买决策过程会受到许多因素的影响。分析消费者购买过程，保护消费者的合法权益，实施满意的服务是企业开展营销工作的宗旨。

三、消费者市场的特点

（一）需求的无限扩展性

生产力和科学技术的进步，消费者收入水平的不断提高，使他们对商品和劳务的需求也不断向前发展。消费需求呈现出由少到多、由粗到精、由低级到高级的发展趋势。人的需要是无止境的，不会永远停留在一个水平上。一种需要满足后，又会产生另一种需要。这就需要营销者不断开发新产品，开拓市场。

案例链接

随着生活节奏的加快，人们过去完全自己完成的家务现在已经由专门的家政服务公司承担。某公司经理每月花 148 元从家政公司请工人来家打扫卫生，每周六下午服务 3 小时，他觉得把以前自己打扫的卫生给家政做是值得的。

（二）需求的差异性

消费者受到年龄、性别、性格、生活习惯、文化水平、职业、收入、教育程度、市场环境、民族等多种因素的影响具有不同的消费需求和消费行为。

案例链接

根据 2008 年 11 月底由美国棉花公司和美国国际棉花协会共同完成的全球消费者调查报告揭示，全球有超过六成的消费者(62%)热爱或喜欢穿牛仔服装。其中德国消费者是最忠实的牛仔粉丝，高达 88%的消费者；美国为 78%；巴西为 72%；日本为 69%。同时全球消费者偏向于寻求易于打理的服装，包括抗皱和防污的功能性服装。

（资料来源：节选、修改自中国纺机网《全球消费者关于面料和购买偏好的调查》一文）

（三）需求的可诱导性

因为消费者在采取购买行为时具有自发性和感情冲动性；同时消费者在购买商品时大多缺乏商品专业知识和市场知识，属于非专业性购买，他们对产品的选择受到广告、宣传的影响较大。

（四）需求的发展性

随着社会经济的发展，生活水平不断提高，消费者对商品和服务的需求从数量、质量和品种上都在不断地发展。对不同产品或同类产品的不同品种、规格、性能、式样、服务、价格会有多种多样的需求。许多潜在的消费需求不断地变成现实的购买行为，改变着消费者的生活方式。

案例链接

在网上买衣服，在网上买家电，在网上买化妆品……在一些年轻人眼里，网购不仅仅是时尚，而且正在渐渐成为一种生活方式。

（五）需求的替代性

商品的专用性不强，大多数商品有较强的替代性。即商品间的功能相似，可以相互代替。如洗手液对香皂的替代性，咖啡对茶的替代性等。因此，企业需要及时掌握商品的更新换代趋势，及时调整所生产的产品品种。

（六）需求的季节性

消费需求的季节性是指消费者的需求因季节不同而不同。需求季节性分为三种情况：① 季节气候变化的季节性消费，如冬天购买棉衣，夏天购买单衣；② 季节性生产而引起的季节性消费，如春夏季是蔬菜集中生产的季节，也是蔬菜集中消费的季节；③ 风俗习惯和传统节日引起的季节性，如端午节吃粽子，中秋节吃月饼。

任务 2 挖掘消费者的需要

如何唤起消费者的需要，对营销人员来说是非常重要的。营销人员在这一阶段的任务是了解与本企业产品有关的现实的和潜在的需要，在价格和质量等因素既定的条件下，一种产品如果能够满足消费者的多种或多层次需要，就能够吸引更多的购买行为；了解消费者的需要随时间推移以及外界刺激强弱而波动的规律性，以设计诱因、增强刺激、唤起需要为目的，最终唤起消费者采取购买行动。

案例链接

一对夫妇准备卖掉他们的住房，他们委托一位房地产经纪商承销。这个房地产经纪商请老夫妇出钱在报纸上刊登了一则广告。广告内容很简单“出售住宅一套，两室一厅，壁炉、车库、浴室一应俱全，交通十分便利”。

广告刊出一个月后无人问津，老夫妇俩又登了一次广告。这次是由营销员亲自拟写的广告词“住在这所房子里，我们感到非常幸福。只是由于两个卧室不够用，我们才决定搬家。如果您喜欢在春天呼吸湿润、新鲜的空气；如果您喜欢夏天庭院绿树成荫；如果您喜欢在秋天一边欣赏音乐，一边透过宽敞的落地窗极目远望；如果您喜欢在冬天的傍晚全家人守着温暖的壁炉喝咖啡的气氛——那么请您购买我们这所房子。我们也只想把房子卖给这样的人”。

广告登出不到一个星期，他们就顺利地搬了家。

【分析提示】营销既是一种方法也是一种艺术。在营销活动中，如果营销人员能够有效利用营销艺术，不仅可以唤起消费者的消费需求，而且可以加速消费者将购买意图转化为购买行为。

（资料来源：http://www.dsw8.cn/xuexi/zhixiao/41786.html）

一、消费者需要与需求

（一）需要概述

消费者的需要是指人们在个体生活和社会生活中感到某种缺乏而力求得以满足的一种心理状态，它是人和社会的客观需求在人脑中的反映。包括物质的和精神的需要。

美国心理学家马斯洛(A. H. Maslow)将人类的需要分为由低到高的五个层次。其中：生理需要和安全需要属于生理的、物质的需要，社交需要、尊重需要和自我实现需要属于心理的、精神的需要(如图 6-2 所示)。

(1) 生理需要，是人们最原始、最基本的需要，如吃饭、穿衣、住宅、医疗，等等。若不满足，则有生命危险。它是最强烈的不可避免的最底层需要。

(2) 安全需要，即在生理及心理方面免受伤害，获得保护、照顾和安全的需要。要求劳动安全、职业安全、生活稳定，希望免于灾难、未来有保障等。

(3) 社交需要，也叫归属与爱的需要，是指个人渴望得到家庭、团体、朋友、同事的关怀、爱护、理解，是对友情、信任、温暖、爱情的需要。

(4) 尊重需要，可分为自尊、他尊和权力欲三类，包括自我尊重、自我评价以及尊重别

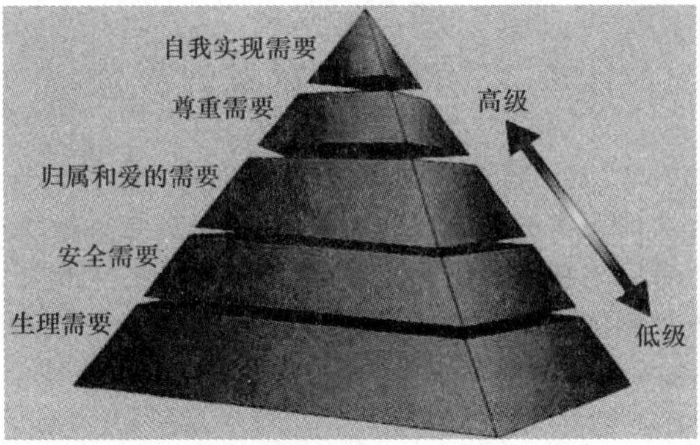

图 6-2 马斯洛需求层次理论

人。与自尊有关的，如自尊心、自信心，对独立、知识、成就、能力的需要等。

(5) 自我实现的需要，这是最高等级的需要。满足这种需要就要求完成与自己能力相称的工作，最充分地发挥自己的潜在能力，成为所期望的人物。这是一种创造的需要。有自我实现需要的人，会竭尽所能使自己趋于完美。自我实现意味着充分地、活跃地、忘我地、集中全力全神贯注地体验生活。

在马斯洛看来，人都潜藏着这五种不同层次的需要，但在不同的时期表现出来的各种需要的迫切程度是不同的。人的最迫切的需要才是激励人行动的主要原因和动力。人的需要是从外部得来的满足逐渐向内在得到的满足转化。

任何一种需要并不会因为下一个高层次需要的发展而告消失，各层次的需要相互依赖与重叠，高层次的需要发展后，低层次的需要仍然存在，只是对行为影响的比重减轻而已。

试验证明，当人待在漂亮的房间里面就显得比在简陋的房间里更富有生命力、更活泼、更健康；一个善良、真诚、美好的人比其他人更能体会到存在于外界中的真善美。当人们在外界发现了最高价值时，就可能同时在自己的内心中产生或加强这种价值。总之，较好的人和处于较好环境的人更容易产生高峰体验。

案例链接

美国市场营销专家菲利普·科特勒曾把人们的消费行为大致分为三个阶段：第一是量的消费阶段，第二是质的消费阶段，第三是感性消费阶段。在第三阶段，消费者所看中的已不是产品的数量和质量，而是与自己关系的密切程度。他们购物在很多时候是为了追求一种情感上的渴求，或者是追求一种商品与理想的自我概念的吻合。随着消费需求的日趋差异化、多样化、复杂化，现代社会进入了重视“情绪价值”胜过“机能价值”的时代，即人们更加重视个性的满足、精神的愉悦、舒适及优越感。

（资料来源：选自由朱汉春、郑健、冯艺编写的《破解消费者行为的秘密》）

（二）现实需要与潜在需要

(1) 现实的需要是指目前具有明确的消费意识和足够的支付能力的那部分需求。

(2) 潜在需要是指未来即将出现的消费需求。潜在需要表现形式有两种：① 具有明确的消费意识，但目前缺乏足够的支付能力的那部分需要。② 有足够的支付能力，但由于目前消费者的消费意识不太明确或市场上还没有出现他所期望的产品，因而没有形成现实需求的那部分需求。

营销者的任务就是要想办法把消费者潜在的需要变成现实的需要。如通过分期付款满足支付、加强宣传引导消费、开发新产品、改革现有产品满足需要。

案例链接

多重刺激促进楼市交易

2009 年，政府对楼市出台了一系列组合拳，首付降低、税费减免、房贷利率优惠、增加公积金贷款额度等。对低迷已久的楼市频吹强劲暖风，意在促进交易量，从而带动内需，提振经济。老百姓也开始从被动观望转向主动问津，本来门可罗雀的房产中介现在接到的咨询电话开始多了，出来看房的人也多了。

随着楼市渐热，政府从鼓励变成限制，很多政策取消了，房价却一路上涨，既然需求是刚性的，一定得买，那么晚买不如早买，至少房子买空卖空不会像股票那样虚拟，房子是实实在在的，不然当政策利好导致成交井喷的时候，恐怕又要看售楼小姐"朝南坐"的面孔了。

（资料来源：选自《新民晚报》2009 年 2 月 6 日）

二、消费者购买心理类型

（一）从众心理

以追求产品的时尚性为主要特征的购买心理。年轻的消费者往往是崇尚时髦的急先锋，他们不仅喜爱自己偶像的服饰和发型，甚至还不知不觉模仿明星的动作和语气，从而在消费市场上形成时尚热和流行潮。如越来越多的有车族希望在节假日自己驾车旅行，打造玩帅、要酷的新锐生活，在回归大自然中享受迎接挑战的生活乐趣。

（二）求名心理

以追求产品的知名度为主特征的购买心理。比较注重产品的品牌、产地及其社会声誉。看名人演出，去名山旅游，满足其心理上的优越感受和自我成就感。

（三）惠顾心理

购买某一地区的名优土产品。其购买行为具有馈赠的特点。

（四）炫耀心理

购买动机有虚荣心，购买贵重商品、紧俏商品和时髦商品。

（五）求实心理

以追求实用性为主要特征的购买心理。

（六）占有心理

购买动机具有稀缺性，购买商品是为了收藏和保值，如：购买有价证券、文物古董、名人字画和珍贵工艺品等。

（七）享受心理

购买动机具有养生性和保健性。如：购买高档生活用品和文化用品。购买行为具有求质、率先的特点。如：打高尔夫。

（八）保值心理

守财性、盲目性、冲动性和抢购性的特点。如：某老师认为购买多套房子比把钱存放在银行里更增值。

（九）好恶心理

购买具有主观性和选择性，只购买自己认定的商品。

（十）怀旧心理

具有复古性、观赏性。购买某一时期特征的传统商品或仿古制品。如购买明清家具。

三、消费者购买行为分析

（一）消费者购买行为概念

消费者购买行为是指消费者为个人和家庭而购买商品和劳务的行为。消费者行为的形成过程是一个复杂的过程。差异性很大，是企业无法控制的，但企业可以通过分析把握方向，通过制定相应的营销组合策略来影响和控制购买行为。

案例链接

我国第一家民营汽车公司——浙江吉利控股集团有限公司，在了解中国消费群体购买行为的基础上，提出了“造中国老百姓买得起的汽车”的口号。自主开发和研制了包括发动机及自动变速箱等所有零部件在内的中国人自己的汽车。1997 年进入汽车制造领域以来，凭借灵活的经营机制和不断的观念创新，快速成长为中国经济型轿车的主力品牌，其资产总值达到 105 亿元，连续四年进入全国企业 500 强，被评为“中国汽车工业 50 年发展速度最快、成长最好”的企业，跻身于国内汽车行业十强。2009 年 12 月 23 日，成功收购沃尔沃汽车 100%的股权。

吉利集团董事长李书福说：“我们要让中国的汽车跑遍全世界，而不是全世界的汽车跑遍全中国”。

（资料来源：http://www.geely.com/introduce/memorabilia/index.html）

【分析提示】吉利集团生产的车，满足了大多数中国老百姓的购车需要。

（二）消费者的购买行为 7O’s 分析

营销人员应该了解消费者购买行为 7O’s 分析框架。

（1）是谁购买？需确定形成购买群体的是哪些人（Occupants）。消费者购买决策的参与者包括：发起者、影响者、决策者、购买者、使用者。

（2）为什么买？需确定购买目的、权衡购买动机（Objectives）。消费者的购买动机是多种多样的，同样购买一台洗衣机，有的人是为了节约家务劳动时间，有的人是为了规避涨价风险，有的人则是为了显示富有。

（3）买什么？需确定具体的购买对象（Objects）。包括商品的名称、品牌、商标、款式、规格和价格。

（4）买多少？需确定购买的数量（Outputs）。购买数量一般取决于实际支付能力及市场的供应情况。如果市场供应充裕，那么消费者既不急于购买，买的数量也不会太多，如果市场供应紧张，那么即使目前不是急需或支付能力不足，也会负债购买。

（5）在哪里买？需确定购买地点（Outlets）。购买地点是由多种因素决定的，如路途远近、可挑选的品种数量、价格以及服务态度等。它既与消费者的惠顾动机有关，也与消费者的求廉动机、求速动机有关。

（6）何时买？需确定购买时间（Occasions）。购买时间也是购买决策的重要内容，它与主导购买动机的迫切性有关。在消费者的多种动机中，往往由需要强度高的动机来决定购买时间的先后缓急；同时，购买时间也与市场供应状况、营业时间、交通情况和消费者可供支配的空闲时间有关。

（7）如何买？需确定购买方式（Operations）。购买方式即函购、邮购、预购，还是代购；是付现金、开支票，还是分期付款等。

（三）消费者购买行为模式

研究消费者行为的模式有很多，其中最具有代表性的是刺激-反应模式。

了解消费者的需要，分析消费者的购买行为，可以比做调查一个“黑箱”。营销人员要知道对消费者进行刺激，也可以监督刺激所产生的反应，但很难洞察“黑箱”里的内部运作。虽然不能直接观察“黑箱”内的活动，我们仍然可以通过这种刺激-反应模式，探讨影响消费者购买行为的因素。刺激-反应模式用图 6-3 表述为：市场营销因素和市场营销环境因素对购买者产生了刺激，而购买者根据自己的特征处理这些信息，经过一定的决策过程完成购买行为。

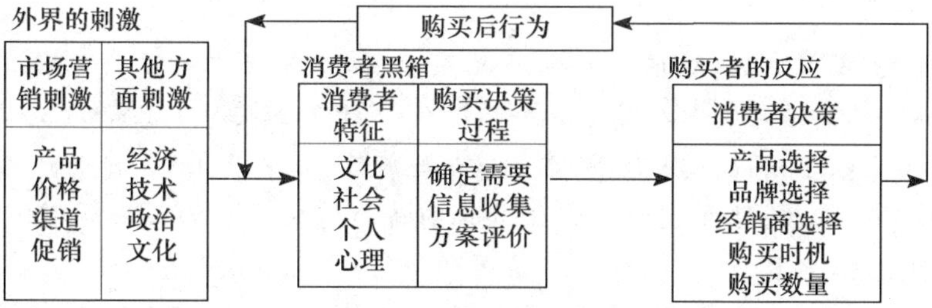

图 6-3 刺激-反应模式

由此可看出影响消费者购买行为的主要因素有：文化、社会、个人和心理等（如图 6-4 所示），它们贯穿于购买决策的始终。营销人员要深入挖掘其内涵，适时调整营销策略。

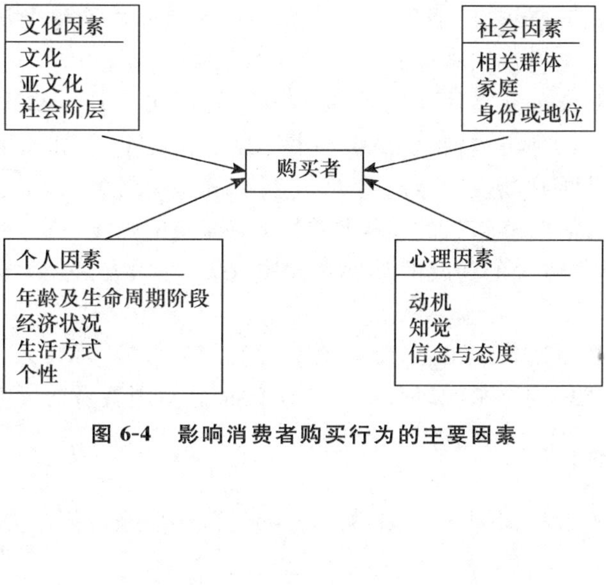

图 6-4 影响消费者购买行为的主要因素

案例链接

“山寨族”的生活方式

在“山寨”的世界里，“可口可乐”变成了“可日可乐”，“雪碧”变成了“雪霸”，“康师傅红茶”变成了“康帅傅红茶”，“LV 女包”变成了“lv 女包”……诸多身份尊贵的名牌大牌产品有了“山寨版”后沦为“白菜价”，不少消费者被弄得晕头转向，“山寨族”则对此拍手称快。

“早上，我被‘山寨版’鸟巢造型的手机的铃音叫醒，洗脸后抹上‘迪澳’润肤霜，泡上一碗‘康帅傅’红烧牛肉面，再喝袋‘豪牛’牌酸酸乳，然后潇洒地穿上一身‘阿迪瓦斯’运动服出门上班……”这是杭州一位“山寨族”在网上晒出的“山寨版”生活。

“山寨”一词起源于广东，最早出现的词为“山寨机”，用来称呼抄袭、模仿知名手机生产厂家的经典机型的手机。此后，随着“山寨服装”“山寨食品”“山寨药品”甚至“山寨一条街”的出现，市场上刮起了猛烈的“山寨风”，对此消费者感到迷惑。虽然“山寨”产品也因质量问题给不少消费者带来过困扰，但社会上崇拜“山寨”产品的也不乏其人，这些人自封为“山寨族”。在他们眼中，“山寨”并非抄袭，而是“99%的克隆加上 1%的原创”，注重的是“神似”。

年轻“山寨族”不在少数，从播放器到液晶显示器，从笔记本电脑到冰箱，“我 5 年内买了 3 部上千元的手机，结果要么被偷了，要么摔坏了，还不如买个‘山寨机’呢，价格便宜，功能齐全。”大四学生张小娟说。现如今，在不少“山寨族”心中，“山寨”产品已经变成了一种文化，是创意和草根精神，旨在反对大牌公司的垄断和霸权。一些人认为，创新和娱乐精神是“山寨”文化的核心内容。

（资料来源：选自《生活观察：“山寨”风劲刮，消费者是福还是祸》，新华网，2008 年 12 月 9 日）

任务 3　探究消费者信息渠道

假如你是周月华想要照相机，请你站在消费者的角度分析你将会从哪些信息渠道获得相关产品的信息？企业又应该怎样更好地开发这些信息渠道呢？

消费者形成了购买某种商品的动机后，就要从事与购买它有关的活动。在多数情况下，尤其是不熟悉这种商品的种类、特性、品牌、价格、出售地点等情况时，消费者总是在收集一定的信息并对其进行分析判断后才做出购买决定，实施购买行为的。这时，消费者增强了对有关信息的注意。消费者收集信息的积极性，主要与需要的强度有关；收集信息的数量和内容，主要与所遇到或所要解决的问题的类型和性质有关，并因购买行为类型的不同而有很大的差别。

为了有效地向目标市场传递信息，影响消费者的购买行为，营销人员在这一阶段的任务是探究消费者获得信息的主要来源以及不同来源的信息对消费者的影响程度。

一、探究消费者的信息来源

消费者信息来源有商业来源、个人来源、公共来源、经验来源四个方面，如图 6-5 所示。

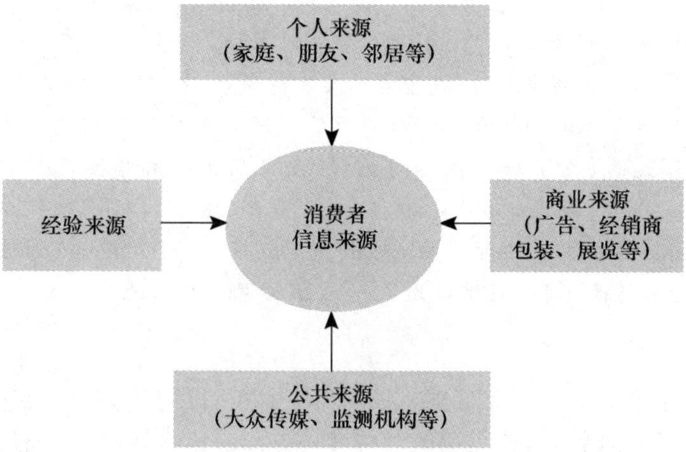

图 6-5 消费者信息来源

（一）商业来源

此类信息指营销企业提供的信息。这是消费者获取信息的主要来源，其中包括从广告、销售人员的介绍、商品陈列或展示会、商品包装、产品说明书等方面得到的信息。

（二）个人来源

此类信息指消费者从家庭成员、朋友、邻居、同事及其他熟人等方面得到的信息。这种信息主要是指“相关群体”当中的基本群体和直接群体带来的建议和影响。

相关群体指能够直接或间接影响消费者购买行为的个人或集体。由具有某种共同特征的若干消费者组成。

相关群体有 3 种形式。

(1) 主要团体，包括家庭成员、亲朋好友和同窗同事。主要团体对消费者的购买行为发生直接和主要的影响。

(2) 次要团体，即消费者所参加的工会、职业协会等社会团体和业余组织。这些团体对消费者购买行为发生间接的影响。

(3) 期望群体。消费者虽不属于这一群体，但这一群体成员的态度、行为对消费者有着很大影响。如仰慕电影明星、体育明星或领袖伟人等。

相关群体对消费者购买不同商品的影响是有所区别的。一般来说，当消费者购买引人注目的产品（如汽车、服装等）受相关群体的影响较大，而购买使用时不太引人注意的产品（如洗衣粉等）则不受相关群体的影响。

（三）公共来源

是指消费者从电视、电影、广播和报纸杂志等大众传播媒介的客观报道、消费者组织的评论等方面得到的信息。

案例链接

娱乐左右消费市场

汽车是适合在影视时装作品中露面的商品。《蜘蛛侠》续集在杭州热映的时候，据说电影放映前的广告和海报里均出现雪佛莱“spark”这一车型。9 月底“spark”价格下调，加上热门电影的影响力，杭州市场上的“spark”销量立刻上涨，销量是之前的十倍！一位汽车迷告诉记者，很多车迷看欧美电影时会特意留意其中的靓车，法国影片《的士司机》中的“标致206”，《偷天换日》中的“mini-cooper”等，都成为后来汽车市场的热门之选。

有心人给《天下无贼》作了一个粗略的统计，在里面出现的各类有广告嫌疑的商品有：手机、电脑、打印机、汽车、数码相机、网站、电信运营商、糖果、润滑油、报纸、家具……在众多与影视作品和娱乐明星伴生的商品中，电脑、手机、数码产品、汽车、珠宝、时装等时尚前卫的产品无疑是最吸引眼球的，促销效果也是最立竿见影的。

（四）经验来源

此类信息是指消费者通过亲自接触、试验或使用商品得到的信息。在这个阶段，消费者的主要目标是寻找信息资料，因此企业的营销者一方面应该告知购买者“我有你要的产品”，并针对购买者寻找信息的渠道，做好商品广告宣传；另一方面，应当搞好商品陈列，主动介绍商品，讲究商品包装，把消费者的注意力吸引到所需商品上来，促使购买行为的发生。

二、探究不同信息来源对消费者的影响程度

一般来说，消费者经由商业来源获得的信息最多，其次是公共来源和个人来源，最后是经验来源。但是，从消费者对信息的信任程度看，经验来源和个人来源的信任程度最高，其次是公共来源，最后是商业来源。

研究认为，商业来源的信息在影响消费者购买决定中起“告知”作用，而个人来源信息则起评价作用。营销人员应通过市场调查探究消费者的信息来源以及何种来源的信息最有决定作用，以便开发相关的信息渠道，如表 6-1 所示。

表 6-1　大学生购买产品的信息来源渠道

信息渠道来源	便携式移动产品	电脑或其外设产品	个人护理产品	饮食产品	运动产品	银行
同学朋友推荐	54.6%	52.0%	51.8%	46.3%	46.3%	28.7%
电视广告	47.4%	38.4%	46.1%	45.2%	41.1%	25.5%
报纸广告	36.1%	37.6%	37.3%	42.2%	31.4%	25.2%
亲身经历或接触	34.5%	36.0%	31.5%	27.7%	31.4%	20.5%
优惠促销	34.0%	31.4%	31.2%	27.1%	29.7%	19.5%

资料来源：21 世纪中国大学生消费与生活形态研究（CUS，2005 年）

三、设计信息传播策略，开发有效的信息渠道

商品在消费者头脑中会形成三个集合。对打算购买某种商品的消费者来说，当时市场上出售的各种品牌、各种形式的这种商品就构成了一个全部的集合。消费者通过收集信息，逐渐了解了这种商品的有关情况并进行了初步评价和筛选后，这种商品就在消费者的头脑中依次形成了三个集合：

（1）知道的集合，即市场上出售的各种品牌、各种形式的这种商品中消费者知道的部分；

（2）考虑的集合，即知道的集合中消费者考虑购买的部分；

（3）选择的集合，即考虑的集合中消费者要进一步评价选择以便做出最后购买决定的

部分。

从知道的集合到选择的集合，范围越来越小。针对这种情况，企业市场营销部门的工作任务是根据实际需要设计和安排市场营销组合，以加强信息的影响力或有效性，开展有效的营销活动，千方百计地使自己的产品依次进入消费者知道的集合、考虑的集合以至选择的集合，否则企业将失去向顾客提供自己产品的机会。

任务 4　推进消费者的购买评估选择

案例链接

由于住宅的购买与人们的生活息息相关，影响其购买决策的因素繁杂。因为其专业性强、参考信息广泛、参与决策的人多，时间长、后验性强、综合成本高、风险大等特点，使得每个购买者在购买住宅时都变得十分理性。调查显示，住宅购买者从产生购买动机到最终完成购买，耗费的时间最少的为 1—2 个月，最长可达一年以上，平均耗时为六个月。在购买过程中，购买者大都经历了收集售楼信息、电话询问、楼盘实地考察、售楼处咨询、请教专业人士、征求亲朋好友意见、家庭会议商议等多个环节。慎重型的住宅购买者或家庭甚至会经过几轮这样的过程。

评估选择就是消费者如何处理信息和选择品牌。实践经验告诉我们，没有任何一种简单的评估过程适合于各种购买情况，在不同的情况下，有不同的评估过程。假如我们已经收集了关于购买房的信息，接下来你会对这些信息进行评估，以便做出决策。你将从哪些方面评估选择呢？企业又应该如何推进消费者的评估选择？

一般而言，消费者的评估行为涉及以下三个方面。

一、产品属性

产品属性指产品所具有的能够满足消费者需要的特性。产品在消费者心中表现为一系列基本属性的集合（如表 6-2 所示）。

表 6-2　不同产品的属性集合

产　品	属性集合
冰箱	制冷效率高，耗电量少，噪音低，经久耐用
计算机	信息存储量大，运行速度快，图像清晰，软件适用性强
照相机	使用方便程度，相机大小、价格
宾馆	洁净，舒适，用品齐全，服务周到，交通方便，收费合理
住宅	户型好，交通方便，小区环境好，物业费合理，网络开通

消费者可以在一个产品上面找到一组产品属性，比如照相机，产品属性可能包括使用方便程度、相机大小、价格和其他方面。哪些属性有用，不同的消费者有不同看法，他们最注意与自己需要相关的部分。对于消费者特定的需要来说，不同属性重要程度不同。

在价格不变的条件下，一个产品有更多的属性将更能吸引顾客购买，但是会增加企业的成本。营销人员应了解顾客主要对哪些属性感兴趣，以确定本企业产品应具备的属性。

二、品牌信念

品牌信念指消费者对某品牌优劣程度的总的看法。不同品牌照相机有不同属性，消费者会找出信任品牌的依据，对于给定的品牌的信任依据被称作品牌形象。根据经验和选择性注意、选择性曲解和选择性记忆，消费者的信任不一定与产品的属性一致。

三、效用要求

效用要求指消费者对该品牌每一属性的效用功能应当达到何种水准的要求。或者说，该品牌每一属性的效用功能必须达到何种标准他才会接受。消费者期望的产品总满意度会随不同的产品属性变化。例如，对照相机消费者可能有如下期望：满意只能来自最终的图像质量；选一个中等大小的照相机而不是太小的或太重的；情愿买一个 35 毫米的照相机，而不是 110 毫米的。如果综合这些能使消费者最满意的属性，我们可以找到消费者最满意的照相机。

消费者通过对不同品牌的评估过程产生对产品的态度。人们发现，消费者的评估过程由一个或几个步骤组成，主要取决于消费者本人和购买决策的情况。

任务 5　促进消费者的购买决策

在对 100 名声称年内要购买 A 牌家用电器的消费者进行追踪研究以后发现，只有 44 名实际购买了该产品，而真正购买 A 牌家用电器的消费者只有 30 名。因此，只让消费者对某一品牌产生好感和购买意向是不够的，真正将购买意向转为购买行动，期间还会受到几个方面的影响。

一、他人的态度

消费者的购买意图，会因他人的态度而增强或减弱。如果与他关系很密切的人坚决反对；如果消费者的丈夫（妻子）觉得应该买价格低的产品，那么买贵重产品的可能就减少了。他人态度的影响力取决于以下三个因素。

（1）他人否定态度的强度。他人的否定态度越强烈，影响力就越大。

（2）他人与消费者的关系。他人与消费者的关系越密切，影响力越大。

（3）他人的权威性，他人对此类产品了解的专业水平越高，则影响力越大。

需要注意的是，消费者在购买活动中可能扮演不同的角色，尤其是一些以家庭为单位的消费者。一般说来，家庭中日用品的购买决策由妻子做出，而耐用品的购买决策由丈夫做出或家庭成员讨论做出。

二、意外的情况

消费者购买意向的形成，总是与预期收入、预期价格和期望从产品中得到的好处等因素密切相关的。如消费者收入变化，有关商品行情的新变化，购物环境、营业员的态度等不可预料的情况，都可能使消费者改变或放弃购买意向。如更换品牌、改变地点、减少数量或推迟采购等，如图 6-6 所示。

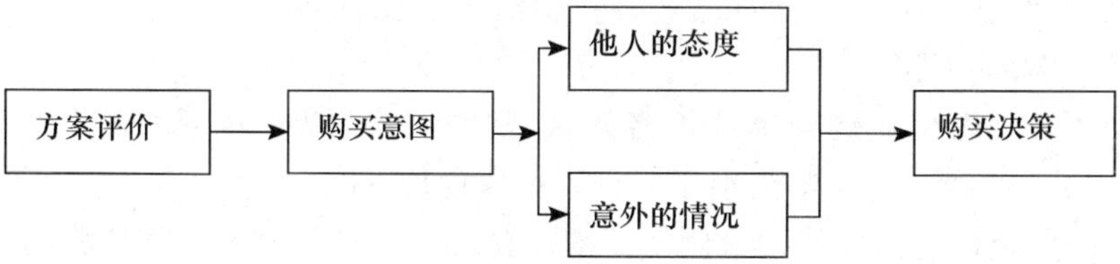

图 6-6 影响消费者购买决策的因素

如果预期条件受到一些意外因素的影响而发生变化，购买意向就可能改变。顾客一旦决定实现购买意向，必须做出以下决策：

(1) 产品种类决策，即在资金有限的情况下优先购买哪一类产品；

(2) 产品属性决策，即该产品应具有哪些属性；

(3) 产品品牌决策，即在诸多同类产品中购买哪一类品牌；

(4) 时间决策，在什么时间购买；

(5) 经销商决策，到哪一家商店购买；

(6) 数量决策，买多少；

(7) 付款方式决策：是一次性付款还是分期付款，是现金购买还是其他方式购买等。

三、消费者购买行为类型

消费者的购买行为既有简单的，也有复杂的，这两种购买行为有很大区别。一般越是复杂的购买决策，越会牵涉购买者更多地考虑和更多地购买参与。西方市场营销学专家以购买者的参与程度和品牌的差异性程度为基础，将消费者的购买行为划分为以下四类。

(一) 复杂型购买行为

复杂购买行为发生在消费者购买比较昂贵的、不经常购买的、有风险的而且非常有意义的产品时，例如，房屋、汽车、室内装修、园林设计。由于品牌差异较大，消费者对产品缺乏了解，因而需要一个学习过程，使消费者广泛了解产品的性能、特点，从而对产品产生某种看法，最后决定购买。

营销策略：营销者应该采取有效的措施帮助消费者了解产品性能，并介绍产品的优势及其给消费者带来的利益，从而影响购买者的最终选择。必须了解消费者进行信息收集并加以评价的行为。制定出各种策略来帮助消费者了解产品的各种属性，属性的重要程度以及公司品牌在比较重要的属性方面的名望。必须突出品牌的这些特征，利用主要印刷媒体和详细的广告文稿来描述，并发动商店售货员和购买者的朋友以便影响购买者对品牌的最终选择。

(二) 和谐型购买行为

和谐型购买行为发生在购买价格高、品牌差异不大的商品时。参与程度也高，品牌差异不大，只在价格、售后等方面比较。买后就是不满意也会找理由证明自己决策的正确性，经过由不协调到协调的过程，消费者会有一系列的心理变化。如，购买彩电、空调、美容院、高档服装。

营销策略：市场营销沟通的目标应该是提供有助于购买者对自己所选品牌寻求平衡的信念与评价。注重运用价格策略和人员推销策略，选择最佳销售地点，并向消费者提供有关产品评价信息,使其在购买后相信自己做了正确的决策。

(三) 习惯型购买行为

习惯型购买行为发生在购买单位价格低、经常购买、品牌差异不大的商品时。价格低,参与程度低,商品不需要比较,购买出于习惯。如,食盐、味精。

营销策略:① 运用价格和促销来刺激试销很有效;② 广告时要注意广告词强调的重点要少,视觉符号和形象非常重要,要便于记忆,简短且不断重复,电视广告比印刷广告效果好;③ 设法将参与程度低的产品转变为参与程度高的产品,可将产品和某些相关问题联系起来。

(四) 需求多样化购买行为

需求多样化购买行为发生在购买价格低、品牌差异大的商品时。消费者可能会经常换品牌,是为了寻求消费的多样化,尝尝新鲜或喜欢多种体验,并非对商品不满。如化妆品、香水、方便面、饮料等。

营销策略:市场领导品牌可通过占领货架、避免脱销及提示性的频繁广告来鼓励习惯性的购买行为。而对市场领导品牌进行挑战的品牌则应通过低价、优惠、赠券、免费样品及强调使用新产品的广告活动来寻求变化的购买行为。

任务 6　跟踪消费者的购后行为

案例链接

35 个紧急电话

一位名叫吉埃丝的美国记者,有一天来到日本东京旅游。她在奥达克余百货公司买了一台电唱机,准备作为礼物带回家送给母亲。这是一台尚未启封的唱机。回到住处,当吉埃丝拆开包装时,才发现这台唱机没装内件,根本无法使用。吉埃丝火冒三丈,决定第二天一早就去百货公司交涉,同时她迅速写了一篇新闻稿,题目是"笑脸服务背后的真面目",准备投寄到报社。

次日天刚亮,吉埃丝就被门铃声叫醒,起来一看,两个陌生人站在门外:一个是奥达克余百货公司的总经理,一个是商场客服部主管。他俩一见吉埃丝就俯首鞠躬,然后连声道歉。吉埃丝一时搞懵了,她弄不清楚百货公司是如何找到她的。那位主管打开记事簿,讲述了事情的大致经过。昨日晚上清点商品时,主管人员发现售货小姐将一个空心的唱机货样卖出去了。总经理马上召集有关人员,一场大海捞针式的"寻找顾客"的战役开始了。

当时只有两条线索可供参考,顾客的签字和她留下的一张名片。百货公司马上拨打顾客的手机电话,结果是"无法接通";再向东京的各大宾馆查询,回答是"查无此人";于是他们打电话到美国吉埃丝就职的报社,找到了她最要好的女友,并通过她,得知了吉埃丝父母的电话号码;接着他们联系上吉埃丝的父母,由此得到她东京朋友家的电话号码;于是,通过东京的朋友,他们知道了她寄住的地址。这期间他们一共打了 35 个电话,直到凌晨才知道了吉埃丝的准确下落。

职员说完,总经理拿出一台完好无缺的唱机,外加一张唱片和一盒蛋糕一同奉上,并再次表示了歉意。吉埃丝万分感动,立即重写了一篇新闻稿,题目是:《35 个紧急电话》,高度赞扬奥达克余百货公司的行为。《35 个紧急电话》见报后,反响强烈,该公司声名鹊起。

【分析提示】售后服务是现代营销活动的重要环节，一次满意的售后服务会给企业带来意想不到的收获。

（资料来源：http：//yingyu.100xuexi.com/view/examdata/20120509.html）

购买者对自己购买的商品通过自己使用或通过他人评估，对满足自己预期的反馈，可以分为满意和不满意两种情况。营销者应关注消费者如何使用和处置其所购买的产品。

一、购后满意、重复购买与品牌忠诚

一般情况下，消费者预期需要越高，越不需要取得很高的满足程度。消费者是否满意，会直接影响他购买后的行动，表现在：如果感到满意，他下次很可能购买同一牌子的产品，而且会不断称赞该产品，这往往比广告宣传更为有效。就会形成对品牌忠诚，产生重复购买。

重复购买是指消费者对某一品牌不一定具有情感上的或情绪上的偏爱，但一直重复购买该品牌。

品牌忠诚是指消费者对于某一品牌或厂家具有情感上的偏爱，他们会以一种类似于友情的方式喜欢该品牌，并在较长一段时间内购买该品牌的商品。

营销人员应该认识到，忠诚消费者比单纯的重复购买者为企业带来的利润更多。

二、购买后不满意

消费者的期望与产品质量之间的差距越大，消费者购物后产生不满意的体验就越深刻。这种现象也被称作购买后失调。消费者在购买后不满意，除了可能要求退货或寻找能证实产品优点的信息来减少心理不和谐外，还常常公开或私下发泄不满，如图 6-7 所示。

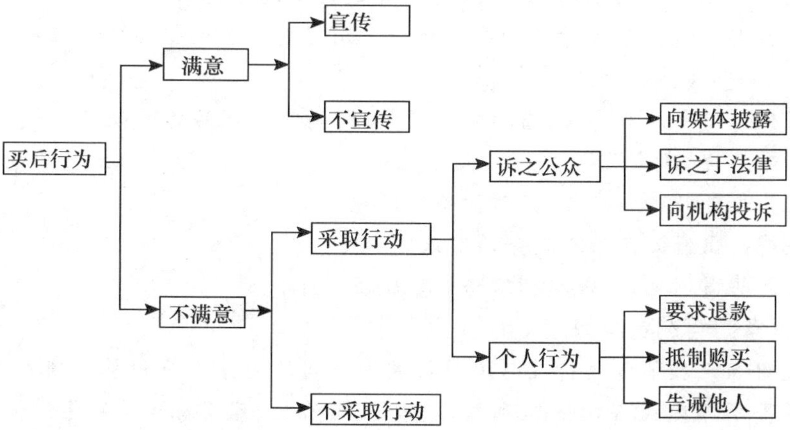

图 6-7　消费者购买后行为表现

现代营销观念认为稳定的市场份额比高额利润更为重要，所以认真对待消费者买后的态度和行为是企业营销活动中的重要一环。营销者不应等到顾客不满意时自动出来抱怨。大约 96%不愉快的顾客从不向企业讲他们遇上的问题，因此，企业应该建立一个系统，如严格检验、征求意见、购买后沟通、提供投诉和赔偿渠道等方式，了解自己做得怎样和如何改进。许多知名品牌企业十分注意售后服务，甚至提供五星级服务以维护并提高其品牌形象。稳定老客户，吸引新顾客。3M公司声称，它三分之二的新产品设计来自顾客的抱怨。光听还不够，公司必须对听到的抱怨做出建设性的反应。除了了解意见和对抱怨做出反应，营销者还可以有其他方法减少消费者的不满，并帮助消费者对购买感到满意。例如，丰田公司写信或打电话给买了新车的人，祝贺他们选了一辆好车，并在广告中表现买了新车的人的喜悦："我喜欢你为我做的，丰田！"

案例链接

美国PIMS战略设计院做过一项调查，研究报告显示：开发新客户比维护旧客户要多花5倍的成本；若客户对企业的服务有正确的评价，每位客户平均告诉5人；96%的客户遇到不好的服务，当场不会做出反应，多半自认倒霉而不再光顾，然后平均告诉周围10位好友；有20%的人传播能力更强，一般会告诉20余人；一次不好的服务造成的损失，需要12次好的服务才能弥补。这个调查结论告诉我们：有了公众队伍，企业就拥有了巨大的有效市场。

（资料来源：选自黄玉良编写的《媒体传播对企业品牌的影响》）

拓展提高

顾客价值与体验营销

一、顾客满意的价值

（一）消费价值

消费价值是指一种产品或服务能够满足消费者的需要和需求的维度。只有产品或服务具有了满足消费者需要及需求的能力时，它才会创造出消费价值。

消费者满意与否决定着以后的购买力行为。消费者满意的价值体现在以下几个方面。

(1) 忠诚于公司时间更久。

(2) 购买公司更多的新产品、增加购买数量、提高购买产品的等级。

(3) 为公司品牌、产品说好话。

(4) 忽视竞争者品牌和广告、并对价格不敏感。

(5) 向公司提出有关产品或服务的建议。

(6) 由于交易惯例化，相较新顾客降低了服务成本。

（二）营销者如何提高消费让渡价值

消费让渡价值是指消费总价值与消费总成本之间的差异。消费总价值是指消费者购买某一商品与服务所期望获得的一组利益，包括产品价值、服务价值、人员价值和形象价值。消费总成本指消费者为购买某一产品所消耗的时间、精神、体力以及所支付的货币资金等，因此，消费总成本包括货币成本、时间成本、精神成本、体力成本等。

企业提高消费让渡价值策略：一是通过改进产品、服务、人员和形象，提高产品的总价值，满足消费者最大的利益；二是把消费者购买商品的货币、时间、精神和体力降到最低限度。

二、体验营销

消费者的价值是营销关注的核心，向顾客提供何种价值是企业制胜的关键，当今社会，经济演进的过程随着消费形态的不断进化，已经从过去的农业经济、工业经济、服务经济转变到"体验经济"时代。传统的消费者价值，主要注重产品的功能强大、外形美观、价格优势，即功能利益、情感价值、社交价值和个人价值。然而，体验经济则就是指企业以服务为重心，以产品为素材，为消费者创造出值得回忆的感受，是从生活与情境出发，塑造感官体验及思维认同，以此抓住消费者的注意力，改变消费行为，并为产品找到新的生存价值与空间。消费者体验已成为现今消费价值观念的重要内容。

体验营销(Experiential Marketing)以拉近企业和消费者之间的距离为重要经营手段，成为企业获得竞争优势的新武器。体验营销是站在消费者的感官、情感、思考、行动和联想等五个方面，重新定义、设计的一种思考方式的营销方法。这种思考方式突破传统上"理性消费者"的假设，认为消费者消费时是理性与感性兼具的，消费者在消费前、消费中和消费后的体验才是购买行为与品牌经营的关键。

在伯德·施密特博士(Bernd H. Schmitt)所提出的理论中，营销工作就是通过各种媒介，包括沟通、识别、产品、共同建立品牌、环境、网站和消费者，刺激消费者的感官和情感，引发消费者的思考、联想，并使其行动和体验，并通过消费体验，不断地传递品牌或产品的好处。

|案例延伸|

星巴克(Starbucks)的起源是 1971 年西雅图的一间小咖啡屋，在短短的 30 多年时间发展成国际著名的咖啡连锁店品牌，星巴克的成长可以称得上是一个奇迹：它在全球的连锁店达 4000 多家。星巴克 1992 年在美国上市，如今，股票价值在经历了四次分拆之后已经攀升了 20 多倍，收益之高超过了通用电气、百事可乐、微软、IBM 等大公司的收益的总和。星巴克于 1996 年，正式跨入国际市场，在时尚的东京银座开了第一家的海外咖啡店，不到十年的时间，星巴克已经打入了世界 32 个市场，并以惊人的速度持续增长，这样的速度令人不得不在这样辉煌的成就后一窥个中奥妙。诚然，星巴克高品质的咖啡、忠诚的员工关系策略都是星巴克得以在市场上经久不衰的原因，而星巴克最吸引人的地方，就是把这样一种在西方传承数百年的古老消费品，变成一种时尚的代名词，重新演绎现代人的生活方式和文化内涵。

(一) 体验营销的操作步骤

1. 识别目标客户。识别目标客户就是要针对目标顾客提供购前体验，明确顾客范围，降低成本。同时还要对目标顾客进行细分，对不同类型的顾客提供不同方式、不同水平的体验。在运作方法上要注意信息由内向外传递的拓展性。

2. 认识目标顾客。认识目标顾客就要深入了解目标顾客的特点、需求，知道他们担心什么、顾虑什么。企业必须通过市场调查来获取有关信息，并对信息进行筛选、分析，真正了解顾客的需求与顾虑，以便有针对性地提供相应的体验手段，来满足目标顾客的需求，打消他们的顾虑。

3. 从目标顾客的角度出发。为目标顾客提供体验要清楚其利益点和顾虑点在什么地方，根据其利益点和顾虑点决定在体验式销售过程中重点展示哪些部分。

4. 确定体验的具体参数。要确定产品的卖点在哪里，顾客从中体验并进行评价。譬如理发，可以把后面的头发修得是否整齐，发型与脸型是否相符等作为体验的参数，这样在顾客体验后，就容易从这几个方面对产品（或服务）的好坏形成一个判断。

5. 让目标对象进行体验。在这个阶段，企业应该预先准备好让顾客体验的产品或设计好让顾客体验的服务，并确定好便于达到目标对象的渠道，以便目标对象进行体验活动。

6. 进行评估与控制。企业在实行体验式营销后，还要对前期的运作进行评估。评估总结要从以下几方面人手：效果如何；顾客是否满意；是否让顾客的风险得到了提前释放；风险释放后是否转移到了企业自身，转移了多少，企业能否承受。通过这些方面的审查和判断，企业可以了解前期的执行情况，并可重新修正运作的方式与流程，以便进入下一轮的运作。

（二）体验营销的主要实施模式

体验营销的目的在于促进产品销售，通过研究消费者状况，利用传统文化、现代科技、艺术和大自然等手段来增加产品的体验内涵，在给消费者心灵带来强烈的震撼时促成销售。体验营销主要有以下 8 种实施模式。

1. 节日模式。每个民族都有自己的传统节日，传统的节日观念对人们的消费行为起着无形的影响。这些节日在丰富人们精神生活的同时，也深刻影响着消费行为的变化。“假日消费”，企业如能把握好商机便可大大增加产品的销售量。

2. 感情模式。感情模式通过寻找消费活动中导致消费者情感变化的因素，掌握消费态度、形成规律以及有效的营销心理方法，以激发消费者积极的情感，促进营销活动顺利进行。

3. 文化模式。利用一种传统文化或一种现代文化，使企业的商品及服务与消费者的消费心理形成一种社会文化气氛，从而有效地影响消费者的消费观念，进而促使消费者自觉地接近与文化相关的商品或服务，促进消费行为的发生，甚至形成一种消费习惯和传统。

4. 美化模式。由于每个消费者的生活环境与背景不同，对于美的要求也不同，这种不同的要求也反映在消费行为中。商品能为消费者创造出美和美感，商品本身存在客观的美的价值都能给消费者带来美的享受和愉悦，满足对美的需要。

5. 服务模式。对企业来说，优越的服务模式，可以征服广大消费者的心，取得他们的信任，同样也可以使产品的销售量大增。

6. 环境模式。消费者在感觉良好的听、看、嗅过程中，容易产生喜欢的特殊感觉。因此，良好的购物环境，不但迎合了现代人文化消费的需求，也提高了商品与服务的外在质量和主观质量，还使商品与服务的形象更加完美。

7. 个性模式。为了满足消费者个性化需求，企业开辟出一条富有创意的双向沟通的销售渠道。在掌握消费者忠诚度之余，满足了消费大众参与的成就感，同时也增进了产品的销售。

8. 多元化经营模式。现代销售场所不仅装饰豪华，环境舒适典雅，设有现代化设备，而且集购物、娱乐、休闲为一体，使消费者在购物过程中也可娱乐休息。同时也使消费者自然而然地进行了心理调节，从而还能创造更多的销售机会。

（资料来源：选自 http：//baike. baidu. com/link？ url＝VEGLL2PK）

情境实战演练

"90后"消费者的十大特征

"我最大"——"90后"比前人更加强调独立体，个性张扬，与众不同。在团队或团体中，永远希望自己成为焦点。

"新关系"——强关系，弱接触；弱关系，常联系；一反家人最亲的传统社会关系，"90后"的天平向弱关系倾斜。对于同学，社会上认识的朋友，以及通过网络虚拟空间结交的"网友"等"弱关系"群体却较为信任，愿意与其分享自己的感受和经历，认为能够得到较高的认同。

"重娱乐"——获取信息与娱乐自己是他们生活的核心诉求。比如企业微博和名人微博对"90后"影响较大。

"懂责任"——"不逃避，不推卸"是"90后"对社会责任的宣言。勇于接受挑战，同时也热心公益。

"松圈子"——"90后"对团体保持距离，既不亲近，也不疏离。"90后"意识到社会交往圈子的价值，懂得组建圈子，知道圈子越多对自己价值越多，但又不会隶属于某一个集体。

"宅娱乐"——宅文化，宅娱乐在"90后"身上发扬光大。网络依赖在"90后"身上逐渐演变成为一种生活习惯。"生在电脑前，长在网络中"，互联网对于"90后"来说不是媒体而是生活。

"低权威"——亲身体会过的，圈子内的人体验后传播的才是可信的。专家学者、社会权威部门的信息和指导对"90后"无法达到理想的说服或教育效果。原始权威在"90后"的眼中越来越淡化，反之平民化的权威跃然凸显。

"小众化"——外形装扮独特，行为非主流，在大众潮流中发展自己的特色。"90后"不愿与人相同，不爱追潮流，喜欢成为人群中的异类，获得众人投去的眼光。

"朦性别"——女生像李宇春一样帅气，男生如李俊基那么漂亮。因为计划生育政策，家长出于社会竞争、家庭利益等多方面考虑，往往自觉或不自觉地采用中性化教育。家长要求女孩子能够独立自主，于是便向着男性化的方向去培养她们。同样，家长也会要求男孩子细腻细心，于是便多少朝着女性化方向影响。

"玩文化"——行事风格和穿着打扮前卫，但并不妨碍他们对中国传统文化艺术的热爱。

创新性是"90后"追求的，他们要不枯燥的文化传承方式。选择类似日本COSPLAY的方式——穿汉服上课，逛街，着汉服行"冠笄之礼"等。他们怀旧但不守旧，大胆但不做作，会表现也有思想。

思考与讨论

1. 如何让新品牌赢得"90后"的心？
2. 观察你所在的学校"90后"大学生消费心理需求，并分析他们的购买行为特征。

（资料来源：http://www.5lkuamei.com/News/ShowArticle-1840.htm）

职业能力形成训练

一、演练项目

针对创业小组或学习小组所选择的自创企业或背景企业，观察并分析消费者购买行为。

二、演练目的

（1）了解消费者市场的特征。

（2）熟悉消费购买行为过程。

三、演练内容

细心体验并讲述购买某产品所遇到的最好和最坏的购买经验，分析购买行为受到了哪些因素的影响？这样的经验对于产品形成了什么看法？你们的看法对于日后的购买又产生了什么影响？

四、演练组织

（1）以创业小组或学习小组为单位，利用周末集体去逛街。

（2）写出集体逛街购物的口头汇报提纲，小组全体成员在课堂向全班进行消费购买行为体验汇报。

（3）教师对各学习小组本次购买体验进行综合评定。

五、演练考核

（1）团队的购买行为过程的阶段划分准确。（35 分）

（2）有对商家销售手段运用的分析。（20 分）

（3）小组成员在汇报过程中所表现出的仪态。（25 分）

（其中，声音大小 3 分，热情主动 4 分，面带微笑 2 分，站姿 3 分，肢体语言 3 分，语言表达能力 6 分，服装得体 4 分。）

（4）最终交易是否满意？对不满意的处理方式是什么？（15 分）

项目七 确定目标市场

实现组织目标的关键在于确定目标市场的需要和欲望，并且比竞争者更有效地传送目标市场所期望满足的东西。

——〔美〕菲利普·科特勒

项目目标

知识目标：

◎ 理解市场细分的概念。

◎ 掌握细分的标准、原则和程序。

◎ 熟练掌握目标市场选择和市场定位策略。

能力目标：

◎ 能制订市场细分的方案，并根据方案开展市场细分活动。

◎ 能在市场细分的基础上合理地选取目标市场。

项目引例

三个高端汽车品牌的定位

奔驰

面对成功人士的奔驰，以其卓越的品质和大气的外形设计为基础，强调宽敞舒适的后排乘坐体验，建立了牢固的高端商务车品牌价值定位。

沃尔沃

沃尔沃以乘坐安全为核心定位，数十年来投入巨资用于安全领域的技术创新开发，拥有数百项创新的安全技术专利，为客户带来卓越的安全驾驶体验。

宝马

宝马公司的客户定位，更多面向追求驾乘乐趣的成功人士、中青年社会精英，以及成功人士周围具有高消费能力的亲友人群。宝马的品牌定位，始终以“终极驾驶体验”为企业品牌策略的核心，并在产品设计中强化汽车操控功能，在营销宣传中也突出驾乘体验和驾乘乐趣，树立了卓越的驾驶者之车的品牌价值定位。宝马以此成功地把“驾驶乐趣和潇洒的生活方式”的品牌精髓刻在了消费者的大脑深处，宝马车的购买者更多的是行业新锐、演艺界人士、富家亲友，以及有活力、有激情、心态比较年轻的喜欢自己开车的成功人士。

引例分析

这一科学的市场细分可以为产品带来与众不同的市场定位，品牌产品在市场细分下确立高端化的市场定位后，努力开发高端消费人群对品牌产品的需求，从而保证了高端品牌在市场竞争中能够脱颖而出。

| 项目分析 |

动态的深度市场细分是市场竞争中、后期企业取得成功的必然选择。而使用静态的浅度市场细分的企业，其客户忠诚度极低，当有更多的企业进入该行业抢夺市场时，企业能采用的市场竞争手段也就是价格战和增加广告投入等常规方法了，其实这是众多企业对市场细分认识不足的一种无奈选择。

任何一个企业的产品或服务都不可能完全满足市场上所有消费者所有方面的需求。企业只能选择那些最有吸引力且自身的经营条件允许进入的部分市场作为目标市场。而要做到这一点，一般来说，企业需要进行市场细分(任务 1)、选择目标市场(任务 2)和学会市场定位(任务 3)的工作，即所谓的 STP 营销。

| 项目实施 |

任务 1　进行市场细分

一、市场细分的概念

市场细分是美国市场学家温德尔·史密斯于 1956 年提出来的。它是指企业通过市场调研，根据消费者的需要与欲望、购买行为和购买习惯等方面的特性，把某一产品的市场整体划分成若干个消费者群体的过程。分属于同一细分市场的消费者，他们的需要和欲望极为相似；分属于不同细分市场的消费者，对同一产品的需要和欲望存在着明显的差别。需要注意的是，市场细分不是通过产品本身的分类来细分市场，而是根据消费者的需求、动机、购买行为的多元性和差异性来划分的。

企业对市场进行细分，至少可获得如下的好处：有利于企业更加准确地认识顾客的需要，发现市场机会；有利于企业用最少的经营费用取得最大的经营效益；有利于企业适时调整营销策略。

案例链接

奇瑞 QQ 汽车市场细分

“奇瑞 QQ 卖疯了！”在北京亚运村汽车交易市场 2003 年 9 月 8 日至 14 日的单一品牌每周销售量排行榜上，奇瑞 QQ 以 227 辆的绝对优势荣登榜首！奇瑞 QQ 能在这么短的时间内拔得头筹，归结为一句话：这车太酷了，讨人喜欢。

微型车行业概述：微型客车曾在 20 世纪 90 年代初持续高速增长，但是自 90 年代中期以来，各大城市纷纷取消“面的”，限制微客，微型客车至今仍然被大城市列在“另册”，受到歧视。在这种情况下，奇瑞汽车公司经过认真的市场调查，精心选择微型轿车打入市场。它的新产品不同于一般的微型客车，是微型客车的尺寸，轿车的配置。QQ 微型轿车一经推出，就获得良好的市场反应。

市场细分：令人惊喜的外观、内饰、配置和价格是奇瑞公司占领微型轿车这个细分市场成功的关键。奇瑞QQ的目标客户是收入并不高，但有知识、有品位的年轻人，同时也兼顾有一定事业基础、心态年轻、追求时尚的中年人。一般大学毕业两三年的白领都是奇瑞QQ的潜在客户。人均月收入2000元即可轻松拥有这款轿车。许多时尚男女都因为QQ的靓丽、高配置和优性价比就把这个可爱的小精灵领回家了，从此与QQ成了快乐的伙伴。

奇瑞公司有关负责人介绍说，为了吸引年轻人，奇瑞QQ除了轿车应有的配置以外，还装载了独有的"I-say"数码听系统，成为"会说话的QQ"，堪称目前小型车时尚配置之最。据介绍，"I-say"数码听是奇瑞公司为用户专门开发的一款车载数码装备，集文本朗读、MP3播放、U盘存储多种时尚数码功能于一身，让QQ与电脑和互联网紧密相连，完全迎合了离开网络就像鱼儿离开水的年轻一代的需求。

QQ作为奇瑞诸多品牌战略中的一环，抓住了微型轿车这个细分市场的目标客户。但关键在于要用更好的产品质量去支撑品牌，在营销推广中注意客户的真实反应，及时反馈并主动解决，更加突出品牌的公信力。

据奇瑞汽车销售有限公司总经理金弋波介绍："因为广大用户的厚爱，QQ现在供不应求。作为独立自主的企业，奇瑞公司什么时候推出什么样的产品完全取决于市场需求。对于一个受到市场热烈欢迎的产品，奇瑞公司的使命就是多生产出质量过硬的产品，让广大用户能早一天开上自己中意的时尚个性QQ小车。"

（资料来源：http://wenku.baidu.com/link?url=buwox71u5LRfVxsQfMkDL.htm）

【分析提示】奇瑞QQ汽车进行的目标市场细分是相当成功的，不仅在这方面积累了丰富的经验，还注入了许多自己的创新，通过目标市场营销可以在未来市场上保持自己的核心竞争力。

二、市场细分的标准

选择适用的细分标准，是市场细分能否成功的关键。现代市场学所讲的市场细分，是依据市场需求的差异性来划分的，并在此基础上按照必要的标准来进一步细分。既然市场细分的依据是市场需求的差异性，那么造成市场需求差异性的主要因素，就是市场细分的标准。就消费者市场而言，影响需求的因素主要有地理因素、人口因素、心理因素和行为因素等。

（一）地理因素

一般来说，消费者居住的地区和地理条件不同，其需求和欲望也不同，因而就会对企业的营销措施产生不同的反应。如我国茶叶市场，各地区就有不同的偏好，江南各省畅销绿茶，华北地区畅销花茶，而砖茶则主要为某些少数民族地区所喜好。

地理因素主要包括国家、气候、城乡、地区、城市规模、人口密度、交通条件、资源条件等。需指出的是，地理因素是一静态因素，易于辨别和分析，对于分析研究不同地区消费者的需求特点、需求总量及其发展变化趋势有一定意义，有助于企业开拓区域市场。但是，即使居住在同一国家、地区、城市的消费者，其需求与爱好有时差别也很大，因此在地理细分的基础上，还要选择其他变数来进一步细分该市场。

（二）人口因素

根据人口因素来细分市场，这是对消费者市场进行细分的一个重要方式，因为顾客的年龄、性别、家庭规模、职业、收入水平、教育、种族、宗教等对其需求、欲望和偏好等有着密切的联系，如不同年龄、不同教育程度的顾客会有不同的价值观念、生活情趣、审美观念和消费方式，因而对同一产品，例如服装和书籍，必定会产生不同的消费需求；另外，人口因素的有关资料也比较容易获得。

（三）心理因素

消费者的购买行为，不仅受人口变量的影响，还受心理因素的影响，消费者复杂的心理因素是市场细分的重要标准。心理细分，主要指企业按消费者的生活方式（如传统型、新潮型、节俭型、奢侈型、活泼型、严肃型等）、个性（如外向、内向、激进、保守、自主、服从型等）、消费习惯、购买动机、偏好等心理因素来细分消费者市场。心理因素与地理、人口因素不同的是，它可通过企业的营销努力来加以改变。例如，通过广告宣传能改变人们的消费观念，从而可以创造出需求。但心理因素难以测量且具有隐藏性，数据不易收集，从而使其在实际应用中受到一定的限制。

（四）行为因素

指企业按照消费者对产品的知识、态度、使用及对销售方式的感应程度等行为，将市场划分为不同的消费者群。例如，根据购买或使用某种产品的时机、品牌忠诚程度、所追求的利益、所持态度、使用频率等行为变量来细分消费者市场。许多营销专家认为，行为因素是进行市场细分的最佳起点。现对“购买时机”和所“追求的利益”两方面因素进行以下说明。

（1）购买时机：有些产品在不同的时间的消费需求很大。如春节、中秋节、圣诞节等节假日对一些产品的需求就非常旺盛。

（2）追求利益：根据顾客从产品中追求的不同利益细分，是一种很有效的市场细分方法。利用追求利益细分市场最成功的例子之一是美国人哈雷所做的牙膏市场研究。哈雷发现牙膏顾客所追寻的利益有四个方面：经济、保健、美容、味道。每一种追求利益的消费者群都代表了某一特定的人口统计、购买行为及心理因素特征的群体（如表 7-1 所示）。

表 7-1　牙膏市场的利益细分

利益细分	人口特征	行为特征	心理特征	代表品牌
经济（低价）	男性	经常使用者	独立性强	大减价的品牌
医疗（防蛀牙）	大家庭	经常使用者	忧虑、保守	品牌 A、B
美容（洁齿）	年轻人	抽烟者	喜好社交活动	品牌 C
味道（好口味）	儿童	喜好薄荷者	自我享受、快乐主义	品牌 E

运用利益细分法，首先必须了解消费者购买某种产品所寻求的主要利益是什么，其次要了解寻求某种利益的消费者是哪些人，再者要调查市场上的竞争品牌各自适合哪些利益，以及哪些利益还没有得到满足。消费者市场细分的标准主要有以上几种，究竟以哪个或哪几个变量为主，要据具体情况灵活选用，以便获得最好的细分市场，提高市场占有率。

三、市场细分的原则

企业在进行市场细分的过程中应遵循以下几个基本原则。

（一）差异性

市场细分后，不同细分市场消费者的需求存在着明显区别，各细分市场都有其不同于其他细分市场的特征。而在每个细分市场内消费者的需求却具有类似性，有着共同的特征，表现出类似的购买行为。如老年市场和儿童市场是不同的细分市场，两个市场消费者的需求差异很大；但在儿童市场内，每个消费者的需求差别就不大了。

（二）可衡量性

可衡量性是指市场细分的标准和细分后的市场是可以确切衡量的。市场细分的标准必须明确、统一、具有可衡量性。细分后市场的范围、容量、潜力等，也必须是可以衡量的，而且能取得购买潜量和购买特征的数据。

（三）可进入性

细分市场必须考虑到企业的经营条件、经营能力，使目标市场的选择与企业的资源相一致。企业能以某个细分市场作为目标市场，有效地集中营销能力、开展各种营销活动。同时，消费者能够接受企业的产品，并能通过一定途径购买到这些商品。

（四）效益性

细分出的市场需求要有一定的规模，使企业有利可图，并有一定的发展潜力。如果细分市场规模过小，市场容量有限，就没有开发的价值。

（五）稳定性

有效的市场细分所划分的子市场还必须具有相对稳定性。企业目标市场的改变必然带来经营设施和营销策略的改变，从而增加企业的投入。如果市场变化过快，变动幅度过大，将会给企业带来风险和损失。一般说来，目标市场越稳定，越有利于企业制定长期的营销策略，越有比较稳定的利润。

四、市场细分的程序和方法

（一）市场细分的程序

一般来说市场细分可分为以下几个步骤。

（1）选定产品市场范围。即确定进入什么行业，生产什么产品。产品市场范围应以顾客的需求，而不是产品本身特性来确定。例如，某一房地产公司打算在乡间建造一幢简朴的住宅，若只考虑产品特征，该公司可能认为这幢住宅的出租对象是低收入顾客，但从市场需求角度看，高收入者也可能是这幢住宅的潜在顾客。因为高收入者在住腻了高楼大厦之后，恰恰可能向往乡间的清静，从而可能成为这种住宅的顾客。

（2）列举潜在顾客的基本需求。比如，公司可以通过调查，了解潜在消费者对前述住宅的基本需求。这些需求可能包括：遮风避雨，安全、方便、宁静，设计合理，室内陈设完备，工程质量好，等等。

（3）分析潜在顾客的不同需求。对于列举出来的基本需求，不同顾客强调的侧重点可能会存在差异。比如，经济、安全、遮风避雨是所有顾客共同强调的，但有的用户可能特别重视生活的方便，另外一类用户则对环境的安静、内部装修等有很高的要求。通过这种差异比较，不同的顾客群体即可初步被识别出来。

（4）抽掉潜在顾客的共同要求，而以特殊需求作为细分标准。上述所列购房的共同要求固然重要，但不能作为市场细分的基础。如遮风避雨、安全是每位用户的要求，就不能作为细分市场的标准，因而应该剔出。

(5) 根据潜在顾客基本需求上的差异，将其划分为不同的群体或子市场，并赋予每一子市场一定的名称。例如，西方房地产公司常把购房的顾客分为好动者、老成者、新婚者、度假者等多个子市场，并据此采用不同的营销策略。

(6) 进一步分析每一细分市场需求与购买行为特点，并分析其原因，以便在此基础上决定是否可以对这些细分出来的市场进行合并，或作进一步细分。

(7) 估计每一细分市场的规模，即在调查基础上，估计每一细分市场的顾客数量、购买频率 、平均每次的购买数量等，并对细分市场上产品竞争状况及发展趋势做出分析。

(二) 市场细分的方法

企业在运用细分标准进行市场细分时必须注意以下问题：第一，市场细分的标准是动态的。市场细分的各项标准不是一成不变的，而是随着社会生产力及市场状况的变化而不断变化。如年龄、收入、城镇规模、购买动机等都是可变的。第二，不同的企业在市场细分时应采用不同标准。因为各企业的生产技术条件、资源、财力和营销的产品不同，所采用的标准也应有区别 。第三，企业在进行市场细分时，可采用一项标准，即单一变量因素细分，也可采用多个变量因素组合或系列变量因素进行市场细分。下面介绍几种市场细分的方法。

1. 单一变量因素法

单一变量因素法就是根据影响消费者需求的某一个重要因素进行市场细分。如服装企业，按年龄细分市场，可分为童装、少年装、青年装、中年装、中老年装、老年装；或按气候的不同，可分为春装、夏装、秋装、冬装。

2. 多个变量因素组合法

多个变量因素组合法就是根据影响消费者需求的两种或两种以上的因素进行市场细分。如生产者市场锅炉生产厂，主要根据企业规模的大小、用户的地理位置、产品的最终用途及潜在市场规模来细分市场。

3. 系列变量因素法

系列变量因素法根据企业经营的特点并按照影响消费者需求的诸因素，由粗到细地进行市场细分。这种方法可使目标市场更加明确而具体，有利于企业更好地制定相应的市场营销策略。如自行车市场，可按地理位置(城市、郊区、农村、山区)、性别(男、女)、年龄(儿童、青年、中年、中老年)、收入(高、中、低)、职业(工人、农民、学生、职员)、购买动机(求新、求美、求价廉物美、求坚实耐用)等变量因素细分市场。

职业能力形成训练

(1) 人们对化妆品的需求，有的消费者追求化妆品的润肤护肤功能，有的则希望增白、祛斑；有的对某品牌化妆品是从未使用者或首次使用者，有的则是经常使用者且有品牌偏好。讨论：根据什么因素来细分的？

(2) 日本资生堂公司根据女性消费者的年龄，将化妆品市场分为四个子市场：

15—17 岁，妙龄，讲究打扮，追求时髦，以单一化妆品为主要消费；

18—24 岁，积极消费，只要满意，不惜价格；

25—34 岁，化妆是日常习惯；

25—34 岁，单一品种。

讨论：根据什么因素来细分的？

任务 2　选择目标市场

案例链接

“动感地带”——年轻人的地盘

“动感地带”是中国移动继“全球通”“神州行”之后推出的第三个品牌，与前两个品牌对所有的消费者大包大揽不同，“动感地带”一推出就确定了自己的目标市场和定位。它的目标市场是 15—25 岁年龄段的，崇尚新奇事物的年轻一代，通过提供时尚、好玩、探索的移动服务，拉近与消费者的距离，使自己成为消费者生活的一部分。

一、背景分析

“动感地带”推出前的中国移动通信市场可谓狼烟四起，中国联通借着 CDMA 网络的升级，向中国移动发起了猛攻，通过自己的价格优势和网络覆盖的逐步完善，与“全球通”展开了肉搏战。为了保持公司业绩的持续增长，必须找到突破口。

2001 年年底，中国移动在广州开始进行“动感地带”的试点运行，在传统的梦网服务中加入更多时尚和年轻的元素，并配合进行了价格的调整。一年后，广州动感地带用户超过 100 万，中国移动认为时机成熟，于 2003 年 3 月开始全国推广。

二、目标市场分析

同其他运营商一样，中国移动旗下的全球通、神州行两大子品牌缺少差异化的市场定位，目标群体粗放，大小通吃。内容的同质化无法获得消费者的认同和忠诚，这也是竞争者的可乘之机，中国移动作为中国移动电信市场的领导者，终于决定向自己发起挑战，通过消费者的细分，寻找有潜力的目标市场，用差异化的服务和产品吸引目标客户，提升客户忠诚度，把过去传统的业务竞争提升到品牌竞争的高度，通过品牌价值获得新的增长点。

25 岁以下的年轻新一代消费群体将成为未来移动通信市场最大的增值群体，因此，中国移动将以业务为导向的市场策略率先转向了以细分的客户群体为导向的品牌策略，在众多的消费群体中锁住 15—25 岁年龄段的学生、白领，产生新的增值市场。

三、相得益彰的目标市场推广

“动感地带”摸准了年轻人的心理，斥巨资邀请周杰伦作为其形象代言人，在全国范围内进行了立体式媒体轰炸。

“动感地带”定位在年轻人的品牌，做年轻人喜欢做的事，为了不断地迎合动感年轻人的爱好和消费特征，从最初的“以信会友”到现在的“以舞会友”，再到“动感地带”与麦当劳联合推出动感套餐的“以吃会友”，并且计划在上海淮海路最繁华的地段建立最大、最全、最专业的业务与服务展示、体验平台——旗舰店，“动感地带”品牌店：宽敞、明亮，甚至带点奢侈的味道。“动感地带”这一系列大手笔的举动不断地给动感一族带来惊喜和兴奋。

在短短的时间内,"动感地带的用户"在全国目前已达1000万,它是中国唯一针对时尚、富于变化的年轻一代所推出的客户品牌,自从推出以来,一路高歌,充满活力,为价格战打得如火如荼的移动通信市场增加了新的元素,并把移动通信的竞争从价格战提升到品牌战。中国联通也把目标投向了年轻一族,以时尚、叛逆为个性的"动感地带"能否将动感进行到底呢?

(资料来源: http: //wenku. baidu. com/link? url=6uWOx71u5LRfVxsQfMkDL. htm)

思考与讨论

1. 试分析"动感地带"的目标市场和市场定位。
2. 你认为"动感地带"成功的基础是什么?
3. 面对中国联通也把目标投向了年轻一族的举措,中国移动该如何应对?

一、目标市场的概念

(一) 目标市场的定义

所谓目标市场是指在市场细分的基础上,企业所确定的为之服务的最佳细分市场。企业的一切营销活动都是围绕目标市场进行的。在市场营销活动中,企业必须选定目标市场,有两个方面的原因:一方面,对于某个企业,并非所有的细分市场都具有同等吸引力,只有那些和企业经营能力与优势相吻合的细分市场对企业才有较强的吸引力;另一方面,由于资源有限,受效益制约,企业的营销活动必然限制在一定范围内,无法满足所有消费者的所有需要。

(二) 细分市场成为企业的目标市场必须具备的条件

(1) 有较大的市场容量且有稳定的发展前景。

(2) 企业有能力来满足市场需求并且具有一定的营利性。

(3) 市场竞争不太激烈,或虽激烈,企业仍有一定的竞争优势。

(4) 所进入的细分市场与企业的经营发展方向一致。

二、目标市场的确定

目标市场的确定,就是对几个有希望成为企业目标市场的细分市场进行分析和评估,然后根据企业的营销目标和资源条件选择最佳的市场细分的过程。分析评估细分市场,确定目标市场主要考虑以下几个方面的因素。

(一) 细分市场的规模和增长潜力

分析评估细分市场的规模和潜力,首先要调查细分市场的消费者的数量,它是构成市场容量的基础。其次要调查细分市场内消费者的购买力水平,因为市场需要具体表现为有支付能力的消费者。市场规模的衡量指标是市场需求量,即目标市场上某一段时间内消费者购买某产品的数量总额。如果市场狭小,没有发掘潜力,企业进入后没有发展前途。

市场增长潜力的大小,关系到企业销售和利润的增长。其衡量指标是市场潜力,即指一定时期内,在消费者愿意支付的价格条件下,经过一定的营销努力,该产品在细分市场上的全部潜在消费者需求总量。

（二）企业在细分市场中的竞争能力

市场细分是对顾客需求的细分，选择目标市场则还要考虑竞争因素，这是目标市场选择与市场细分的本质差别。

市场规模和潜力都很理想的细分市场未必就有利可图。因为市场规模及增长速度指标中包含竞争因素，而竞争是不可忽视的。换言之，决定市场利润潜力的因素是市场竞争结构，即市场中各类竞争者数目及竞争力强弱，据此判断细分市场的吸引力。

（三）市场特征与企业优势

企业对各细分市场要用易于识别和划分的细分标准来描述，目的是使各细分市场的特征明确具体。并借以分析出各细分市场上的消费者对产品、价格、渠道和促销方面的要求。然后，结合企业的优势来选择细分市场。

企业所选择的目标市场应该能充分发挥自身优势。企业的能力表现为技术水平、资金实力、材料采购来源、经营规模、职工素质、管理能力、地理位置和气候条件等。所谓的优势是指企业的上述各方面能力较竞争者略胜一筹。如果企业选定的细分市场的特征与自身所特有的优势无缘，轻者是即使企业能够在其中生存发展，也会造成很大的无形浪费；重者是无法在其中站住脚，最终被逐出该细分市场。综上所述，被分析评估的细分市场若符合上述要求，可确定为目标市场。

三、目标市场策略

（一）目标市场策略的类型

在许多可供选择的细分市场中，企业是选择一个还是多个细分市场作为目标市场，这也是企业营销的重要战略性决策。通常有三种策略类型可供选择（如图 7-1 所示）。

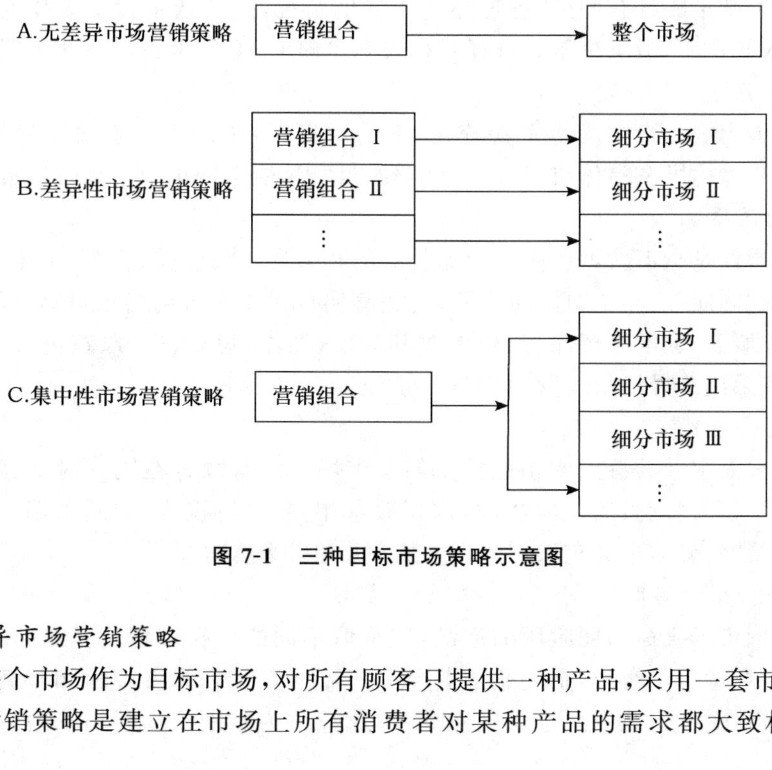

图 7-1 三种目标市场策略示意图

1. *无差异市场营销策略*

企业把整个市场作为目标市场，对所有顾客只提供一种产品，采用一套市场营销方案。无差异市场营销策略是建立在市场上所有消费者对某种产品的需求都大致相同的基础上的，对需求的差异性不予考虑，只注重其需求的共性。这种策略的优点比较明显，生产品种单一、批量大、能获得规模效益。但由于它忽略了需求的差异性，缺点也十分明显：一是一种产品难以长期迎合所有消费者的需要；二是如果许多企业同时采取这种策略，就会造成较大共性市场上的激烈竞争，难以获利，而其他较小市场部分的需求得不到满足；三是企业对市场的反应不灵敏，在变化频繁的市场上适应能力差。

2. 差异性市场营销策略

采用这种策略的企业认为市场的需求差异较大，力求以多种产品及相应的营销组合策略来满足整体市场中的各个细分市场。即针对每个细分市场需求特点，分别为之设计不同的产品，采取不同的市场营销方案，满足各个细分市场上不同的需求。其优点是：能扩大销售，减少风险，提高市场占有率；缺点是：品种多，目标多，生产成本和促销成本增大。因此只有实力雄厚的大企业才有可能采用这种策略。

3. 集中性市场营销策略

这种策略就是企业选择一个或少数几个子市场作为目标市场，制定一套营销方案，集中力量为之服务，争取在这些目标市场上占有大量份额。这种策略的优点在于目标集中，能更深入地了解市场需求，使产品更加适销对路，有利于树立和强化企业和产品的形象，在目标市场上建立巩固地位；同时能够有效地使用企业资源，集中企业优势，节约生产成本和营销费用，增加盈利。其缺点是：如果目标过于集中，一旦该市场发生突变，如消费者偏好的突然变化，强大竞争者的进入，等等，就会措手不及，导致亏损，风险极大。许多小企业在缺乏资金、技术和管理时，只能先采用这种策略，在一个或少数几个细分市场上建立相对的优势，然后逐渐发展成为大型企业，例如，日本的汽车工业。

（二）目标市场策略的选择

上述市场营销策略各有利弊，各适用于不同的情况，企业选定营销策略时，必须全面考虑各种因素，权衡得失，慎重决策。选择目标市场策略时，必须考虑以下几个因素。

1. 企业的实力

如果企业人力、物力、财力等资源充足，实力雄厚，可采用无差别或差异性市场营销策略；若资源有限，无力顾及整体市场或多个细分市场，只能实行集中市场营销策略。

2. 产品的同质性

产品的同质性是指消费者所感觉产品特征的相似性。如食盐、食糖、大米等产品需求的差异很小，是属“同质”产品。对同质产品，一般宜实行无差异市场营销策略；反之，对差异性较大的产品，如服装、家电等产品，消费者对其品质、性能、规格、型号、花色等方面需求有较大差别，企业宜采用差异性市场营销策略。

3. 市场的同质性

这是指顾客需求及其特点的相似性。如果市场上所有顾客在同一时期偏好相同，购买数量相同，并且对营销刺激的反应相同，购买数量相同，则可视为“同质市场”。同质市场实行无差别营销策略，异质市场宜采用差别性或集中性市场策略。

4. 产品市场生命周期

对处于不同市场生命周期阶段的产品，应采取不同的目标市场营销策略。产品处在投入期时，由于市场竞争不激烈，企业通常生产单一品种产品，采取无差别市场营销策略，以探测市场需求与潜在需求；但产品进入成熟期后，就应改为差别市场营销策略，以开拓新的市场，或实行集中市场营销策略，以设法保住原有市场，延长产品市场寿命周期。

5. 竞争者的策略

企业在决定采取何种目标市场策略时，应先考虑竞争对手采取何种策略。如果对手强大并实行无差别市场策略，企业则应实行差异性或集中性市场策略，避免直接竞争；如果对手较弱，必要时可与之对着干，采取相同的策略，以此击败对手。

四、目标市场的选择

目标市场是企业打算进入的细分市场，或打算满足的具有某一需求的顾客群体。企业在选择目标市场时有五种可供考虑的市场覆盖模式。

（一）市场集中化

市场集中化是一种最简单的目标市场模式，即企业只选取一个细分市场，只生产一类产品，供应某一单一的顾客群，进行集中营销。例如，某服装厂商只生产儿童服装。选择市场集中化模式一般基于以下考虑：企业具备在该细分市场从事专业化经营或取胜的优势条件；限于资金能力，只能经营一个细分市场；该细分市场中没有竞争对手；准备以此为出发点，取得成功后向更多的细分市场扩展。

（二）选择专业化

选择专业化是企业选取若干个具有良好的盈利能力和结构吸引力，且符合企业的目标和资源的细分市场作为目标市场，其中每个细分市场与其他细分市场之间较少联系。其优点是可以有效地分散经营风险，即使某个细分市场盈利不佳，仍可在其他细分市场取得盈利。采用选择专业化模式的企业应具有较强的资源和营销实力。

（三）产品专业化

产品专业化是企业集中生产一种产品，并向各类顾客销售这种产品。如饮水器只生产一个品种，同时向家庭、机关、学校、银行、餐厅和招待所等各类用户销售。产品专业化模式的优点是专注某一种或一类产品的生产，有利于形成和发展生产和技术上的优势，在该领域树立形象。其局限性是当该领域被一种全新的技术与产品所代替时，产品销售有大幅度下降的危险。

（四）市场专业化

市场专业化是企业专门经营满足某一顾客群体需要的各种产品。比如某工程机械公司专门向建筑业用户供应推土机、打桩机、起重机、水泥搅拌机等建筑工程中所需的机械设备。市场专业化经营的产品类型众多，能有效地分散经营风险，但由于集中于某一类顾客，当这类顾客的需求下降时，企业也会遇到收益下降的风险。

（五）市场全面化

市场全面化是企业生产多种产品去满足各种顾客群体的需要，实力雄厚的大型企业选用这种模式，才能收到良好的效果。例如，美国 IBM 公司在全球计算机市场，丰田汽车公司在全球汽车市场，等等。

任务3 学会市场定位

案例链接

市场重新定位的例子

1. 自行车

传统定位：代步工具，20世纪80年代中国被世界誉为“自行车王国”，而不断发展的中国自行车已经不再是代步工具。自行车市场日益缩小。

重新定位：健身休闲用品，增加品种类别和花色。

2. 橘汁

传统定位：维生素C保健用品(保健功能)。

重新定位：消暑解渴、提神，恢复体力的饮品。

3. 麦氏速溶咖啡

传统定位：速溶方便，并与传统手工程序进行对比。

目标客户群：已成为中年人的家庭主妇(购买者、强制者)，调制咖啡是主妇的家务之一。

重新定位：强调滴滴香浓、速溶、方便、快捷。产品特性与需求的契合点——重点面向写字楼的公司职员(美国有给雇员休息时喝咖啡的习惯)。

(资料来源：http://www.em.cn.com/Article/200702/130669.html)

一、市场定位的概念

所谓市场定位，是指根据消费者对产品属性的重视程度，使产品具有一定的特色，树立产品在消费者心目中的独特形象，占据一个有利的位置。美国著名的营销专家里斯和特劳特认为“定位是你对未来的潜在顾客心灵所下的功夫，也就是把产品定位在你未来顾客的心中”。定位是从顾客心理出发的，不是从公司或产品出发的，不能只认识到自己的产品有特色，并将其传播给消费者，这就是市场定位。因为自己认定的特色，并不一定是顾客所看重或认同的。

企业进行市场定位并不是要在产品上作什么重大的改变，而是要在产品的名称、品牌、价格、包装以及服务方面下些功夫，为自己的产品在市场上树立一个明确的、有别于竞争产品的、符合消费者需要的形象，其目的是要在消费者的心目中占据一个有利的销售地位。

市场定位包括品牌定位、企业定位、产品定位、价格定位、广告定位等类型。

案例链接

蒙牛的市场定位

——先创品牌，后占市场

一、品牌的创办

2005年，湖南电视台举办的“超级女声”大赛在全民中掀起了一股热潮，而在这场文化运动的背后，“超级女声”大赛的“幕后导演”——蒙牛乳业成了最大赢家，获得了巨大的成功。在宣传上，蒙牛的媒体曝光率可谓空前，长达八个月的持续热捧，使得蒙牛和竞争对手在宣传方面拉开了距离；在品牌价值上，根据CTR数据显示，2005年，蒙牛酸酸乳品牌力已居乳饮料行业第一。

二、蒙牛的使用者定位

蒙牛通过“超级女声”的代言为自己的品牌定位，在调研资料显示，在收看“超级女声”的受访者中：25 岁及以下的受访者比例最高，为 39.3%；26—35 岁的受访者占 21.7%；36—45 岁的受访者占 17.1%；46—55 岁及 55 岁以上的比例分别为 16.5%和 5.4%。因此，蒙牛在消费者的定位上已经从普通的消费者转向了年轻化。

三、竞争者定位

拥有奶源优势的蒙牛乳业抓住了常温液态奶的黄金发展时期，市场规模快速扩大，已经发展成为国内最大的乳制品企业。据调查，蒙牛和伊利两大公司合计市场占有率超过 60%。

蒙牛“三步走”的竞争者定位战略：第一步，做“内蒙古牛”；第二步，做“中国牛”；第三步，做“世界牛”。

蒙牛，利用年轻的“超女”做代言无疑让它的品牌在市场上的定位有了一个很好的效应。蒙牛的定位不同于别的牛奶品牌，它不仅仅是针对那些需要牛奶的人群，更是针对那些追求时尚和超脱的年轻人，赢得许多人的青睐。

（资料来源：http：//wenku. baidu. com/link? url＝8v50EEpmRaO-94）

二、市场定位的步骤

（一）市场定位的工具——定位图

定位图是进行市场定位时最常使用的一种工具，具有直观、简洁的特点。一般利用平面二维坐标图作直观的比较，如果需要作更复杂的分析，则要用到其他的定位工具，如排比图。通过定位图，可以显示各品牌在消费者心目中的印象及之间的差异，在此基础上作为定位决策依据。

（二）市场定位的步骤

1. 确定消费者最关心的两个特性因子

这是制作定位图的关键所在。特性因子选择的正确与否决定定位图的有效性，从而影响整个定位工作的成功。定位图一般是二维的，即只能有两个特性因子，但消费者购买商品时所关心的特性因子往往多于两个，那么如何将消费者关心的商品的多重属性变为二维呢？

首先，我们要通过市场调查了解影响消费者购买决策的各种因素及消费者对它们的重视程度，确定出重要性较高的几个特性因子。其次，再从这些特性因子中进行挑选。挑选时最先剔除那些无法与竞争品牌形成差异的特性因子，如特性因子仍多于两个，可将相关程度甚高的若干因子合并为一个综合因子。最后，确定两项对消费者决策影响最大的特性因子作为坐标变量。例如，某企业欲进入餐饮业，在进行市场调查后发现消费者对餐饮服务最重视的特性因子有：营养、价格、卫生、环境、服务、口味等，企业经慎重考虑后发现已经不能在营养、口味方面与竞争品牌形成差异优势，遂剔除之，这样就只剩下价格、卫生、环境、服务四个特性因子。由于“卫生”的好坏直接与“环境”这个特性因子相关，故可将其合并成“环境”因子，此时就只有价格、环境、服务三个特性因子。而由于就餐环境的好坏与服务的水平有一定的相关性，故可将“环境”与“服务”两个特性因子综合为“环境服务”一个特性因子，这样，我们就将影响消费者购买决策的多种特性因子变为了关键的两个特性因子，据此可绘制二维图(如图 7-2 所示)。

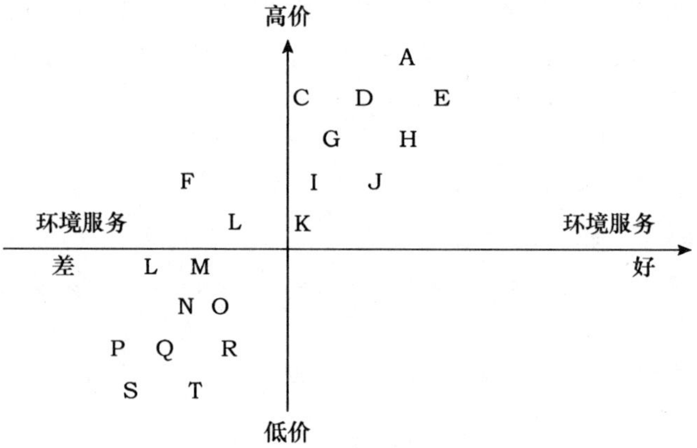

图 7-2　市场定位图

2. 确定市场上已有竞争品牌在定位图上的位置

制作定位图的第二步便是根据消费者对市场上已有竞争品牌在关键的两个特征因子方面的表现来确定各品牌在定位图上的位置。此时，消费者对各品牌的评价情况最好要量化，实施时，可借助各种统计软件包来进行。现假定现有餐饮市场上各竞争品牌在定位图上的位置如图 7-2 所示，可发现，目前餐饮市场上环境服务好但价格高，或环境服务差而价格便宜的市场竞争是非常激烈的。

3. 确定本企业产品或服务在定位图上的位置

定位图很直观地显示出了目前市场上消费者对各种品牌的产品或服务的评价情况。在图 7-2 中，只要两点不重叠，就说明它们在消费者心目中的地位是不一样的；两点的位置越接近，就说明其差异性越小，越有可能被竞争者所替代。在这种情况下，就应考虑通过重新定位来拉开与其他品牌的距离以扩大差异，在消费者心目中占据一个有利的位置。由于市场定位就是要树立己方产品或服务的独特特色，将己方产品或服务打入消费者的心智，所以，企业利用定位图来确定己方产品的位置时，可将其定位在定位图的空白处，这样可给消费者一个“第一”的形象，而“第一”的东西总是能在消费者的心目中占据一个好的位置。需要注意的是，定位图的空白处不一定就是企业的营销机会。如图 7-2 所示的环境服务差、价格又高的区域，就不应该成为企业的营销区域，这主要是因为这一区域可能是缺乏市场需求的。当然，企业利用定位图进行市场定位时，也可将其定位在某一竞争者的附近，但此时企业需具备以下条件：① 要能生产出比竞争者更好的产品；② 该市场位置对这两个竞争者来说要有足够的市场潜量；③ 要比竞争者有更多的资源等。

4. 向目标顾客准确地传递企业定位的信息

企业在确定了市场定位之后，一方面必须大力开展广告宣传，把企业的定位信息准确地传递给潜在顾客；另一方面，企业还须跟踪消费者的品牌认知情况，以检测沟通活动和营销努力的有效性。企业传递了有关定位的信息以后，消费者会做出一定的理解，并作出相应的评价。但消费者的理解不一定与企业所确立的定位相符，因为企业眼中的“产品特色”不等于消费者眼中的“产品特色”。消费者了解商品的角度，可能跟营销人员的极不相同，如某汽车厂商对汽车进行定位时，将产品定位在汽车避震的功能上，但消费者可能会将汽车的造型设计作为主要的购买考虑因素。所以，企业进行产品定位时，一定要站在消费者的角度来考虑某产品的特色，确立恰当的产品形象，从而使己方产品在消费者的心目中占据一个有利的位置。

三、市场定位策略

（一）填空补缺式

寻找新的未被占领的被许多消费者所重视的位置，即填补市场上的空位。填空补缺式的明显优势是企业可以避开的激烈竞争，但必须搞清下面三个问题。一是目标市场空白区是否有相应数量的潜在消费者。二是企业是否有足够的技术力量去开发目标市场空白区的产品，如果能够开发这种产品，那将会独领风骚，可获得可观的经济效益；如果没有能力，只能望洋兴叹，无能为力。三是企业开发新产品以填补市场空位，是否经济合算。

（二）针锋相对式

这种策略是把目标市场定在与竞争者相似的位置上，同竞争者争夺同一细分市场。实行这种定位战略的企业，必须具备以下条件：一是能比竞争者经营的产品更好；二是该市场容量足够吸纳两个竞争者的产品；三是比竞争者有更多的资源和实力。

（三）另辟蹊径式

这种策略是指企业在势力不太雄厚、难以和强大对手抗衡时，根据自身特点和优势，在产品某种属性上取得领先地位，强化宣传自己与众不同的特点。例如，美国百事可乐在20世纪30年代，瞄准饮料市场，并准备与历史悠久的可口可乐公司进行竞争，百事可乐通过调研发现消费者对饮料这类产品，往往更注重容量。当时，可口可乐公司瓶装饮料仅192毫升，百事可乐就采用了瓶装355毫升，用“百事可乐瓶装饮料多”的歌曲进行广告宣传，很快打入饮料市场，并占有一席之地。

（四）重新定位

重新定位通常是指对销路差、形象不够有力的产品进行二次定位。这种定位旨在摆脱困境，重新获得增长与活力。对产品进行重新定位的过程，实际上是再一次地重复定位的步骤，但这一过程绝不是上一次定位的简单重复，而是在原来基础上的一次扬弃，在重新定位之后，所有的营销传播工具，包括广告、渠道等营销因素必须重新整合，以配合定位诉求的改变。企业一般在以下情况下进行重新定位：新产品在投放市场之初，定位策略发生错误时；企业产品定位虽然正确，但目标顾客的偏好发生了变化，或竞争者推出了一个新品牌，并把它定位于本企业产品的竞争品；企业的营销目标发生了变化等。

|拓展提高|

目标市场拓展战略

目标市场拓展战略是指企业在不改变产品原有性能的条件下，开拓新市场的战略。例如，开拓农村市场、西部市场，或开拓国际市场等。拓展战略是多角度、多层次的一种延展战略。目标市场拓展战略的选择依赖于市场本身的特征、各个市场的联系、市场竞争状况以及企业所具备的实力等条件。

企业在选择目标市场拓展战略时应该作深入细致全面的分析。

目标市场拓展战略适用于：市场增长率和相对市场占有率都高的企业，由于增长迅速，企业必须投入巨资以支持其发展。市场增长率高，相对市场占有率低，支持投入市场时间较短的业务。

一般来讲，企业可供选择的有以下五种典型战略。

1. “滚雪球”战略

目标市场的“滚雪球”拓展战略是中小企业最常用的一种策略，即企业在现有市场的同一地理区域内，采取区域内拓展的方式，在占据了一个地区后再向另一个新的区域进军的拓展战略。具体来讲，这种战略的拓展以某一个地区目标市场为企业市场拓展的“根据地”和“大本营”，进行精耕细作，把“根据地”和“大本营”市场做大、做强、做深、做透，并成为企业将来进一步拓展的基础和后盾。在“根据地”市场占据绝对优势和绝对稳固之后，再以此为基地向周边邻近地区逐步滚动推进、渗透，最后达到“星星之火，可以燎原”，即占领整个市场的目的。

案例链接

温州有许多民营企业就采用了这种“滚雪球”的循序渐进战略。如温州“大隆”鞋机，其整个国内鞋机市场主要是“三州”，即以男鞋为主的温州、以女鞋为主的福建泉州、以旅游鞋为主的广州。“大隆”首先近水楼台先得月，温州鞋机市场为将来进一步发展的“根据地”。当占领温州 70%的鞋机市场，取得绝对稳固的垄断地位以后，再在温州发展，潜力已经不大，于是就向周边地区市场滚动。“大隆”第二步滚到了紧邻的泉州市场，并把温州的服务经验“克隆”到新市场，取得了很好的效果。现在，“大隆”又向福建邻近的广州进军了。

【分析提示】采取“滚雪球”战略有利于企业降低营销风险，有利于保证资源的及时满足，有利于市场的稳步巩固拓展。

（资料来源：http：//www.peixun168.com/glzxInfo.aspmark=7）

2. “采蘑菇”战略

“采蘑菇”的市场拓展方式，也有其独特的优点。

(1) 企业能取得最佳的经济效益

因为，企业的每一步都选择的是空白市场中最佳的。所以，企业的资源总是得到了最佳配置和利用。

(2) 企业市场拓展战略具有灵活性、及时性

尤其在竞争者较多时，如果仍按照由近及远、循序渐进的原则，则竞争者可能早就把那些诱人的市场抢走了。

这种战略虽然存在缺乏地理区域上的连续性的缺点，但却是企业普遍适应的一个战略。不但强势企业可以采用，弱势企业运用它也可以取得不错的效果。

3. “保龄球”战略

保龄球运动具有这样的特点：各保龄球之间存在一定的内在联系，只要恰当地击中关键的第一个球瓶，这个球瓶就会把其他球瓶撞倒一大片。

企业在拓展市场时同样可以运用这样的方法。要占领整个目标区域市场，首先攻占整个目标市场中的某个“关键市场”——第一个“球瓶”，然后，利用这个“关键市场”的巨大辐射力来影响周边广大的市场，以达到占领大片市场的目的。这种市场拓展战略我们称之为“保

龄球”战略。

当然，该“关键市场”应该具有如下特点。

(1) 该“关键市场”的消费者具有较强的求新意识和较强的购买力，因而对新事物接受较快；

(2) 该“关键市场”的消费需求具有极强的影响力、穿透力和辐射力。一般来说，“关键市场”的消费观念和潮流具有极强的超前性和引导性，即某种商品消费或生活方式一旦在这些市场流行，会引起一大批周边中小地区市场的消费者争相模仿追随。所以，只要企业占领这个“高能量”市场，就能取得以点带面，辐射一大片市场的效果。

当然，这是一种“先难后易”的市场拓展策略。“关键市场”往往是商家必争之地，要攻占该战略市场要点，必须耗费大量的财力和人力。但一旦占领，其他市场就“横扫千军如卷雪”了。显然，这是实力较强的大企业才能选择的战略。

案例链接

海尔集团的国内和国际市场拓展就是这样一个模式。在国内消费品市场，有三个城市市场至关重要。广州毗邻香港，成为中国时尚中心和流行发源地。广州今天的消费热点往往是湖南、湖北、四川、江西、福建乃至全国明天的流行趋势。上海的精益求精早就闻名全国，能在上海立足的商品必定是经得起考验的精品，受到上海市场欢迎的产品必定会得到江苏、浙江、山东、安徽等地市场消费者的青睐。北京是中国的“心脏”，企业的一举一动在这里都对全国市场影响巨大。在北京市场有出色表现的企业，其“市场风采”肯定不久就会成为媒体传播的话题，产品自然成为消费者追逐的对象。所以，“北京—上海—广州”成为进军全国市场的战略“金三角”。占领了这三个市场，依靠其强劲的辐射力量，就等于攻克了大部分中国市场。于是，海尔集团投入大量的精力先后进入和占领了北京、上海和广州，果然，其产品迅速向全国铺展开来。

【分析提示】采用“保龄球”战略，同理海尔先占领“日本—西欧—美国”三个关键海外市场，再准备向全球市场进军。即只要占领了虽然最难却非常具有影响力和辐射力的全球市场“三极”，进入发展中国家市场就势如破竹了，发达国家的今天消费流行趋势就是发展中国家明天的流行趋势。

（资料来源：http://news.cnal.com/management/09/2010/09-26/128547.shtml）

4. “农村包围城市”

“农村包围城市”战略与“先难后易”的“保龄球”战略相反，这是一种“先易后难”的市场拓展战略。即首先蚕食较易占领的周边市场，积蓄力量，并对重点市场形成包围之势，同时对中心城市形成一种无形的影响。等到时机成熟时，一举夺取中心市场。对于中小企业来讲，首先选择最难占领的中心市场，欲速则不达，成功的可能性很小。企业这时还不如首先选择较易攻占的周边市场，一方面积蓄自己的力量和营销经验，另一方面对中心市场给予一种潜移默化的影响。

5. “撒网开花”战略

“撒网开花”战略是企业在拓展其目标市场时，采用到处撒网，遍地开花，向各个市场同时发动进攻，对各个市场同时占领的方式。“撒网开花”战略具有极大的市场拓展威力，可以在非常短的时间内达到同时占领各个市场的目标。但是，这种战略成功的条件却极为苛刻：

需要企业具有充足的营销资源；需要企业具有大量的开发费用；需要企业具有强大的调控能力。

情境实战演练

洽洽瓜子：差异化制胜

市场上有一种很有名的普通得不能再普通的小零食——“洽洽”瓜子，市场行情非常好。洽洽瓜子上市后的很短时间里就连创销售奇迹，洽洽瓜子的生产商安徽合肥华泰集团原来是生产饮料的，他们在上新项目之前，对市场进行了分析：中国是瓜子消费的大国，瓜子的消费量以千万吨计，且瓜子的食用量随着人们生活水平的提高呈不断上升的趋势。在全国市场各个不同的消费区域，不同程度地形成了一定区域品牌；而值得注意的是，全国市场公认的名牌并没有真正形成，这给洽洽瓜子提供了运作空间。同时，瓜子的消费时间并没有明显的淡旺季之分，只是节假日期间瓜子的销量会有明显的上升。瓜子的消费人群主要集中在女性和儿童。其中，二者的消费习惯又有所不同：妇女偏爱集中购买，购买量较大；儿童偏爱零散购买，单次购买量较小。瓜子的消费没有明显的价格关注率，仅以习惯价格为限。瓜子的消费不具有流行性，而具有传统食品的时间延续性。

思考与讨论

1. 洽洽瓜子的目标市场是什么？它是如何进行市场定位的？
2. 洽洽瓜子是怎样对其目标市场进行细分的？
3. 洽洽瓜子是如何进行差异化竞争的？

（资料来源：http：//www.doc88.com/P-2292443407256.html）

职业能力形成训练

一、演练项目

针对创业小组或学习小组所选择的自创企业或背景企业的产品进行市场细分及目标市场选择。

二、演练目的

通过该实训项目的操作，使学生掌握产品市场细分的标准与步骤，掌握目标市场选择及定位策略的运用。

三、演练内容

（1）运用适当的市场细分标准对所选产品进行市场细分。
（2）在市场细分的基础上选择合适的目标市场及营销策略。
（3）在选择的目标市场上对该产品进行适当的市场定位。
（4）在占有相关资料的基础上，制作 PPT，并以小组为单位进行汇报。

四、演练组织

（1）各创业小组或学习小组在占有相关资料的基础上，共同完成该实训项目的 PPT 制作。

（2）各学习小组进行 PPT 汇报。

（3）同学互评，教师点评。

五、演练考核

（1）实训准备工作。（10 分）

（2）各学习小组对本次实训的组织、分配、管理等过程。（20 分）

（3）各学习小组提交实训报告一份，制作 PPT 并进行汇报。（50 分）

（4）学习小组的团队合作精神。（10 分）

（5）同学互评，教师点评。（10 分）

模块三

市场营销战术制定

企业营销活动的最终成败，很大程度上取决于营销组合策略设计是否有效并得以整合运用。营销大师麦肯锡指出，企业的市场营销战略包括两个不同而又相互关联的部分：一是目标市场；二是市场营销组合。因此企业在经过市场分析，选定目标市场之后，应根据目标市场的需求以及自身的战略和资源、能力、差别优势等情况，有效地选择和制定市场营销组合策略，包括有效地选择和设计产品策略、价格策略、渠道策略、促销策略等。

项目八　打造产品优势策略

新的竞争不在于工厂里制造出来的产品，而在于工厂外能够给产品加上包装、服务、广告、咨询、融资、送货或顾客认为有价值的东西。

——〔美〕李维特

项目目标

知识目标：

1. 正确认识产品整体概念。
2. 理解新产品的含义及开发新产品的意义。
3. 把握产品生命周期及品牌策划营销理论。

能力目标：

1. 树立感性消费时代产品整体新观念。
2. 培养产品策划的意识与能力。

项目引例

"三只松鼠"的崛起

"三只松鼠"是由安徽三只松鼠电子商务有限公司于2012年7月推出的互联网森林食品品牌，主要销售坚果、干果、茶叶等产品。产品上线65天后，其销售额在淘宝天猫坚果行业跃居第一名；2012年"双十一"时，实现日销售额766万元，名列全网食品类电商当日销售收入第一。

虽然也是从坚果切入，但"三只松鼠"定位于"森林系"，倡导"慢食快活"的生活方式。更宽泛的产品种类和抽象的品牌定位已经跨越了章燎原驾轻就熟的"坚果电商"这样细分的实物形象，其驾驭难度要大得多。

下面从产品的核心层、产品有形层和产品延伸层来分析"三只松鼠"的产品营销策略。

（1）核心产品：缩短供应链，以保证产品的新鲜度。

"三只松鼠"有鲜明的品牌化色彩，从"三只松鼠"的经营和营销上，可以明显看出，它拿来吸引用户首当其冲的卖点已经不是价格，而是商品质量。"三只松鼠"在全国范围内寻找产品的原产地，统一采取订单式合作，保证每一家厂商不生产超过两样产品。"三只松鼠"在收购原材料之后，先委托当地企业生产加工成半成品，但在这里增加了一个检验环节。然后，合格的半成品被送回"三只松鼠"位于芜湖高新区的10 000平方米的封装工厂中，或存于0～5℃的冷库中，或保存在20℃恒温的全封闭车间中。这样大大减少了货架期，得以将商品从生产出来到卖给消费者的时间控制在一个月以内，最大限度地保证产品的新鲜。

（2）产品有形层：自创品牌，突出产品形象。

“三只松鼠”只在互联网上销售，线下买不到，满足拟人化的沟通、细致专业无二的包装和服务，快速新鲜的产品，超乎消费者心理预期，形成了强大的“三只松鼠”的品牌个性，也塑造了它明显的竞争优势——可记忆。互联网最具标志性的特点就是信息海量、信息碎片，如果品牌名不易记忆，企业的传播成本是很高的。传播互联网发展到今天，传播最大的特点就是去中心化，人人都可以是媒体（微博、微信、BBS，SNS，等等）。

(3) 产品延伸层：服务独特，用户至上。

“三只松鼠”不仅把产品加工得易剥，双层包装，突出松鼠形象，而且在它的包裹里还会提供纸袋夹子，以便吃到一半时进行袋子的密封，还有垃圾袋、纸巾、微杂志等，吃坚果的工具基本上都能在这个包裹里找到。在线上，客服人员还会化身成“鼠小弟”时不时地跟顾客卖个萌：“主人，买一个吧！”

好产品会说话，这个道理谁都懂，但三只松鼠通过对网购人群的研究，设计产品和服务，真正利用了这一法则，让产品成为传播的载体。

（资料来源：http：//www. wokeji. com/jbsj/lb/201411/t20141125. shtml）

引例分析

产品是维系企业长远发展的物质载体，企业的管理人员都明白“产品是企业的生命”的道理。消费者对产品的认可包括核心产品、有形产品和延伸产品。

项目分析

消费者对产品的评价和质量的认可往往是从多方面考虑的，特别是现在多数消费者已从“将就型”向“讲究型”转化，所以他们在购买该产品时除了要求能满足其基本的利益外还期望在情感上或心理上得到某种满足。企业的市场营销活动都是以满足市场需要为中心的，为了实现这一目标，企业只能通过向市场提供产品或服务来实现。产品是市场营销组合中最重要的因素。如何确定整体产品规划（任务 1），制定产品组合策略（任务 2），掌握产品生命周期策略（任务 3），实施新产品开发与推广应用（任务 4），实施品牌与包装策略（任务 5），实施比竞争对手更为快捷、有效地满足目标市场的需求是本项目学习的主要内容。

项目实施

任务 1　确定整体产品规划

一、产品整体概念

现代营销理论认为，营销的产品，既要包括提供给消费者的有形利益，即物质实体，又要包括无形的消费利益，如服务上、价值观上、审美观上的满足等一切顾客需求的产品隐形属性。

从现代营销观念来看，企业销售带给顾客的不仅仅是产品本身，而是一个产品体系，包括以下五个层次。

(一) 核心产品层

核心产品层是指能够给消费者带来实际利益,即产品的功能和效用,是消费者真正要购买的东西。它是产品五层次理论中最基本的层次,核心产品在形式上不能独立于产品的实体或服务的活动方式存在,只有在使用或消费产品时才能表现出来。

(二) 形式产品层

形式产品层是指产品的基本表现形式,是核心产品的表现形式。也就是向消费者提供产品实体和服务外观,包括产品品质、产品款式、产品品牌和包装等。

(三) 期望产品层

期望产品层就是购买产品时期望的一整套属性和条件。一般情况下,消费者购买某种产品时会根据以往的消费经验或企业宣传对所需要购买的产品形成一种期望。例如,对于乘坐新加坡航空飞机的乘客来说,期望的是体验安静舒适的乘机环境和完善温馨的乘机服务。

(四) 延伸产品层

延伸产品也就是产品包含的附加服务和利益,如免费送货、售后服务等。企业做好产品延伸层次的内容不仅可以提高客户满意度和忠诚度,也可以帮助企业树立良好的企业形象和形成良好的口碑效应。

(五) 潜在产品层

潜在产品层是指一个产品最终可能实现的全部附加部分和新的功能。潜在产品指示出当前产品的可能发展前景,这也是企业努力寻求的满足顾客并提升企业竞争力的新途径。

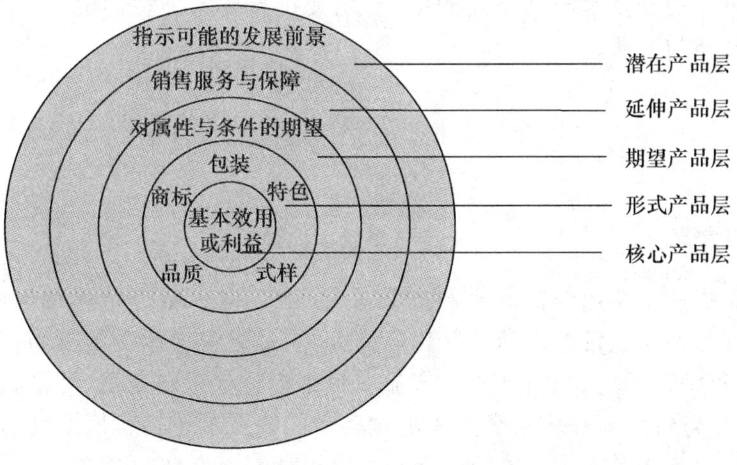

图 8-1　产品整体结构图

二、产品规划

产品规划是指产品规划人员通过调查研究,在了解市场、了解客户需求、了解竞争对手、了解外在机会与风险以及市场和技术发展态势的基础上,公司根据自身的情况和发展方向,制定出可以把握市场机会,满足消费者需要的产品的远景目标以及实施该远景目标的战略、战术的过程。我们讨论产品规划中所需要的特殊技能和技巧,包含两个阶段:市场分析和产品定义。

（一）市场分析

规划产品要想成功，首先要明智地开展市场研究及其他活动，这些活动的总和即是市场分析。有效的市场分析及新产品的推出，不仅要注意实体产品，还要注意其与有关环境的关系，即要以系统观点来评价和衡量整个事件。通过市场分析工作，在比较后将推出的产品价格、市场大小、市场区隔及销售意愿是否符合所需。对于这种工作是没有方法来判别其好坏，只能提出如下原则。

（1）适应保持内部一致性，否则将使资料及对问题的考虑在彼此之间产生差距，无法沟通。

（2）了解人类行为对于产品改变可能产生的抵制，包括由于产品改变而产生抵制的形式、双声道串接的影响及如何抵制等。

（3）要时时注意分析的合理性。

（二）产品定义

市场分析的另一方面工作，即对现有技术的能力及限制加以了解，以使这两项工作得以联系。这种沟通工作在于对产品的定义。由于在设计过程中，技术性人员常常就技术面而非整体的观念来决定，以至于有“过度设计”的情形，因此我们应为产品设置一些标准用以遵守。以下为几点建议。

（1）产品的品质不要因众多人士的勇者不惧而降低。

（2）产品的成功包括技术面与营销面。

（3）随时调整及时评估战略，以配合内外在营销环境。

产品规划可以说是技术与营销间的中介，尤其在高技术公司的地位十分重要。产品规划需要特殊的技巧与方法。

任务 2　制定产品组合策略

一、产品组合的含义

产品组合是指一个企业营销的全部产品总称，由营销产品的品种和规格构成。产品组合包括了产品线与产品项目。产品线又称产品大类，是指密切相关的一组产品，比如宝洁公司产品线包括了牙膏、香皂、洗涤剂等。产品项目是指具有特定规格、外形、价格与技术结构和其他特征的具体产品，如在宝洁公司香皂这条产品线上就包括了舒肤佳、卡玫尔等具体的产品。产品组合包括四个维度：产品组合的宽度、长度、深度和关联度。

（一）产品组合的宽度

产品组合的宽度是指一个企业拥有的产品线的数量。如按照前例，宝洁公司拥有三条产品线，宽度为 3。当然实际上宝洁公司产品组合宽度远不止这个数字，它还包括另外的产品线，如饮料、食品等。产品组合中包括产品线的数目越多，企业的产品组合就越宽。

（二）产品组合的长度

产品组合的长度是指产品组合中的产品项目总数。为了在不同企业之间进行比较，企业用产品线的平均长度来表示产品组合的长度。产品线的平均长度等于总的长度除以产品线的数量，如宝洁公司妇婴护理产品线中包括了帮宝适与护舒宝等产品项目，该产品线长度为 2。

（三）产品组合的深度

产品组合的深度是指企业的每一条产品线中每一个产品项目所包含的具体品种、规格、款式的数目。比如宝洁公司的海飞丝有三种功效两种规格的洗发露，它的深度就是6。

（四）产品组合的关联度

产品组合的关联度是指产品组合中的各产品线在最终用途、生产条件、分销渠道或者其他方面相互关联的程度。如联想的计算机、扫描仪、打印机就分销渠道来说是相同的，最终用途也有关，因此关联性大。

案例链接

宝洁公司中国产品组合

项目	产品组合宽度				
产品组合深度	产品系列Ⅰ 洗发水	产品系列Ⅱ 洗衣粉	产品系列Ⅲ 沐浴露	产品系列Ⅳ 香皂	产品系列Ⅴ 个人护理
	飘柔	碧浪	飘柔	舒肤佳	护舒宝
	海飞丝	汰渍	玉兰油	飘柔	帮宝适
	潘婷			玉兰油	

【分析提示】宝洁公司是全球500强企业之一，是在中国消费者最多的日用消费品公司，多品种战略是其成功的原因之一。

二、产品组合策略

产品组合策略是指企业根据自身状况，市场环境和竞争形式对产品组合的宽度、长度、深度和关联度进行最优组合的过程。

（一）扩大产品组合策略

扩大产品组合策略是开拓产品组合的宽度和加强产品组合的深度。开拓产品组合宽度是指增添一条或几条产品线，扩展产品经营范围；加强产品组合深度是指在原有的产品线内增加新的产品项目。具体方式有以下几种。

（1）在维持原产品品质和价格的前提下，增加同一产品的规格、型号和款式。

（2）增加不同品质和不同价格的同一种产品。

（3）增加与原产品相类似的产品。

（4）增加与原产品毫不相关的产品。

例如，在制作动画片的基础上，拉长产业链生产由该动画片延伸出来的玩具、服装、音像图书、食品等。

（二）缩减产品组合策略

缩减产品组合策略是削减产品线或产品项目，特别是要取消那些获利小的产品，以便集中力量经营获利大的产品线和产品项目。缩减产品组合的方式有：

（1）减少产品线数量，实现专业化生产经营；

(2) 保留原产品线削减产品项目,停止生产某类产品,外购同类产品继续销售。

(三) 产品线延伸策略

任何一个企业都有其特定的市场定位,产品延伸策略是指企业在特定的产品线内部,全部或部分改变公司原有的产品的市场定位。常用的有以下三种决策。

1. 向下延伸

向下延伸策略定位于市场高端,然后向下扩展。当公司高档产品销售增长缓慢,公司的资源设备没有得到充分利用,或为了赢得更多的客户,将产品线向下扩展。这种延伸有利于利用高档产品的声誉吸引购买力水平低的顾客购买此产品线中廉价的产品,例如,宝洁公司。在经过多年的中国市场培育和品牌形象造就之后,宝洁公司已经在中国市场深入人心,飘柔、潘婷、海飞丝等品牌分别以区别的功能定位和"高档"的品牌形象赢得良好的名声和美誉度,随着中国洗涤日化行业竞争的不断加剧,宝洁公司不得不改变策略,推出一系列"平民价位"的产品,给竞争对手以有力的打击。

2. 向上延伸

向上延伸策略定位于市场低端,然后向上扩展。当企业高档产品市场有较大成长空间和较高的利润时,公司的技术设备和营销能力已具备加入高档产品市场的条件,公司要重新进行产品线定位。一般来讲,向上延伸可以有效地提升品牌资产价值,改善品牌形象。

3. 双向延伸

双向延伸策略定位于中档的公司会向上下两端延伸。丰田公司中档产品卡罗那的目标顾客是基层经理,在此基础上增加了高档品牌凯美瑞,目标顾客是中层经理;低档市场增加了小明星,针对购买力不强的首次购买者;为豪华汽车市场推出雷克萨斯,目标顾客是高层经理。

案例链接

橄榄油王国西班牙的顶级品牌"康乐氏橄榄油",目前的品牌定位是"国际橄榄油专家",根据品牌在中国市场的聚集战略,产品线也锁定在食用橄榄油,而且在这一领域成为非常强大的领导品牌。然而,当企业发展到一定阶段,现有的市场容量不能达到战略目标时,势必也会面临扩充产品组合的问题。比如说,企业的技术部门现就正在研发和即将推出一系列适合中国市场的橄榄油护肤品、美发产品、口服保健品等。

(资料来源:http://wenku.baidu.com.)

【分析提示】"康乐氏"针对中国市场利用消费者对现有品牌的认知度和认可度推出新产品,扩大产品组合以期通过较短的时间、较低的风险来快速盈利,迅速占领除食用橄榄油以外市场。

任务3 掌握产品生命周期策略

从一个婴儿呱呱坠地,他就会经历由弱至强,再由强转弱的生命历程。产品也一样,没有产品能在市场上永远"骄傲"下去,这是由市场需求决定的,每个产品都有自身的生命周期。

一、产品生命周期的概念与特征

（一）产品生命周期的概念

市场营销学把产品经过研究开发，从进入市场开始直到最终退出市场为止所经历的全部时间称为产品的生命周期或产品市场生命周期。这里要指出的是，产品的生命周期是指产品的市场寿命，是产品在市场上存在的时间，其受顾客需求变化、产品更新换代的速度等因素的影响，而不是产品的使用寿命。产品使用寿命是指产品从投入使用到损坏报废所经历的时间，受产品的自然属性和使用频率等因素的影响。

产品的生命周期一般可分为四个阶段：引入期（导入期）、成长期、成熟期、衰退期。产品生命周期各阶段的划分是相对的，一般来说，各阶段的分界是以产品销售额和利润额的变化为依据的。

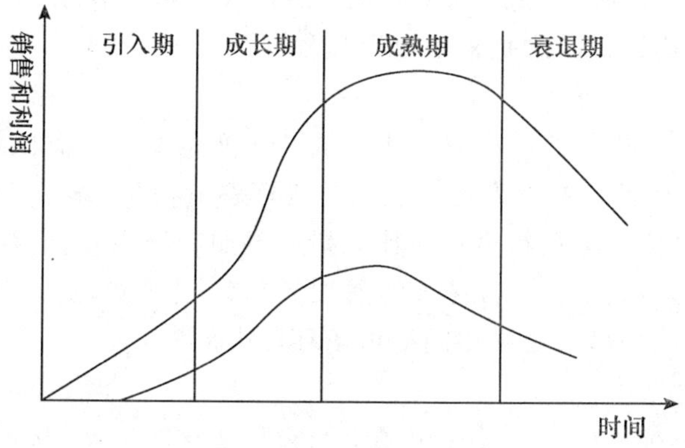

图 8-2　产品生命周期图

（二）产品生命周期的特征

（1）引入期。新产品刚刚投入市场，顾客对产品还不了解，除了少数追求新奇的顾客外，几乎没有人实际购买该产品，销售量低。并且在该阶段产品生产批量小，制造成本高，产品销售价格偏高，销售额增长慢，企业通常不能获利。

（2）成长期。这一时期顾客对产品已经渐渐熟悉，大量的顾客开始购买，需求量和销售额迅速上升，市场逐步扩大，生产成本大幅度下降，利润迅速增长。同时，由于大规模的生产和丰厚的利润机会，吸引大批竞争者加入，市场竞争加剧，仿制企业增加。

（3）成熟期。经过成长期之后，随着购买者产品的人数增多，市场需求趋于饱和，企业销售额和利润额增长缓慢。但在这一时期销售额和利润额达到最大值，由于市场竞争的加剧，导致广告费用再度提高，销售额和利润额由最高点转而下降。

（4）衰退期。随着科技的发展、新产品和替代品的出现以及消费者消费习惯的改变等原因，产品的销售量和利润持续下降，从而产品进入了衰退期。此时，生产成本较高的企业会因为无利可图而陆续停止生产，该类产品的生命周期也就陆续结束，直至最后完全退出市场。

产品生命周期各阶段特点如表 8-1 所示。

表 8-1 产品生命周期各阶段特点

特点 阶段	引入期	成长期	成熟期	衰退期
销售额	低	迅速增长	缓慢或下降	下降
利润	低	迅速增长	下降	低或无
成本	高	低	下降	回升
顾客	少数试用者	多数	多数	少数保守者
竞争者	很少	增多	最多	减少
价格	高或低	适当	下降	下降

二、判定产品所处生命周期阶段的方法

在产品生命周期的变化过程中，正确分析、判断各阶段的临界点，确定产品所处的生命周期阶段是企业营销人员制定营销策略的基础，对市场营销工作影响巨大。对产品生命周期各阶段的判断，目前比较普遍的是采用以下几种方法。

（一）经验类比法

经验类比法是根据相类似产品已有的生命周期的变化情况来类比现有的产品生命周期的发展变化情况的，因为某些新产品上市缺乏销售资料，所以很难进行分析判断，这时营销人员可以运用类似产品的历史资料进行对比分析。例如，根据黑白电视机的销售增长率、市场占有率、利润等资料来预测彩色电视机的发展趋势。很显然，这样的类比使用范围很有限。一般适用于相同行业中，并处在相同的市场环境中。

（二）销售增长率比值法

产品生命周期理论描述的是产品在市场上销售量变化的规律，从理论上说，应该可以利用和观察销售增长率的变化来确定产品处于生命周期的哪个阶段。不过，由于单个的差异较大，因此，测试的数据不能通用，但原理应该是相同的。其具体做法是以年实际销售增长或下降的变动率来衡量。其中，ΔY 表示销售量的增加量，ΔX 表示时间的增加量，则：

当 $\Delta Y/\Delta X$ 之值大于 10%时，该产品处于成长期；

当 $\Delta Y/\Delta X$ 之值在 0.1%—10%之间时，该产品处在成熟期；

当 $\Delta Y/\Delta X$ 之值小于 0 时，该产品属于衰退期。

采用这种方法营销人员要注意时间间隔要足够长，不要把暂时的市场销量下降视为衰退期的到来。

（三）产品普及率分析法

产品普及率分析法是按人口平均普及率来分析产品生命周期所处阶段的。

人口平均普及率 = 产品社会拥有量/人口总数

　　　　　　　 = 产品社会拥有量/家庭户数

一般来讲产品普及率小于 5%时为引入期；普及率在 5%—50%时为成长期；普及率在 50%—90%时为成熟期；普及率超过 90%时为衰退期。这种方法一般适用于耐用品生命周期判断。

三、产品生命周期自己各阶段的营销策略

典型的产品生命周期的不同阶段呈现出不同的市场特征，企业的营销人员也就应该以

各阶段的特征为基础来制定和实施营销策略。

（一）引入期的营销策略

引入期的特征是产品销量少，促销费用高，制造成本高，销售利润很低甚至为负值。根据这一阶段的特点，企业应努力做到：投入市场的产品要有针对性；进入市场的时机要合适；设法把销售力量直接投向最有可能的购买者，使得产品更快地进入成长期。如很多企业针对新产品上市往往会不惜高价聘请当红明星代言等行为。

在产品的引入期，一般可以由产品、分销、价格、促销四个基本要素组合成各种不同的市场营销策略。把价格高低与促销费用高低结合起来考虑，就有下面四种策略。

(1) 快速撇脂策略。即以高价格、高促销费用推出新产品。实行高价策略可在每单位销售额中获取最大利润，尽快收回投资；高促销费用能够快速建立知名度，占领市场。一般而言，在产品引入阶段，只要新产品比替代的产品有明显的优势，市场对其价格就不会那么计较。

(2) 缓慢撇脂策略。以高价格、低促销费用推出新产品，目的是以尽可能低的费用开支求得更多的利润。实施这一策略的条件是：市场规模较小，产品已有一定的知名度，目标顾客愿意支付高价，潜在竞争的威胁不大。

(3) 快速渗透策略。以低价格、高促销费用推出新产品。目的在于先发制人，以最快的速度打入市场，取得尽可能大的市场占有率。然后再随着销量和产量的扩大，使单位成本降低，取得规模效益。实施这一策略的条件是：该产品市场容量相当大；潜在消费者对产品不了解，且对价格十分敏感；潜在竞争较为激烈；产品的单位制造成本可随生产规模和销售量的扩大迅速降低。

(4) 缓慢渗透策略。以低价格、低促销费用推出新产品。低价可扩大销售，低促销费用可降低营销成本，增加利润。实施这一策略的条件是：市场容量很大；市场上该产品的知名度较高；市场对价格十分敏感；存在某些潜在的竞争者，但威胁不大。

（二）成长期市场营销策略

新产品经过市场介绍期以后，消费者对该产品已经熟悉，消费习惯也已形成，销售量迅速增长，这种新产品就进入了成长期。随着新竞争者的加入使得竞争加剧，新的产品特性开始出现，产品市场开始细分，分销渠道增加。企业为维持市场的继续成长，需要保持或稍微增加促销费用，但由于销量增加，平均促销费用有所下降。针对成长期的特点，企业为维持其市场增长率，延长获取最大利润的时间，可以采取下面几种策略。

(1) 改善产品品质。如增加新的功能，改变产品款式，发展新的型号，开发新的用途等满足顾客更广泛的需求，吸引更多的顾客。

(2) 寻找新的细分市场。通过市场细分，找到新的尚未满足的细分市场，根据其需要组织生产，迅速进入这一新的市场。

(3) 改变广告宣传的重点。把广告宣传的重心从介绍产品转到建立产品形象上来，树立产品名牌，维系老顾客，吸引新顾客。

(4) 适时降价。在适当的时机，可以采取降价策略，以激发那些对价格比较敏感的消费者产生购买动机和采取购买行动。

（三）成熟期市场营销策略

进入成熟期以后，产品的销售量增长缓慢，逐步达到最高峰，然后缓慢下降，产品的销售利润也从成长期的最高点开始下降，市场竞争非常激烈，各种品牌、各种款式的同类产品不断出现。

对成熟期的产品，宜采取主动出击的策略，使成熟期延长，使产品生命周期出现再循环。为此，可以采取以下三种策略。

（1）市场调整。这种策略不是要调整产品本身，而是发现产品的新用途、寻求新的用户或改变推销方式等，以使产品销售量得以扩大。

（2）产品调整。这种策略是通过产品自身的调整来满足顾客的不同需要，吸引有不同需求的顾客。整体产品概念的任何一层次的调整都可视为产品再推出。

（3）市场营销组合调整。即通过对产品、定价、渠道、促销四个市场营销组合因素加以综合调整，刺激销售量的回升。常用的方法包括降价、提高促销水平、扩展分销渠道和提高服务质量等。

（四）衰退期市场营销策略

衰退期的主要特点是：产品销售量急剧下降；企业从这种产品中获得的利润很低甚至为零；大量的竞争者退出市场；消费者的消费习惯已发生改变等。面对处于衰退期的产品，通常有以下几种策略可供选择。

（1）继续策略。继续沿用过去的策略，仍按照原来的细分市场，使用相同的分销渠道、定价及促销方式，直到这种产品完全退出市场为止。

（2）集中策略。把企业能力和资源集中在最有利的细分市场和分销渠道上，从中获取利润。这样有利于缩短产品退出市场的时间，同时又能为企业创造更多的利润。

（3）收缩策略。抛弃无希望的顾客群体，大幅度降低促销水平，尽量减少促销费用，以增加目前的利润。这样可能导致产品在市场上的衰退加速，但也能从忠实于这种产品的顾客中得到利润。

（4）放弃策略。对于衰退比较迅速的产品，应该当机立断，放弃经营。可以采取完全放弃的形式，如把产品完全转移出去或立即停止生产，也可采取逐步放弃的方式，使其所占用的资源逐步转向其他的产品。

案例链接

商务通：配合产品在生命周期的变化，而及时调整的广告策略

商务通被业界称为“商业神话”：它上市第一年销售额即突破7亿元，跃居行业第一。作为PDA（即Personal Digital Assitant，意为个人数字助理，指个人手持式信息处理设备）产品的一种，商务通激活了这个沉寂了近十年的市场。

其实，在恒基伟业推出商务通之前，中国市场上已有“快译通”“文曲星”“名人”等品牌，然而市场表现始终不见起色，原因在于企业对PDA市场没有太多的信心和估计，也没有投入太多的资源进行广告宣传和产品开发，因此消费者对PDA产品缺少足够的认识，也没有成为人们日常生活的必需品。商务通面世后，运用了轰轰烈烈的广告攻势，培养了PDA市场的消费意识，而自己在这个激活的市场中迅速成长，后来居上，执行业之牛耳。

1998年年底，商务通正式上市时，恒基伟业与中央戏剧学院学生陈好签约，这个长相标致、并不张扬的年轻女孩在随后的商务通电视广告中，对商务通进行了最基础的介绍，因为当时商务通处于引入期，广告的重点是传达信息，培育市场，这个阶段，商务通广告选择了不厌其烦、反复灌输的策略。

陈好广告篇收到的效果奇好，启动了PDA广阔的市场，不过这时众多的掌上电脑产品也开始搭上了商务通的“顺风车”。面对同类产品的竞争，商务通的广告策略在第二阶段做出了调整，诉求重点不再是产品功能，而是商务通独特的性能，此时恒基伟业签下了第二位形象代言人——李湘。李湘当时在《快乐大本营》口碑甚好，积累了不少人缘，商务通借势用势，把产品的性能生动地进行了传播。并且广告语也撤换为“科技让你更轻松”，明白无误地告诉消费者，科技不仅人性化，还可以使你更方便。

商务通的第三位形象大使是濮存昕。濮存昕是国人公认的成功人士象征，他的形象正合商务通的要求。濮存昕广告克服了李湘广告快乐有余、而商味不足的形象，将目标市场锁定为“商务人士”。商务通的品牌形象就这样很自然地从“李湘的快乐使用时代”进入到“濮存昕的商务实用时代”，真正实现了“手机、呼机、商务通，一个都不能少”的境界。

综观商务通的广告运作轨迹，它每一阶段的广告谋划都配合了产品在不同生命周期的不同特点，告知、说服、诱导各功能层次分明。从形象代言人来看，前后三位形象代言人均适应了商务通不同时期的品牌形象要求；从投入产出比看，商务通高成本的广告投入，带来了巨额的销售量，2001年商务通销售额再一次保持第一，占全行业的44.6%，相当于第二名名人和第三名联想的总和。

（资料来源：http：//blog.csdn.net/jyz3051/archive/2008/09/25/2979363.aspx）

任务4 实施新产品开发与推广应用

在当今经济全球化、市场一体化的条件下，企业之间的竞争不仅仅表现在价格、促销等方面，而且越来越多的表现在产品本身，创新是企业发展的推动力，企业的不断创新能给企业带来新的营销机会，只有不断开发新产品才能满足市场不断变化的需求。

一、新产品的概念及类型

从市场营销的角度来考察，新产品是一个广义的概念。既指绝对的新产品，又指相对的新产品。因此，新产品按照创新的程度可以分为四种类型。

（一）全新产品

全新产品是指应用新原理、新结构、新技术、新材料、新工艺等制造的前所未有的具有全新功能的产品。它是科学技术的发明在生产上的新应用，无论是对企业还是对市场都是新产品。由于开发全新产品需要大量资金和先进技术，产品的开发风险十分巨大，所以绝大多数企业都很难问津全新产品。

案例链接

新产品开发的风险

福特公司在爱德塞尔汽车开发上损失3.5亿美元，得克萨斯仪器公司在从家庭计算机行业撤退时已损失了6.6亿美元。新可口可乐（可口可乐公司）、赞普电子邮递（联邦快递）、极低梦幻方便电影(宝丽来公司)等这些非常有经验的公司在新产品开发上,也都付出过惨重的代价。

【分析提示】从营销学角度来看,一个企业新产品开发的主要风险在于资金投入的回收预期和市场销售的不确定性,也就是说开发新产品资金的投入和收益之间是否对称是不易预测的。

(二)换代产品

换代新产品是指在原有的产品基础上,采用部分新技术、新材料、新元件、新工艺研制出来的,使得原有的产品性能有飞跃性提高的产品。如黑白屏手机改为彩屏手机,胶卷相机改为数码相机。该类产品与原产品相比性能有显著改善,具有较好的市场潜力,但消费者对该类产品的接受通常需要有一个过程。

(三)改进产品

改进产品是指在原有产品的性能、规格型号等基础上,采用或部分采用新技术、新材料、新工艺研制出来的以提高质量或实现多样化,满足不同消费者需求的新产品。如采用新设计、新材料改变原有产品品质、降低成本,但产品用途不变或采用新设计、新结构、新零件增加其新用途。这类产品与原产品差别不大,容易被市场迅速接受,但竞争者容易模仿。

案例链接

据国外权威人士测算,工业产品外观设计上花费 1 美元,就能带来 1500 美元的收益。例如,日本东芝公司曾聘请意大利著名的 IDEA 公司设计高档电视机外观,将设计者名字刻在机身正面显著位置上,每台售价高达 2000 美元,在日本市场引起轰动。又如,美国耐克公司有 2000 多名设计人员,每年推出几千个花色品种,以适合全球各地市场的不同需求。

【分析提示】企业根据消费者需求变化速度和变化方向适宜地推陈出新可以帮助企业提高市场竞争力和经济效益,更好地满足现实和潜在消费者的需要。

(四)仿制新产品

仿制新产品是指企业仿照市场上已有的某种产品的性能、工艺而生产的有企业自己品牌的同类产品。如市场上大量出现的各种牌号的电视机、手机等。由于生产技术都已公开,有能力的企业均可生产这类产品。模仿创新是一种十分普遍的创新行为。

二、新产品开发的意义

企业必须大力开发新产品,很多企业还专门成立产品研发部门,这是由于以下几个方面的原因。

(一)新产品开发是企业发展的生命线

企业不断开发新产品,就可以在原有产品退出市场舞台时利用新产品占领市场。不断开发新产品的活动使企业永远保持青春活力。

(二)新产品开发可以帮助企业保持竞争优势

企业不断地创新,努力为市场开发新产品,更好地满足消费者的需要,可以帮助企业在市场上保持竞争优势。这是企业在竞争中求生存求发展的客观要求。

（三）新产品的开发有利于提高企业的经济效益

新产品开发要想在市场上取得成功，新产品必须具有比老产品更好的经济效益。新产品或降低制造成本，或节约使用费用或提高劳动生产率，以上各种形式都能提高经济效益，增加企业财富。

（四）新产品开发可以适应不断变化的市场需求，更好地满足现实和潜在的消费者需要

人们对产品的需求是多种多样的并且是不断变化的。随着消费者收入的增加，可选择的商品种类的增多，这些都要求企业只有不断地推陈出新才能满足不断变化的市场需求，从而培养自己的忠诚客户。

案例链接

索尼创新之困

索尼一直以来都认为，自己是新技术和产品的提倡者，而不是顾客意见的追随者。这一点让索尼吃了不少的苦头。截至3月31日的2010财年，索尼净亏损为410亿日元（约合4.45亿美元），这是索尼上市50年来，首次连续两个财年出现亏损。

曾经是日本，乃至堪称全球电子制造业翘楚的索尼如今已深陷亏损的泥潭，在索尼的后10年间，创新却打了折扣，固守创新的索尼，因为脱离市场、为创新而创新而深受羁绊。

这一转折或许是从索尼在Betamax与VHS影像纪录竞争中惨败开始的。当时索尼的家用盒式录像带Betamax在性能上优于竞争对手，但由于好莱坞影视录像多用VHS标准，索尼的录像磁带一败涂地。

此后索尼大举打入美国软件市场，先买唱片公司，接着入主哥伦比亚电影，后又组财团收购好莱坞老牌电影公司米高梅，意图在于控制内容，主导世界制作标准，为其硬件销售提供便利。但索尼软硬件的协同战略只强调其自身的协同，完全忽视了消费者的选择权，其软硬件常见的排他性让索尼的如意算盘常常落空，不被消费者接受，协同不成，经常反成桎梏。

20世纪90年代中期，面对发展平板电视还是CRT电视，心有旁骛的索尼保守地选择了继续坚守特丽珑显像管，错误地沉浸在过去的辉煌中。直到出井伸之离任后，索尼才开始实施消费电子业务的重振计划。但几年的摇摆、长期的犹豫令索尼丧失了切入的最佳时机。

当苹果的MP3播放器成为随身听主流的时候，索尼头上的王者光环在苹果iPod的挤压下，变得暗淡无光。而作为昔日随身听霸主的索尼，还是坚定地认为自己的MD才是最好的音乐播放器，代表着最完美的音质，因此也只是零星地推出几款从严格意义上来说不能算是真正的MP3播放器。直到2005年，索尼开始卷土重来，并一口气发布了多款MP3随身听，把竞争的矛头直接指向苹果，希望从此夺回失地，东山再起，但总归成了迟到者。

视创新为生命的索尼要走出泥潭困境，需要的还是不断突破自我、迎合市场及消费者需求的新索尼式创新。创新依然是索尼的救命稻草。

（资料来源：http：//paper. dzwww. com/jjdb/data/20100524/html/7/content_2. html）

三、新产品开发的过程

企业必须根据实际情况适宜的推出新产品，巩固在市场中的地位，但是新产品的开发却不易成功。规范的新产品开发程序有以下主要步骤。

（一）收集新产品的设想和构思

一切新产品的开发都必须从产生设想和构思开始。所谓构思是对潜在的新产品的基本轮廓的设想。可以说没有构思就不可能生产出新产品实体。所以企业在开发新产品时要广开思路，收集各种新的设想，但要提出独创性的构思却相当难。

案例链接

"白加黑"公司的老总在国外出差时，为了治疗感冒买了一种药。一般感冒药都有副作用，白天吃了不利于工作，而外国的这种药不存在这种现象。他深受启发，回来后以"白天服药不打瞌睡"和"晚上吃了睡得香"为利益点，生产了白加黑这种药。投入市场仅半年，就突破了1.6亿元的销售额，分割了全国15%的感冒药市场。

（资料来源：选自范云峰编写的《市场营销实战》，由中国经济出版社于2002年出版。）

【分析提示】生产新产品构思需要善于分析消费者的隐形需求，了解市场、研究市场、引导市场、创造市场。

（二）构思的筛选

将征求得到的创意构思后还要进行构思的抉择和取舍。由于企业的资源是有限的，并不是每种构思都可以进行开发，因此需要对构思进行筛选。在这些构思中，有些应该剔除，有些应该保留，有些应该投入开发，这就要通过筛选来解决。

（三）产品概念的发展与测试

构思经过筛选后，需要将其发展成产品概念。产品概念是指企业从消费者的角度对这种构思所做的相近描述，即用对消费者有意义的术语表达产品的构思，然后再将产品概念发展成产品形象。概念测试是指用几组目标消费者来测试新产品概念。在知道产品概念之后，消费者将会对某些设定的问题进行回答，这些回答是他们对产品概念做出的反应，消费者的回答将帮助企业决定哪个概念有最强的吸引力。

（四）制定市场营销战略

企业的产品经理或者主持新产品开发的营销负责人需要提出一个将这个产品投入市场的初步营销战略计划。包括以下内容。

(1) 描述市场的规模、结构和行为，新产品在目标市场的定位，销售量、市场份额等。

(2) 描述产品的计划价格、分销策略和第一年的营销预算。

(3) 描述预期的长期销售量和利润目标，以及不同时间的市场营销组合。

（五）商业分析阶段

商业分析是指分析新产品的预计销售量、成本和利润估计情况，以了解其是否符合企业目标。如果能满足，那么就可以进入新产品开发阶段；如果商业分析被否定，那么该新产品概念将被淘汰。因此，提交进行分析的新产品概念往往不止一个。

（六）样品研制阶段

若产品概念通过了以上几个阶段，便可以将该产品的构思与概念变成实物，即进入实制实体产品阶段。样品制作出来以后，还应该进行严格的检验，包括功能检验和消费者检验。取得各方面对新产品的考核意见后，以预算的生产成本进入正式投产阶段。

（七）新产品鉴定与试销阶段

新产品试制后，须进行全面鉴定，对新产品从技术和经济上做出评价。新产品只有通过鉴定合格，才可定型，正式生产。新产品正式投放市场前，需要进行试销。产品实体开发出来并进行了鉴定测试后，如果结果满意，那么需要为该产品制订一个预备性的营销方案，在更为可信的消费者环境中进行测试就称为市场试销。其目的很明确，就是希望通过小范围的尝试性销售了解消费者和经销商对该产品的反应，再鉴定该产品市场有多大，然后决定是否大批量生产与推广。如果企业对新产品的成功没有把握，则试销是很有必要的。

（八）正式上市阶段

新产品经试销获得成功且通过了技术鉴定，准备好了批量生产条件后，投放时间、投放地区、目标市场和营销策略的确定就成为上市成功与否的关键。

四、新产品开发的策略

新产品的开发是企业产品策略的重要组成部分。新产品开发的主要策略有以下几种。

（一）领先策略

领先策略就是在激烈的产品竞争中采用新原理、新技术、新结构优先开发出全新产品，从而先入为主，领略市场上的无线风光。这类产品的开发多属于发明创造范围，采用这种策略，投资数额大，科学研究工作量大，新产品试验时间长。

（二）超越自我策略

超越自我策略的着眼点不在于眼前利益而在于长远利益。为了培育潜在市场可以放弃一部分眼前利益，最终以更优的产品去获取更大利润的经营策略。这便要求企业有长远的“发展观”。

（三）紧跟策略

采用紧跟策略的企业往往针对市场上已有的产品进行仿造或进行局部的改造和创新，但基本原理和结构是与已有产品相似的。这种策略绕过了新产品开发这个环节，避开了新产品开发失败的风险。

（四）补缺策略

通过市场细分，企业总会发现市场上没有被完全满足的需求，这就为企业的发展留下了一定的空间。采用这种策略发现商机的企业，必须详细地分析市场上现有产品及消费者需求，从而准确的起到“填补”的作用。

五、新产品的推广

新产品试销成功后，就可以正式批量生产，全面推向市场。新产品推广主要包括新产品投放时机和地区选择，市场销售渠道的选择和采用的推广策略及定价等相关内容。

（一）投放时机选择

投放时机的选择关系到新产品推广的成败。因此，新产品上市应尽可能选择最佳的投放时机。例如，季节性产品最好是应季上市。

（二）投放地点选择

企业应根据自身的状况、产品特征和市场的特点选择投放地点。选择城市市场具有很强的带动性和示范性，但是竞争激烈，容易受到竞争产品的直接打压；选择农村市场，市场门槛低但是需要很大的人力物力，影响力不强，市场辐射度不够。小企业可选择一个中心城市推出新产品，然后再逐步推广，如果是大企业，则可以多选择一些城市或者在全国同时开展推广活动。

（三）目标顾客的选择

不同产品有不同的目标顾客群，企业应根据市场调查结果选择需求量最大的目标顾客群有针对性地开展促销活动。

（四）销售渠道的选择

选择销售渠道主要有两个方面的内容：一是选择销售渠道的类型，二是选择具体的供应商。

（五）新产品的推广

新产品投放市场，促销活动重点应该是向消费者宣称和介绍产品的用途、性能、质量。主要手段可采用报纸、杂志、广告、新闻媒体等，引导和说服消费者购买新产品。

（六）新产品定价

新产品定价分为受专利保护的创新产品定价和仿制新产品的定价。

（七）新产品的品牌定位

品牌定位不但要确定为具体的细分市场服务，还要确定产品或服务在消费者心中的位置，也就是要为这些目标市场提供具体的价值利益点。定位的目的是让某些人认为，某品牌是最能提供某种价值利益的品牌。

任务 5　实施品牌与包装策略

案例链接

品牌的力量

在澳大利亚一所大学里来了一位身材不高、相貌平凡的剑桥大学访问学者。校方把他带到不同的班级，分别给学生作介绍。在第一个班，学者被介绍为一个来自剑桥的学生；在第二个班，他则被说成是一个研究员；在第三、第四和第五个班，他的身份分别被介绍为讲师、高级讲师和教授。介绍结束后，校方要求这五个班级的学生们估计这位学者的身高。结果是，他的头衔每提高一级，他的身高估值就平均增加 1.5 厘米，从学生到教授，他的身高被平添了 6 厘米。这是一个著名的心理学实验，说的是头衔越显赫的人在人们心中的形象会更高大，由此使得人想起很多“Made in China”产品的命运。一件在东莞制的衬衫，拿到集市就几十元的价格，但是如果厂家贴上商标，在出资请明星代言做广告，就可以标价上百元。倘若厂家干脆为世界名牌做贴牌生产，衬衫的价格可以由以前的几百元卖到上千元还供不应求。同样的布料、同样的裁缝、同样的工序，是什么让这件东莞衬衫身价百倍？是它的头衔变了，从无印良品到国内名优再转化成为世界名牌，这就是品牌的力量。

（资料来源：选自方妙英编写的《苹果橘子营销学》，由化学工业出版社于 2009 年出版。）

一、品牌策略

（一）品牌的概念

关于品牌，营销大师菲利普·科特勒也指出，品牌不仅是个名字，从本质上来说，品牌是“销售者向购买者长期提供的一组特定的特点、利益和服务”。美国营销市场学会（AMA）对品牌的定义是：品牌是一种名称、术语、标记、符号或图案，或是它们的相互组合，用以识别销售者或销售群的产品或服务，并使之与竞争对手的产品和服务相区别，促进消费者理性和感性需要的满足。从总体来讲，我们可以这样认为，品牌是一个名称、术语、标志、符号或是一个设计，或是它们的组合。用以标识一个或若干个营销者的产品或服务，并使之同竞争对手的产品或服务区别开来。

要充分地理解品牌的含义，营销人员还必须注意与品牌紧密联系的几个概念。

(1) 品牌名称：品牌中可以读出的部分，由词语、字母、数字或词组等的组合。如海尔、TCL、555 等。

(2) 品牌标志：品牌中不可以发声的部分——包括符号、图案或明显的色彩或字体。如耐克的一勾造型，小天鹅的天鹅造型等。

(3) 品牌角色：是用人或拟人化的标识来代表品牌的方式，如海尔兄弟、米老鼠、康师傅等。

(4) 商标：受到法律保护的整个品牌、品牌标志、品牌角色或者各要素的组合。当商标使用时，要用“R”或“注”明示，意指注册商标。

(二) 品牌的设计

品牌设计就是对一个企业或产品进行命名、标志设计、平面设计、包装设计、展示设计、广告设计及推广、文化理念的提炼等，从而使其区别于其他企业或产品的个性塑造过程。品牌通常由三大部分构成，一是品牌名称，二是字体图案，三是色彩组合。企业一旦决定使用自己的品牌，就要对品牌进行命名和设计。

品牌命名的原则：

(1) 不触犯法律，不违反社会道德和风俗习惯。一旦选择不慎，所用品牌便可能触犯目标市场所在国家或地区的法律，违反当地社会道德准则或风俗习惯，使企业蒙受不必要的损失。

(2) 易于发音、识别和记忆。根据人们的记忆规律，建议品牌名称以不超过五个字为宜。

(3) 独特新颖，寓意深刻。好的品牌有自己独特的风格，不要盲目模仿他人品牌，更不要与其他品牌雷同。独特的品牌便于记忆和识别。

(4) 提示产品特色。品牌名称不允许直接用来表达产品性能、状态、质地。但是，好的品牌名称又必须与产品本身有某种联系，能暗示有关产品的某些优点。

(5) 差别多样性。企业一般只有一个品牌，但一般不止一种产品，品牌与产品是一荣俱荣，一损俱损的关系。为了减少风险，创造成功的机会，生产多种产品的企业可以设计系列化的品牌。

(三) 品牌策略

1. 品牌有无策略

使用品牌对大部分商品可以起到促销作用，但并非所有商品都必须使用品牌。

2. 品牌使用者策略

品牌使用者策略是指企业决定使用本企业(制造商)的品牌，还是使用经销商的品牌，或两种品牌同时兼用。一般情况下，品牌是制造商的产品标记，制造商决定产品的设计、质量、特色等。享有盛誉的制造商还将其商标租借给其他中小制造商，收取一定特许使用费。

（1）使用制造商品牌：生产者品牌、全国性品牌。一般情况下，品牌是制造商的产品标记，制造商决定产品的设计、质量、特色等。享有盛誉的制造商还可以将其著名品牌租借给别人使用，收取一定比例的特许使用费。

（2）中间商自设品牌：近年来，经销商的品牌日益增多。西方国家许多享有盛誉的百货公司、超级市场、服装商店等都使用自己的品牌，有些著名商家，如美国的沃尔玛，便有“惠宜”与 Simply Basic 等自有品牌。

（3）混合使用品牌：所谓混合使用品牌就是同时使用制造商品牌和经销商品牌，即有些时候使用制造商品牌，有些时候使用经销商品牌；有些地区使用制造商品牌，有些地区使用经销商品牌；有些产品使用制造商品牌，有些产品使用经销商品牌。

3. 家族品牌策略

（1）统一的家族品牌。统一的家族品牌是指企业决定其所有的产品都统一使用一个品牌名称。运用统一品牌策略有以下优点：有助于建立厂牌信誉，树立企业形象；有助于新产品打入目标市场；有助于节省广告宣传费用。如海尔、索尼。

（2）个别品牌。个别品牌是指企业决定对其各种不同的产品分别使用不同的品牌名称。采取个体品牌策略有以下优点：有利于增加销售额和对抗竞争对手，分散风险；企业的整体声誉不会因个别产品的失败而受到影响。但这要为每一个品牌分别做广告，宣传费用开支较大。

（3）分类的家族品牌。企业生产或销售许多不同类的产品，如果都统一使用一个品牌名称，这些不同类型的产品就容易相混淆。另外有些企业虽然生产或销售同一类型的产品，但是，为了区别不同质量水平的产品，往往也分别使用不同的品牌名称。一些大企业生产经营的产品有吃的、穿的、用的，如食品和化肥，两类物品就不宜用同一品牌。

（4）企业名称与个别品牌名牌并用。即企业决定其各种不同产品分别使用不同的品牌名称，而且，各种产品的品牌名称前面还冠以企业名称。美国凯洛格公司就采取这种策略，推出“凯洛格米饼”“凯洛格葡萄干”。企业采取这种决策的主要好处是在各种不同新产品的品牌名称前冠以企业名称，可以使新产品合法化，能够享受企业的信誉，而各种不同的新产品分别使用不同的品牌名称，又可以使各种不同的新产品有不同的特色。

（四）品牌价值

案例链接

耐克公司自己并没有制鞋厂，它所拥有的仅仅是耐克这个品牌以及耐克鞋的设计与品质，而产品者是贴牌生产（OEM）的。可是奇怪的是，尽管市场上的耐克鞋几乎全部是国内企业加工的，但它在消费者心目中依然保持着国际名牌的地位。

（资料来源：选自卫军英、任中峰编写的《品牌营销》，由首都经济贸易大学出版社于2013 年出版。）

【分析提示】品牌是企业的无形资产，它影响着消费者的选择，著名品牌更是企业的巨额财富。

所谓品牌价值就是指产品通过品牌所带来的价值，是品牌在某一个时点的，用类似有形资产评估方法计算出来金额，一般是市场价格。也可以说是品牌在需求者心目中的综合形象。

品牌价值主要由支撑品牌的这种属性组合而成，它的变化将直接导致公司货币价值的增加或减少(见表 8-2)。假设一种不使用品牌的产品,通过生产、销售能达到一定的利润,创造了一定的价值,但这种产品在使用了品牌之后,产生使用品牌后的额外利润,这部分利润相联系的价值即品牌价值。但是一些产品使用了一些品牌后不一定能盈利,这就说明该品牌价值表现为零或负数。

表 8-2　2014 年中国品牌价值榜

单位:亿元

排名	品牌名称	品牌价值	企业名称	省份
1	中国工商银行	2691.33	中国工商银行股份有限公司	北京
2	中国移动	2568.45	中国移动通信集团有限公司	北京
3	中国电信	2322.61	中国电信集团有限公司	北京
4	中国农业银行	2221.53	中国农业银行股份有限公司	北京
5	中国建设银行	2004.12	中国建设银行股份有限公司	北京
6	平安	1799.24	中国平安保险(集团)股份有限公司	广东
7	中国银行	1737.26	中国银行股份有限公司	北京
8	中国石化	1696.13	中国石油化工集团有限公司	北京
9	华为	1652.47	华为技术有限公司	广东
10	中国石油	1616.44	中国石油天然气集团有限公司	北京

资料来源:http://calendar.huanqiu.com

二、包装策略

案例链接

穿 Prada 的女魔头

安德丽娅是美国电影《穿 Prada 的女魔头》里的女主角,剧中朴素而又有些单纯的安德丽娅一边涂润唇膏一边翻找可以穿去面试的衣服。而几个安德丽娅的准同事们正在为上班而全副武装,Prada 的外套、Gucci 的鞋、再拎上 LV 手提包,出门打车直奔美国最顶尖的时尚杂志社"Runway"。在这个挤满了九厘米细高跟和奢侈品牌的时尚领地,小助理安德丽娅的出现显得十分不协调,即便她有很好的简历和才华,但是她那身朴素简单的穿着风格成为同事嘲讽、轻视以及上司责问的理由。在那位爱穿 Prada 的女上司米兰达的一顿臭骂中,她坚强地摆正了自己的心态,重新去适应这个地方,一切都从换上一身名牌开始。"洗心革面"后的安德丽娅好像变成了另外一个人,她的自信和时尚为她赢得了赞许并得到了上司的赏识。

(资料来源:选自余明阳、杨珊编写的《品牌营销管理》,由武汉大学出版社于 2008 年出版。)

【分析提示】人靠衣装马靠鞍。同理,包装是整体产品的组成部分,是实现产品价值与使用价值并提高产品价值的一种重要手段。

（一）包装的概念

我国国家标准 GB/T4122.1-1996 中规定，包装的定义指的是：为在流通过程中保护产品、方便储运、促进销售，按一定技术方法而采用的容器、材料及辅助物等的总体名称；也指为了达到上述目的而采用容器、材料和辅助物的过程中施加一定技术方法等的操作活动。

（二）包装的作用

具体地说，产品的包装有以下四个方面的作用。

（1）保护产品。保护产品是包装的原始功能。在产品从生产者转移到消费者手中，以及被消费者消耗的过程中，良好的包装可以防止产品的毁坏、变质、散落、被窃等。

（2）便于储运。不少产品没有固定的形状或形状特殊，不包装难以进行储存和运输。有些产品则有一定的危险性。如易燃、易爆、有毒等，必须有严密良好的包装才能储运。

（3）促进销售。包装已被越来越多的厂家用作产品促销的一种武器。通过包装，可以改进产品的外观形象，提高顾客的视觉兴趣，增加顾客的方便，促进消费者的购买。例如儿童食品，包装多以时下热门的卡通形象出现，可以吸引小孩眼球，刺激购买的欲望。

（4）增加盈利。良好、美观的包装可以提高产品身价，使消费者愿意以较高的价格购买。而且，随着生活水平的提高，这种趋势在不断上升。例如，湖南湘西自治州产的酒鬼酒，使用了黄永玉大师设计的包装后，价值倍增。

（三）包装策略

（1）系列式包装策略。系列式包装策略即企业生产经营的产品都用相同或相似的包装，引入 CI 设计的企业往往采取这种包装策略，因为系列包装可以使产品，甚至使企业形象更加明显。

（2）组合式包装策略。按各国消费者的消费习惯，将数种有关联的产品配套包装在一起成套供应，便于消费者购买、使用和携带，同时还可扩大产品的销售。在配套产品中如加进某种新产品，可使消费者不知不觉地习惯使用新产品，有利于新产品上市和普及。

（3）分量式包装策略。分量式包装策略即对一些称重产品，根据消费者在不同时间、地点购买和购买量不同采用重量、大小不同的包装，也有一些价格较贵的产品，实行小包装给消费者以便利感，还有一些新产品，为让消费者试用而采用小包装，其目的在于给消费者以便利感、便宜感、安全感。

（4）等级式包装策略。等级式包装策略是指为了区别不同产品的不同质量，按其质量等级采用相应包装。这种策略能显示出产品的特点易于形成系列的产品便于消费者选择和购买，但包装设计成本较高。

（5）再使用包装。指包装内的产品使用完后，包装物还有其他的用途。如各种形状的香水瓶可作装饰物，精美的食品盒也可被再利用等。这种包装策略可使消费者感到一物多用而引起其购买欲望。

（6）开窗式包装。开窗式包装策略是指在包装物上留有“窗口”，让消费者通过“窗口”来直接认识和了解产品，其目的在于直接让消费者体会、认识产品的品质。

（7）礼品式包装策略。这种包装策略是指包装华丽，富有欢乐色彩，包装物上常冠以“福”“禄”“寿”“喜”“如意”“平安”等字样及问候语，其目的在于增添节日气氛和欢乐，满足人们交往、礼仪之需要，借物寓情，以情达意。

(8) 改变包装。当由于某种原因使产品销量下降，市场声誉跌落时，企业可以在改进产品质量的同时，改变包装的形式，从而以新的产品形象出现在市场，改变产品在消费者心目中的不良地位。这种做法，有利于迅速恢复企业声誉，重新扩大市场份额。

案例链接

一碎成名：茅台酒是怎样享誉世界的

1915 年，茅台参展万国博览会，工作人员不慎打破酒瓶，四溢的酒香使得原本不受人关注的茅台酒一碎成名，获得了当年万国博览会的金质荣誉奖章，它的名气也为世界所知晓。

（资料来源：选自郭识编写的《品牌营销学》，由西南财经大学出版社于 2011 年出版。）

拓展提高

整合营销

整合营销是一种对各种营销工具和手段的系统化结合，根据环境进行即时性的动态修正，以使交换双方在交互中实现价值增值的营销理念与方法。整合营销就是为了建立、维护和传播品牌以及加强客户关系，而对品牌进行计划、实施和监督的一系列营销工作。整合就是把各个独立的营销综合成一个整体，以产生协同效应。这些独立的营销工作包括广告、直接营销、销售促进、人员推销、包装、事件、赞助和客户服务等。

一般来说，整合营销传播包括六个步骤。

一、建立消费者资料库

这个方法的起点是建立消费者和潜在消费者的资料库，资料库的内容至少应包括人员统计资料、心理统计、消费者态度的信息和以往购买记录等。整合营销传播和传播营销沟通的最大不同在于整合营销传播是将整个焦点置于消费者、潜在消费者身上，因为所有的厂商、营销组织，无论是在销售量或利润上的成果，最终都依赖消费者的购买行为。

二、研究消费者

这是第二个重要的步骤，就是要尽可能将使用消费者及潜在消费者的行为方面的资料作为市场划分的依据，相信消费者"行为"资讯比起其他资料如"态度与臆想"测量结果更能够清楚地显现消费者在未来将会采取什么行动，因为用过去的行为推论未来的行为更为直接有效。在整合营销传播中，可以将消费者分为三类：对本品牌的忠诚消费者、其他品牌的忠诚消费者和游离不定的消费者。很明显这三类消费者有着各自不同的"品牌网路"，而想要了解消费者的品牌网路就必须借助消费者行为资讯才行。

三、接触管理

所谓接触管理就是企业可以在某一时间、某一地点或某一场合与消费者进行沟通，这是 90 年代市场营销中一个非常重要的课题，在以往消费者自己会主动找寻产品信息的年代里，决定"说什么"要比"什么时候与消费者接触"重要。然而，现在的市场由于资讯超载、媒体繁多，干扰的"噪声"大为增大。目前最重的是决定"如何、何时与消费者接触"，以及采用什么样的方式与消费者接触。

四、发展传播沟通策略

这意味着什么样的接触管理之下，该传播什么样的信息，而后，为整合营销传播计划制定明确的营销目标，对大多数的企业来说，营销目标必须非常正确、同时在本质上也必须是数字化的目标。例如对一个擅长竞争的品牌来说，营销目标就可能是以下三个方面：激发消费者试用本品牌产品，消费者试用过后积极鼓励继续使用并增加用量，促使对其他品牌的忠诚者转换品牌并建立起本品牌的忠诚度。

五、营销工具的创新

营销目标一旦确定之后，第五步就是决定要用什么营销工具来完成此目标，显而易见，如果我们将产品、价格、通路都视为和消费者沟通的要素，整合营销传播企划人将拥有更多样、广泛的营销工具来完成企划，其关键在于哪些工具、哪种结合最能够协助企业达成传播目标。

六、传播手段的组合

最后一步就是选择有助于达成营销目标的传播手段，这里所用的传播手段可以无限宽广，除了广告、直销、公关及事件营销以外。产品包装、商品展示、店面促销活动等，只要能协助达成营销及传播目标的方法，都是整合营销传播中的有力手段。

|情境实战演练|

一个创意故事的营销启示

2009 年年初，国产二维动画电影《喜羊羊与灰太狼之牛气冲天》，从上映首日的 800 万票房收入，攀升至 9000 万的总票房收入……影片故事情节轻松，洋溢着小羊们乐观、积极的生活态度，机智幽默、互相团结的深厚友情；去掉了英雄化，使得动画人物的塑造越来越真实，如灰太狼虽是倒霉的反派角色，但在老婆红太狼面前俯首帖耳，成为现实社会白领心目中"新好男人"的代名词。使得这部原定位在六岁以下的动漫巨作。不仅实现了是由小孩带动一个家庭的亲情消费，同时也吸引了许多白领阶层以及很多喜好搞笑片的人群。

截至 2009 年，"喜羊羊"已经开发出几大类数十个品种的衍生产品：仅图书版权就有 4000 多万元的产值；喜羊羊儿童玩具、服装、文具、信用卡、邮票、网络表情、网络游戏、音乐下载、手机屏保等都有了相应的授权开发商，原创公司负责人说："'喜羊羊'衍生产品所带来的收益将大大超过动画片播出的收入。"

在促销方面主要利用电视做广告宣传。在电影版放映前后相继通过央视少儿频道、北京卡通卫视等频道进行全国辐射的广告投放以及多个广播频率的轮番轰炸；同时在各大城市张贴海报，文印品；在网站开辟电影版的网站链接，通过举办征文活动，赠送文具、玩偶等礼品刺激消费者参与；在快餐店开展购买套餐送喜羊羊可爱玩具……

（资料来源：http://blog.sina.com.cn/s/blog_6848e5de0100jm4h.html）

思考与讨论

1. 阐述产品的整体概念。

2. 产品组合策略有哪几种。“喜羊羊”采用的是何种组合策略。
3. 试述新产品的开发过程。
4. 生产企业怎么开展整合营销?

职业能力形成训练

一、演练项目

新产品开发及推广实战。

二、演练目的

了解新产品开发的程序及推广策略,能运用品牌与包装策略开展营销活动。

三、演练内容

针对创业小组或学习小组所选择的自创企业或背景企业,进行新产品的开发与推广。

四、演练组织

(1) 在市场调研的基础上进行新产品开发。
(2) 对新产品进行命名,设计包装和设计品牌策略。
(3) 制定新产品的推广策略。
(4) 演示新产品开发与推广方案。各小组指派代表根据方案制作PowerPoint形式的演示方案与分享交流。

五、演练考核

(1) 开发的新产品具有一定的市场潜力。(20分)
(2) 商品的命名符合命名的基本原则。(10)
(3) 包装得体。(10分)
(4) 品牌标志设计具有创意。(10分)
(5) 新产品推广策划具有实效性。(30)
(6) 准确表达新产品开发与推广方案的思路。(20分)

项目九　捕捉合理价格策略

真正的问题所在是价值，而非价格。

——〔美〕罗伯特 · T. 林格伦

项目目标

知识目标：
◎ 了解影响定价的因素。
◎ 熟悉制定价格的方法。
◎ 掌握企业的基本定价策略和调价技巧。
能力目标：
◎ 能专业地分析影响定价的因素、选择合适的定价方法。
◎ 能针对企业选择相应的定价策略和调价策略。

项目引例

家乐福的成功很大程度取决于价格策略

家乐福大卖场自1963年在法国开业以来，已在全球开设超过11 000家分店，家乐福的成功很大程度上取决于它的价格策略。

1. 定价目标

家乐福作为一家全球性的零售企业，其价格的制定具有很强的科学性和目的性。这首先表现在其定价目标上。

进入初期的定价目标。家乐福主要目标是维持企业生存。20世纪90年代以来，中国的零售业发生了翻天覆地的变化，虽然当时还没有很成功的超市，但原有的具有悠久历史的零售企业发展很快。面对激烈竞争的市场环境，家乐福首先采取低价策略。即以其商品价格普遍低于正常价格10%—20%，打开了市场。

进入后期的定价目标。当消费者正津津乐道地议论着家乐福的低廉价格时，家乐福却悄悄提高了商品售价，然而此时消费者都已在心理上认定了家乐福价格便宜，养成了在此购物的习惯。在保证市场最大占有率的情况下，开始通过销量来实现最大利润。更因为有60%的消费者认为这里的商品齐全，有2万多种，从而奠定了目标定价策略的基础。

2. 定价方法

家乐福所采用的定价方法主要是成本导向定价法和竞争导向定价法。

成本导向定价法——家乐福的商品价格是以成本价加上一个固定毛利率。一般食品杂货为5%—6%，生鲜食品15%—16%，百货商品15%—25%。这种方法首先保证了卖场的盈利，同时在竞争日趋激烈的市场上，缓和了与对手的相互对抗。但如果单纯地使用这种方法，则不能适应市场需要的变化，很容易被对手在价格上占优势，因而它同时也采用了竞争导向定价法。

竞争导向定价法——家乐福的竞争导向定价法在前期相对来说用得比较多。初期，它采用低价策略成功地打开市场后，下一步便是针对主要对手来制定价格。每周三家乐福都要派出大量的营销人员到几个主要竞争对手那里采价，然后迅速汇总，星期四晚上调整价格，迎接双休日的销售高锋。

（资料来源：http：//doc88.com/P-97378.html）

引例分析

企业不同时段的营销目标不一样，定价的方法就不一样，影响企业价格制定的因素是多方面的，家乐福着眼于消费者心理感受所形成的效应，娴熟运用定价艺术、采用高超的价格策略，实施完善的价格管理，这些均值得国内零售企业借鉴。

项目分析

价格永远都是市场中最敏感的因素。为了掌握好价格这把营销利剑，我们需要专业地分析影响定价的因素（任务 1），选择合适的定价方法（任务 2），同时能够灵活运用定价策略（任务 3）等。

项目实施

任务 1　把握影响定价的因素

案例链接

格兰仕持之以恒坚守价格战略，玩真的、来实的、用狠的，是公认的“家电大鳄”“价格杀手”，在微波炉行业，“十年磨一剑”，杀得竞争对手“伤痕累累”“尸横遍野”；如今，又以雷霆之势，杀进空调业，接连不断地大幅降价，搅得家电江湖上血雨腥风，其参与竞争的有力武器还是“价格屠刀”，其目的就是要摧毁“打价值不打价格战”的真实“谎言”：马克思在资本论中对商品经济的规律早有定论，价格是围绕价值上下波动，价格是价值的表现，价值是一个抽象的概念，价格是一个具体体现。单纯说价值是没有任何意义的，它要靠质量、技术、服务、品牌、价格、产品的性价比等要素来体现的。作为已被全世界公认的“全球制造”的格兰仕，在整合世界一流的生产线、一流的技术、工艺、管理过程中，只是成为一个全球性生产制造基地，再与众多跨国公司合作，利用各自的比较优势，构筑一流的生产水平、一流的品牌、一流的全球市场网络，格兰仕在全球产业链中间扮演的生产制造的角色，生产制造出来的全球最优秀的产品，同时又是相对成本最低的产品。从某种意义说，价格战就是价值战。薄利多销、货真价实、价廉物美永远是格兰仕要努力追求的方向和努力拼搏的目标。

（资料来源：选自翟建华编写的《价格理论与实务》，由东北财经大学出版社于 2012 年出版。）

【分析提示】任何产品的定价绝非是定 10 元还是 20 元这样简单。价格的最终确定包括多方面的影响因素，我们应该全面地考虑自己的具体背景及相关影响因素，并通过各种定价技巧，在竞争激烈、利润微薄的时代获得可观的收益。格兰仕无疑是在知己知彼的基础上，将价格之剑舞得漂亮的一个典范。

一、定价目标

任何企业制定价格，都必须按照企业的目标市场战略及市场定位战略的要求来进行。定价所应考虑的因素较多，定价目标也多种多样，不同企业可能有不同的定价目标，同一企业在不同时期也可能有不同的定价目标，企业应权衡各个目标的依据及利弊，慎加选择。企业定价目标主要有以下几种。

1. 维持生存

当企业生产力过剩，或面临激烈竞争，或者消费者需求改变时，需要把维持生存作为主要目标。企业为了能维持继续生产、让存货尽快周转，就必须定低价，以弥补可变成本和一些固定成本。

2. 当前利润最大化

当企业的产品在市场上处于绝对有利地位时，企业总是希望制定一个能使当前利润最大化的价格。他们估计需求和成本，并据此选择一种价格，使之能产生最大的当前利润、现金流量或投资报酬率。

3. 市场占有率最大化

有些企业想通过定价来取得控制市场的地位，实现市场占有率最大化。因为，企业确信在赢得高市场占有率之后，能产生规模经济效益并获得较高的长期利润，同时低价位还可以有效地排斥竞争对手，所以制定尽可能低的价格来追求市场占有率领先地位。

4. 产品质量最优化

企业也可以考虑产品质量领先这样的目标，并在生产和市场营销过程中始终贯彻产品质量最优化的指导思想。这就要求用高价格来弥补高质量和研究开发的高成本。产品优质优价的同时，还应辅以相应的优质服务。

5. 企业形象最佳化

良好的企业形象是企业的无形资产。企业形象好，能够得到消费者的长期信赖，获得良好的长期效益。以企业形象最佳化为定价目标的企业应该注重制定出来的价格是否与企业整体定位相一致，与目标市场顾客的需求相一致。另外，企业定价时还要注意企业在社会公众中的形象，遵循社会和职业的道德规范。

案例链接

2005年被业界称为药市“平价大鳄”的湖南老百姓大药房连锁有限公司悄然进入河南郑州，并扬言要把郑州零售药品价格拉低10%—15%。此言一出，立刻在郑州市的药品市场引起了轩然大波。“让郑州零售药品的平均价格再降10%—15%，并不是胡乱吹捧自己。规模和采购的两大优势是我们手中的利剑，也是我们的杀手锏，正是这两大优势让我们在拉低郑州市药品平均价格的同时仍有利润。”老百姓大药房品牌推广部某领导说。

（资料来源：http：//money.163.com）

【分析提示】定价的终极目标只有一个——最终利润额的最大化，这有不同的实现路径，可以在一个产品上赚很多钱，也可以在很多产品上每个赚一点钱，“老百姓”显然是后者，那它的定价目标是什么最大化呢？

二、产品成本

产品成本是影响定价的一个重要因素。一般来说,市场需求决定了企业制定产品价格的最高限,而产品成本则是最低限。企业通常要使产品价格能补偿产品生产和销售过程中的各项费用支出,这是企业再生产能够顺利进行的必要条件。

1. 固定成本

固定成本是指在短期内不随产品的产量和销售量变动的成本。如企业的设备折旧、租金、利息、管理人员的薪酬等。但从长期来看,这些成本也是可变的。

2. 变动成本

变动成本是随着产品产量的变动而变动的成本。如原材料、燃料、运输费用、生产工人工资等。

3. 边际成本

边际成本是指厂商每增加一单位产量所增加的成本。例如,仅生产一辆汽车的成本是极其巨大的,而生产第 101 辆汽车的成本就低得多了,由于规模经济的效益,生产第 10 000 辆汽车的成本就更低了。

三、市场需求

市场需求也对企业定价有着重要影响。而需求又受价格和收入变动的影响。因价格或收入等因素而引起的需求的相应的变动率,就叫需求弹性。需求的价格弹性反映需求量对价格的敏感程度。影响需求价格弹性的因素有很多,如替代品的数目及替代的程度、消费支出占总支出的比重、购买者改变购买习惯等。

四、市场竞争状况

产品的最高价格取决于该产品的市场需求,最低价格取决于该产品的成本费用。在这种最高价格和最低价格的幅度内,企业能把产品价格定多高,则取决于竞争者的同种产品的价格水平与市场的竞争状况。

企业必须采取适当方式,了解竞争者所提供的产品质量和价格。企业获得这方面的信息后,就可以与竞争产品比质比价,更准确地制定本企业产品价格。

案例链接

1999 年的南京报界价格战,堪称中华人民共和国成立以来报纸价格竞争中最激烈的一次。此次大战的源头是自 1999 年 3 月 22 日《新华日报》的大改版。该报改版的目的在于抢占南京市场,从改版当日起就分批分区不惜代价向南京地区读者赠送两万份报纸,此活动一直持续到 2000 年元旦时仍在继续。1999 年 5 月 1 日改版为 4 开 16 版的一份不起眼的日报——《江苏商报》以每份 0.2 元的"酬宾价"上市,立即在南京引起了不小的轰动,发行量亦陡增,在南京地区的销量达到 12 万份,站稳了脚跟。《江苏商报》的问世直接冲击着南京报刊的零售市场。1999 年 9 月 1 日,第二份 0.2 元报纸——《江南时报》问世;1999 年 11 月 12 日,南京第一份 0.1 元的报纸——《现代快报》问世;1999 年 12 月 1 日,《南京日报》改版后正式打出"买《南京日报》送《金陵晚报》"的标志;1999 年 12 月 8 日,该市第二份

0.1 元报纸——《每日侨报》以对开全彩 8 版的形式与读者见面。与此同时，全市所有报摊亦打出了“买《服务导报》，送《每日侨报》”的标志。至此，南京报业大战进入高潮。

（资料来源：http：//www.86ad.com.cn/show.aspx？id＝4931）

【分析提示】在此次价格战中争先降价的大多数是新改版或新创刊的报纸，在南京市民心中分量最重的《扬子晚报》并没有跟风。价格战要慎重，价格战中没有胜利者。

五、其他营销因素

企业定价时还必须考虑其他环境因素，如国家的政策法令、消费者心理和习惯、企业或产品的形象因素等。

任务 2　选择定价方法

案例链接

奥斯登刚推出 1 万套内衣外穿的时装时，定价超过普通内衣价格的 4.5—6.2 倍，但照样销售很旺。这是因为这种时装一反过去内外有别的穿着特色，顾客感到新鲜，有极强的吸引力。可是到 1988 年 5 月，当德国各大城市相继大批推出这种内衣外穿时装时，奥斯登却将价格一下骤降到只略高于普通内衣的价格，同样一销而光。这样，又过了八个月，当内衣外穿时装已经不那么吸引人时，奥斯登又以“成本价”出售，每套时装的价格还不到普通内衣的 60％，这种过时衣服在奥斯登还是十分畅销。

（资料来源：http：//www.tianya.cn/techforum/Content/474/1190.shtml）

【分析提示】定价有多种方法和导向，到底以哪种方法为主导，这需要综合多方面的因素，比如消费者特点、市场特征、竞争对手状态等。同时，即便就是同一个产品，因空间不同、时间不同也会有不同的定价方法。

一、成本导向定价法

成本导向定价法是一种主要以产品的成本为依据的定价方法，主要包括成本加成定价法和目标利润定价法。其特点是简便、易用。

1. 成本加成定价法

成本加成定价法是在单位产品成本的基础上加上一定比例预期利润构成价格的方法，其计算公式为：

单位产品价格＝单位完全成本×（1＋成本加成率）

其中单位完全成本是单位变动成本和单位固定成本之和，成本加成率是预期利润与产品成本的百分比。

案例链接

某电视机厂生产 2 000 台彩色电视机，总固定成本 600 万元，每台彩电的变动成本为 1 000 元，确定目标利润率为 25％。则采用总成本加成定价法确定价格的过程如下：

单位产品固定成本：6000 000＝2 000×3 000 元

单位产品变动成本：1 000 元

单位产品总成本：4 000 元

单位产品价格：4 000×(1+25%)=5 000 元

（资料来源：选自翟建华编写的《价格理论与实务》，由东北财经大学出版社于 2012 年出版。）

【分析提示】采用成本加成定价法，确定合理的成本利润率是一个关键问题，而成本利润率的确定，必须考虑市场环境、行业特点等多种因素。某一行业的某一产品在特定市场以相同的价格出售时，成本低的企业能够获得较高的利润率，并且在进行价格竞争时可以拥有更大的回旋空间。

2. 目标利润定价法

目标利润定价法是以企业投资额为基础，加上在预期销售量上企业希望达到的目标利润进行定价的一种方法，其计算公式为：

单位商品的价格=(固定成本+目标利润)/预期销售量+单位变动成本

二、需求导向定价法

所谓需求导向定价法是一种以市场需求强度及消费者感受为主要依据的定价方法，主要包括感受价值定价法和逆向定价法。

1. 感受价值定价法

所谓“感受价值”或“认知价值”，就是企业根据购买者对产品的认知价值来制定价格的一种方法。因此，卖方可运用各种营销策略和手段(优美的装潢、优雅的环境、高质量的服务等)，影响买方的感受，使之形成对卖方有利的价值观念，然后再根据产品在买方心目中的价值来定价。

感受价值定价法如果运用得当，会给企业带来许多好处，可提高企业或产品的身价，增加企业的收益。关键是找到比较准确的感受价值，否则，定价过高或过低都会给企业造成损失。如果定价高于顾客所感受的价值，产品就无人问津，企业销量就会减少；定价低于顾客所感受的价值，又会使企业减少收入，也有可能使消费者不屑一顾，产品卖不出去。这就要求企业在定价前认真做好营销调研工作，将自己的产品与竞争者的产品仔细比较，从而对感受价值作出准确估测。

案例链接

一个汉堡包的价值是多少，现在越来越难估计。大多数的西方人只要花不超过 0.5 美元，即可得到一个可口价廉的汉堡包，少数人会花 1.5 美元买一个大麦克或加奶酪的汉堡包，然而，这些已经是过去的事了。如今人们随着生活条件的改善和生活水平的提高，越来越多的消费者情愿付 4 美元，去买一种新近流行的美食汉堡包，这种美食汉堡包在一些专门的豪华餐厅出售。

为什么美食汉堡要卖 4 美元一个呢？在顾客的心目中，它不但比较大，而且是现做现卖，更重要的是这类餐厅提供一些较为舒适的软硬设备。在一般的汉堡包餐厅，使用的是塑料椅，服务也一般，而在出售美食汉堡包的餐厅，不但桌椅比较舒适而且兼卖酒，有时还提供“点菜送到你的桌上”的优良服务。

（资料来源：zhidao. baidu. com/question/129406136. html）

【分析提示】不难看出，不同的消费者对汉堡包的期望会不同，从而对其价值的估计也不同。对于销售者来说重要的是尽可能提高消费者对某产品的感受价值。具体的方法包括在保障产品质量的前提下提升产品的外在形象、塑造良好的企业形象和销售环境以及更加人性化的服务等。

2. 逆向定价法

逆向定价法也称市场可销价格倒推法，这种定价方法主要不是考虑产品成本，而是依据消费者能够接受的最终销售价格，逆向推算出中间商的批发价和生产企业的出厂价格。此方法的关键在于测定市场可销价格，要求企业充分掌握消费者收入水平、消费者对产品价值的评价和认识程度、相关产品的价格供求情况及变动趋势，通过主观评估法、客观评估法和试销评估法等方法来科学地测定。

案例链接

比亚迪公司在比亚迪 F3 轿车即将上市之前，开展了“F3 由你来定价”活动。比亚迪公司参考网友投票最多的价位区间定出 F3 的价格，而猜中了 F3 上市的价格区间的消费者，就有机会获得一辆 F3 轿车一年的使用权。这是有史以来，国内首家汽车厂商提出的由消费者亲自来定价的创新活动！

（资料来源：http：//auto. sina. com. cn/news/2005-09-07/1616138648. shtml)

【分析提示】这一活动的本质目的并不是真的要消费者来定价，而是通过这一活动，让消费者参与，让他们说出愿意接受的价格，从而为更为科学合理的定价提供参考。

三、竞争导向定价法

竞争导向定价法，是以市场上竞争对手同类产品的价格作为企业制定价格依据的定价方法。这种方法适宜于市场竞争激烈、供求变化不大的产品。

1. 随行就市定价法

随行就市定价法也称通行价格定价法，是将企业产品价格与同行业产品的现行市场价格水平保持一致的一种定价方法。它既可避免挑起价格竞争，有利于与竞争者和平共处，减小市场风险，又可补偿平均成本，从而获得适度利润，而且易为消费者所接受。

2. 竞争价格定价法

竞争价格定价法是根据竞争形势和本企业产品与竞争者产品的差异确定价格的定价方法。这是一种主动竞争的定价方法，一般为实力雄厚或产品独具特色的企业所采用。一般在本企业产品存在明显优势，产品需求价格弹性较小时可采用高于竞争对手的价格；在市场竞争激烈，产品不存在显著差别的情况下可采用等于竞争对手的价格；在企业具有较强的资金实力，能应付竞相降价的后果且需求价格弹性较大时可采用低于竞争对手的价格。

3. 密封投标定价法

这是买方引导卖方通过竞争成交的一种方法。一般是由买方公开招标，卖方按物美价廉的原则择优选取，中标者与买方签约成交。这种方法主要用于建筑包工、大型设备制造，政府大宗采购等。

任务 3 确立定价策略

案例链接

1988 年，宝洁刚进入中国的时候，采取的是“撇脂”的定价策略，走高价格路线。有的人曾经这样回忆海飞丝：“我记得我家的第一瓶海飞丝是我大姨从北京带回来的，那时候可真是当作奢侈品来用的。当时我家这边商场里卖 28 块钱一瓶，而当时我妈的月工资是 128 块钱。估计我家一个月买菜、买肉的钱加一起也不用这么多钱。”

1988—1998 年这十年间，宝洁在中国真可谓所向披靡。在中国本土日化企业对品牌还全无概念的时候，宝洁的百年营销经验使之迅速占领了中国的洗发水市场，综合市场份额一度高达 60%！

1998 年是宝洁在中国市场表现的分水岭。经过十年的发展，中国本土日化企业也逐渐成长起来，宝洁的高价策略已经不再适合中国的市场环境。宝洁业务增长的黄金时代结束了。宝洁的高端市场已经进入饱和状态，中低端市场却是一片空白，宝洁开始调整旗下产品的零售价，它遵循以下三个原则：其一，产品定价支持市场营销策略；其二，价格调整必须保证公司财务目标的实现；其三，零售价必须适应现阶段的市场环境。

在洗衣粉领域，为了应对联合利华的竞争，2001 年年初，汰渍、碧浪降价 40%—50%，最终，大众化包装的汰渍洗衣粉几乎与纳爱斯的雕牌和南风化工的奇强等中国本土品牌在同一个价位上。宝洁的舒肤佳、玉兰油沐浴液也加入了降价阵营，价格下调超过 20%。2003 年年底，宝洁推出了飘柔日常护理洗发液，以占领低端市场。

（资料来源：http://www.sivee.com/case/7743_1.html）

【分析提示】每种定价策略都有自身的优点和缺点，正如苗条有苗条的美丽和遗憾，丰满有丰满的魅力和不足。没有哪一种策略更好，只有在特定情况下哪一种更合适。宝洁价格策略的成功很大程度上得益于找到了适合自己特定情况下的合理策略。

企业在考虑经营目标、需求、成本、竞争者的基础上，利用一些基本的定价方法，制定的产品价格往往并不是该产品的最佳价格，而是产品的基本价格。定价策略是指企业为达到总体经营目标，根据产品的特点、市场供求状况和竞争状况、产品成本变动状况及消费者购买行为的动向等，采取的各种定价技巧和措施。企业在最后确定价格或对价格进行修整时，可采取以下策略。

一、新产品定价策略

新产品的走价是营销策略中一个十分重要的问题。新产品定价合理与否，关系到其能否及时打开销路、占领市场和获得预期利润的问题，对于新产品以后的发展具有十分重要的意义。

1. 撇脂定价策略

撇脂定价是指在产品生命周期的最初阶段，把产品的价格定得很高，以获取最大利润，有如从鲜奶中撇取奶油。企业所以能这样做，是因为有些购买者主观认为某些商品具有很高的价值。

采取撇脂定价策略一般必须具备三个条件：一是产品的质量和形象必须能够支持产品的高价格，并且有足够的消费者想买这个价格的产品；二是产品必须具有特色，在短期内竞争者无法仿制或推出类似产品；三是高价使需求减少一些，因而产量减少一些，单位成本增加一些，但这不至于抵消高价所带来的利益。

案例链接

雷诺公司在第二次世界大战结束后，为了迎合人们欢庆战后第一个圣诞节的时机，从阿根廷引进了美国人从未见过的圆珠笔的生产技术，在短期内投放市场。当时，研制和生产圆珠笔的每支成本为0.5美元，卖给零售商的价格却为10美元，高出成本19倍，再经过零售商倒手，变成了20美元。尽管价格如此之高，但雷诺却以圆珠笔的奇特、新颖和高贵而迅速风靡美国，市场上十分畅销。

（资料来源：http：//cod.zzu.edu.cn/newware/scyxx/alk/wzxal-33.html）

【分析提示】较高定价的撇脂策略每个企业都想使用，但不是每个企业都能使用，它有严格的条件。同时也要注意撇脂定价可能存在的问题，比如需求规模有限，会导致竞争者的大量涌入，仿制品与替代品迅速出现，价格远远高于价值而诱发公共关系问题等。

2. 渗透定价策略

渗透定价策略是指在新产品上市之初将价格定得较低，给消费者以物美价廉的感觉，借此打开销量，扩大市场占有率的一种定价策略。这种策略适合于产品需求价格弹性较大的市场，低价可以使销售量迅速增加；另外，要求新产品规模经济效益明显，成本能随着产量和销量的扩大而明显降低，从而通过薄利多销获取利润。

案例链接

2010年年初，国内数码巨头昂达电子不断给市场带来惊喜，199元3.0英寸的VX520R、299元的最低价高清VX520与3.0英寸触摸机型VX777和399元热销明星VX585HD以及首款499元的1080P全高清旗舰机型VX575等机型都在颠覆着当时的市场。从199元到499元，昂达每一款机型都是其价格区间中最为超值的，以此昂达成为当时市场占有率最高的MP3、MP4品牌之一。

（资料来源：http：//tech.163.com/digi/10/0128/06/5U3JV269001618S7.html）

【分析提示】现在大多数市场领域竞争激烈，渗透定价策略是大多数企业所应该考虑的，除非产品具有明显特色或品牌具有他人所不及的形象。

3. 满意定价策略

满意定价策略是指企业为产品制定不高不低的价格，既能对消费者产生一定的吸引力，又能使企业弥补成本后还有利润，是使企业和消费者双方都感到满意的一种定价策略。这种策略既可以避免撇脂定价因高价而带来消费者流失风险，又可消除渗透定价因低价引起的企业生产经营困难，因而既能使企业获取适当的平均利润，又能兼顾消费者利益。但此策略较为保守，容易使企业造成高不成低不就的局面，失去高额利润或市场机会。

二、心理定价策略

心理定价，是指企业定价时利用消费者不同的心理需要和对不同价格的感受，有意识地采取多种价格形式，以促进销售。主要有下面几种定价形式。

1. 尾数定价

尾数定价是指利用消费者数字认知的某种心理，尽可能在价格数字上保留零头，使消费者产生价格低廉和卖主经过认真的成本核算才定价的感觉，从而使消费者对企业产品及其定价产生信任感。

案例链接

2005 年 11 月 1 日，奇瑞公司全面启用新的价格体系。据奇瑞汽车销售有限公司总经理表示，在奇瑞旗下五个品牌接近 30 款产品所组成的庞大的价格体系中，奇瑞将调整其中四款具有行业风向标性质的产品的价格。这 4 款产品包括：原价为 33 800 元的 QQ 标准型，价格调整为 33 333 元；原价为 55 800 元的风云基本型，价格调整为 55 555 元；原价为 109 800 元的东方之子基本型，价格调整为 99 999 元；原价为 125 800 元的瑞虎舒适型，价格调整为 111 111 元。

（资料来源：http：//news. bitauto. com/hangye/20051115/1000020322. html）

【分析提示】奇瑞用各位数字完全相同的方法来标价，意图使这些易识易记的数字形成奇瑞特色，形成强烈的营销符号，从而更加清晰有力地向消费者传达相应细分市场的价格标准。同时也很好地体现了尾数定价这种方法的价值。

2. 声望定价

声望定价，是指企业利用消费者“便宜无好货、价高质必优”的心理，对在消费者心目中享有一定声望，具有较高信誉的产品制定高价的一种定价方法。不少高级名牌产品和稀缺产品，如豪华轿车、名牌时装、名人字画等，在消费者心目中享有极高的声望价值。购买这些产品的人，往往不在乎产品价格，而最关心的是产品能否显示其身份和地位，价格越高，心理满足的程度也就越大。

3. 招徕定价

招徕定价，是指零售商利用许多顾客贪图价廉的心理，特意将某几种商品价格定得较低以吸引顾客。某些商店随机推出降价商品，每天、每时都有一至两种商品降价销售，吸引顾客经常来采购廉价商品，同时也选购了其他正常价格的商品。

4. 习惯定价策略

有些产品在长期的市场交换过程中已经形成了为消费者所适应的价格，成为习惯价格。企业对这类产品定价时要充分考虑消费者的习惯倾向，采用“习惯成自然”的定价策略。对消费者已经习惯了的价格，不宜轻易变动。

5. 参照定价

当顾客选购商品时，头脑中常有一个参照价格。参照价格可能是顾客已了解到的目前市场上这种产品的一般价格，也可能是把以前的价格当作参照价格。企业在定价时可以利用和影响顾客心目中的参照价格。

案例链接

著名的心理学家罗伯特·西奥迪尼作了一个实验，对于来买台球桌的客户，有的先给他们看3 000美元的台球桌，有的先给他们看价格低一点的台球桌，结果，前者最后买的台球桌平均价格为1 000多美元，而后者最后买的台球桌平均价格为550美元。

心理学上，这种效应被称为"锚定"。3 000美元的台球桌也许大大超过客户的预算，但是它会使得客户购物时愿意增加开支。

（资料来源：http：//www.jieju.cn/News/20090814/Detail51137.htm）

【分析提示】人类很少在不加比较的情况下作决定，因为在人们的心中并没有一个价值计算器，这就导致了人类喜欢作一些简单的比较，而讨厌作复杂的比较。这种情况下，我们需要做的是给消费者一个"合理"的参照物。

三、折扣定价策略

折扣定价策略是企业为了鼓励顾客及早付清货款、大量购买、淡季购买，可酌情降低其基本价格的价格策略。

1. 现金折扣

现金折扣即对那些在约定日期或提前付清货款的顾客给予一定的折扣。现金折扣可加强卖方的收现能力，减少信用成本和呆账。

2. 数量折扣

数量折扣即企业给那些大量购买某种产品的顾客的一种减价，以鼓励顾客购买更多的物品。因为大量购买能使企业降低生产、销售、储运、记账等环节的成本费用。

3. 功能折扣

功能折扣即制造商根据中间商的不同类型和不同分销渠道所提供的服务不同给予不同的折扣。

4. 季节折扣

季节折扣即企业给那些购买过季商品或服务的顾客的一种减价，它可以使企业的生产和销售在一年四季保持相对稳定，加速资金周转和节省费用，鼓励客户淡季购买商品。

5. 价格折让

价格折让也是减价的一种形式，又叫作以旧换新折让，多用于耐用品的销售。如果经销商同意参加制造商的促销活动，则制造商卖给经销商的物品可以打折。这叫作促销折让，是对中间商提供促销的一种回报。

四、地区性定价策略

地区性定价策略，就是企业要决定：对于卖给不同地区顾客的某种产品，是分别制定不同的价格，还是制定相同的价格。也就是说，企业要决定是否制定地区差价。地区性定价的形式主要有以下几种。

1. FOB产地定价

FOB产地定价，是指顾客按照出厂价购买某种产品，企业只负责将这种产品运到产地某种运输工具上交货。

2. 统一交货定价

统一交货定价，是指企业对于卖给不同地区顾客的某种产品，都按照相同的出厂价加相同的运费定价。这种定价又叫邮资定价。

3. 区域定价

区域定价，也称分区定价，是指企业把全国（或某些地区）分为若干价格区，对于卖给不同价格区顾客的某种产品，分别制定不同的地区价格。

4. 基点定价

基点定价，是指企业选定某些城市作为基点（或窗口），然后按一定的出厂价加上从基点城市到顾客所在地的运费来定价，而不管产品实际上是从哪个城市起运的。

5. 运费免收定价

有些企业因为急于和某些地区做生意，自己负担全部或部分实际运费。这些卖主认为，如果生意扩大，其平均成本就会降低，因此足以抵偿这些费用开支。运用运费免收定价，可以加深市场渗透，并且能在竞争日益激烈的市场中处于有利地位。

五、产品组合定价策略

产品组合定价策略是当某种产品成为产品组合的一部分时，企业就要寻找一组在整个产品组合方面能获得最大利润的共同价格的一种定价策略。

1. 产品线定价策略

产品线定价策略，是指企业为追求整体利益的最大化，对产品线内的不同产品，根据不同的质量和档次，结合消费者的不同需求和竞争者的产品情况，制定高低不等的价格的一种定价策略。当然，如果不同规格的产品在其他方面差别不大，那么顾客最看重的是产品的价格，愿意选择价格低的产品。所以企业对产品线定价时，一定要突出各种产品之间的质量差异，以使价格差别合理化，使顾客确信本企业是按质论价。

2. 选购品定价策略

选购品定价策略，是指企业在提供主要产品的同时，还会附带一些可供选择的产品或特征，企业对选购品制定低价以招徕顾客，或者制定高价以获取利润的一种定价策略。如有些饭馆将饭菜的价格定得较低，而酒水的价格定得较高，靠低价的饭菜吸引顾客，高价的酒水赚取厚利。

3. 互补品定价策略

互补品定价策略，是指企业对同时生产的与主要产品一起使用的附属或补充产品制定较高的价格，而对主要产品制定较低价格的一种定价策略。

案例链接

2010 年 8 月盛大正式公布其电子书 Bambook 市场零售价为 999 元，将于 9 月 28 日正式上市，盛大方面表示，今后还将计划推出第二代、第三代等后续版本的电子书。此前盛大内部透露，电子书 Bambook 成本价约为 1 800 元。此前盛大相关负责人表示，从未想过靠硬件赚钱，甚至低于其成本价，未来盛大文学还是会依靠内容和服务来挣钱，并不打算依靠这款电子书带来利益。

（资料来源：http：//www.shanzhaiji.cn/news/20100824/19504.html）

【分析提示】电子书阅读器是硬件，是耐用消费品，是单位价格较高的消费品。硬件只是平台和载体，有了平台和载体，一切才有可能，所以需要一切的方法来拓展平台、扩大载体。

4. 副产品定价策略

副产品定价策略，是指企业对于生产过程中产生的副产品根据其处理成本或价值来定价，以补偿主产品的部分成本，从而降低主产品价格的一种定价策略。在生产过程中，肉类加工和石油化工等行业的企业往往会有副产品。如果企业不能加以利用，那么就要花钱来处理这些副产品，这会影响企业主要产品的定价。因此，企业必须为这些副产品寻找买主。只要买主愿意支付的价格大于企业储存和处理这些副产品的费用，那么都是可以接受的。这样，能够减少企业的支出，可以为主要产品制定更低的价格，增强竞争力。

5. 组合产品定价策略

组合产品定价策略，是指企业将有连带关系的产品组合在一起，给它们制定一个比分别购买更低的价格，进行一揽子销售的一种定价策略。采用这种策略时，提供的价格优惠应该足以吸引原本只准备购买部分产品的消费者转而购买全套产品，同时也要注意不能搞硬性搭配，这样不但不利于产品的销售，反而会引起消费者的反感。

拓展提高

企业调价策略与技巧

企业处在一个不断变化的环境之中，当企业的内部环境或外部环境发生变化时，为了生存和发展，企业必须调整价格，以适应激烈的市场竞争。

一、企业主动调价

（一）企业主动降价

一般当企业生产能力过剩而导致产品大量积压，激烈的价格竞争引起市场占有率大幅下降，或企业的产品成本比竞争者低但销路不好等情况，企业就可能采取主动降价的策略。

企业主动降价的方式与技巧主要包括以下几种。

1. 直接降价

直接降价即企业根据实际情况的需要，直接调低产品的标价。为了避免消费者产生负面的想法，企业在直接降价的同时应该向消费者说明降价的原因。

2. 间接降价

间接降价即企业在保持产品标价不变的情况下，通过间接的方式达到降低产品价格的目的。间接降价的主要技巧包括：增加产品附加服务项目，改进产品性能，增加或扩大各种折扣比例，馈赠礼品等。

（二）企业主动提价

当企业面临物价上涨的压力，或产品供不应求等情况，企业则可能需要考虑主动提价。

企业主动提价的方式与技巧包括以下几种。

1. 直接提价

直接提价即直接调高产品的标价。直接提价往往会引起消费者、经销商和企业推销人员的不满,也可能会因为利润的提升而引来更多的竞争者,因此,直接提价一定要注意掌握好涨价的幅度、涨价的时机,同时也要向顾客说明原因,得到消费者的理解和接受。

2. 间接提价

间接提价即企业采取一些方法在保持产品标价不变的情况下,隐性地提高产品的实际价格。这些方法主要包括:压缩产品分量而价格不变;使用便宜的材料作代用品或减少产品特点,以此降低成本;改变或减少服务项目等。

案例链接

2010年秋季,国内方便面市场刮起"瘦身"风,多个品牌方便面面饼重量悄然缩水,但价格却未下调。如某知名品牌的一款方便面,生产日期在8月的外包装标注:面饼+配料120克,面饼95克;10月生产的外包装上则标注:面饼+配料113克,面饼90克。以此计算,这款方便面单个面饼比原产品缩水了5克,配料缩水了3克。方便面厂家解释称,方便面"瘦身"是为了缓解原料上涨给企业带来的成本压力。

某知名品牌方便面公司东北区公关部相关负责人坦言,近期,部分品种的方便面面饼克重确实有所调整,主要是原材料价格上涨所致。2010年年初以来,生产方便面的主要原料——面粉和棕榈油的价格均有不同比例的增长,配料里的葱、姜和大蒜价格涨幅更大。她表示,企业调整产品规格是在面对外部环境时,不得已采取的权宜措施。

业内人士认为,方便面企业选择产品"瘦身"而非直接涨价,一定程度上和此前的报批规定有关,此外,也考虑到了今年以来大范围的物价上涨造成的消费者对价格的敏感。

(资料来源:http://finance.qq.com/a/20101019/005866.htm)

【分析提示】涨价有些时候是不得不做的选择——企业总是要盈利的。但涨价是消费者不愿意看到,既然不愿意看到,就别让他们看到,静悄悄地进行吧。

二、企业对竞争者调价的反应

企业经常也会面临竞争者调价的挑战。如何对竞争者的调价做出及时、正确的反应,是企业定价策略的一项重要内容。

在同质产品市场上,如果竞争者降价,企业必须随之降价;在异质产品市场上,企业对竞争者变价的反应有更多的选择余地。

(一)维持价格不变

因为市场领导者认为,如果降价就会减少利润收入。而维持价格不变,尽管对市场占有率有一定的影响,但以后还能恢复市场阵地。当然,维持价格不变的同时,还要改进产品质量、提高服务水平、加强促销沟通等,运用非价格手段来反击竞争者。许多企业的市场营销实践证明,采取这种策略比降价和低利经营更合算。

(二)降价

市场领导者采取这种策略是因为:(1)降价可以使销售量和产量增加,从而使成本费用下降;(2)市场对价格很敏感,不降价就会使市场占有率下降;(3)市场占有率下降之后,很难得以恢复。但是,企业降价以后仍应尽力保持产品质量和服务水平。

（三）提价

提价的同时，还要致力于提高产品质量，或推出某些新品牌，以便与竞争对手争夺市场。

情境实战演练

一款中级轿车的定价方案

WH公司是国内一家乘用车企业，为了丰富自己的产品体系，WH公司希望能够引进外方合作伙伴的一款中级轿车Aa。

Aa面临的情况是，数十个同类车型在这个国内最激烈的市场上竞逐，而WH公司又没有销售中级轿车的经验。因此在上市之前，WH公司希望制定一个具有竞争力的价格。

以下是Aa车型的价格确定过程。

（一）样本选择

1. 竞争车型选择

根据排量、尺寸、轴距、价格、品牌等因素，WH公司认为，目前市场上有8款车型可能会是Aa的竞争对手：花冠、福克斯、标致307、凯越三厢、伊兰特、日产颐达、思域、福美来、赛拉图。

2. 客户选择

根据竞争对手的购买者特征及公司的经验，WH公司认为自己车型的用户应该具有如下基本特征：大专及以上学历，年龄在25—40岁之间，家庭月收入在8000元以上。

3. 市场调研

根据以上两个基础，WH公司选择了北京、上海、广州、成都四个具有代表性的城市的600名车主/购车者作为调研对象。

（二）产品测试

将Aa车型和竞争车型的三大属性——车型、品牌、配置等水平拆分成各个细节指标，然后让测试者打分，10分为满分。

完成打分后，WH公司先后以价值定价法确定Aa车型具有竞争力的价格区间，以价格敏感度测试（PSM）了解消费者的价格敏感区间，可接受的价格上限值、下限值及最佳的定价点，以心理价差测试法测定企业想要达到的市场份额，价格应该定在哪里及产品组合构成。具体包括以下四个步骤。

第一步，车辆整体测试。这一测评主要是测试车型的各个细节和竞争车型的对比，这些元素都将影响到消费者对产品的喜爱、购买以及心理价位。

第二步，品牌测试。主要测试品牌对消费者出价的影响。

第三步，配置测试。这一测试主要是想了解配置对于消费者购买心理的影响，从而为厂家组合搭配款式提供参考。

第四步，价格测试。

结果：不同类型用户对Aa接受价格范围是14.1—15.8万元。

在上述调查之后，WH公司也参考了以下因素。要想让Aa的价格能够在2年内仍具有竞争力，就要给产品预留新产品效应过后降价的空间；Aa的成本因素；目前市场上现有车型改进型新产品；经销商的利润。

在参考了上述一系列因素后，WH公司将Aa主打配置的价格定在了14.8万元，理由是：

(1) Aa在同类车型中比较偏向运动型，这是一个较小的细分市场，因此不追求很大的市场份额；

(2) 通过测试这个价格属于范围之内；

(3) 虽然价格比最佳合理价格高，但是可以为以后降价获得一个相对较大的空间。

实践证明，WH公司制定了一个比较合理的价格。在接下来的两年里，Aa车型不仅获得了一个满意的销量，而且在竞争车型纷纷降价的情况下，价格一直比较坚挺。

(资料来源：finance. sina. com. cn/leadership/case/20081014/14175388666. shtml)

思考与讨论

1. WH公司在对Aa定价过程中考虑到了哪些影响因素？
2. 此次定价WH公司运用的是撇脂策略还是渗透策略，这一策略的成功运用一般需要哪些条件？

职业能力形成训练

一、演练项目

项目小组对价格调研与产品定价进行实战演练。

二、演练目的

通过演练帮助学生初步掌握产品定价主要的考虑因素，能够运用定价方法及策略进行有效的产品定价。

三、演练内容

针对创业小组或学习小组所选择的自创企业或背景企业的产品进行价格策划。

四、演练组织

(1) 以创业小组或学习小组为单位，分析影响产品定价的因素。

(2) 选择定价的方法。

(3) 确定定价策略。

(4) 演示定价策划方案。各小组指派代表根据定价方案以PowerPoint形式演示并分享交流。

五、演练考核

(1) 资料调研全面、有效。(10分)

(2) 定价因素分析专业、合理。(25分)

(3) 定价方法及策略选择准确，定价合理。(45分)

(4) 准确表达定价方案的思路。(20分)

项目十　构建分销渠道策略

公司所选择的渠道将直接影响其他所有的营销决策。我们必须根据他们的效率、贡献能力和适应能力来选择渠道。

——〔美〕菲利普·科特勒

项目目标

知识目标：

1. 了解市场分销渠道的含义。
2. 理解分销渠道的功能和类型。
3. 领会选择分销渠道的影响因素。
4. 掌握如何管理与控制分销渠道。

能力目标：

1. 学习分销渠道策划的方法培养相关能力。
2. 培养掌握分销渠道合作关系的能力。

项目引例

"娃哈哈"的成功之"道"

"娃哈哈"在全国31个省市选择了1000多家能力很强的经销商，组成了几乎能够覆盖中国每一个乡镇的联合销售体系，形成了强大的销售网络。"娃哈哈"非常注重对经销商的促销激励，针对经销商的促销政策，既可以激发其积极性，又保证了各层销售商的利润，因而可以形成促进销售而不扰乱整个市场的价格体系。"娃哈哈"的经销商分布在全国31个省市，为了对其行为实行有效控制，"娃哈哈"采取了保证金的形式，要求经销商先交预付款，对于按时结清货款的经销商，"娃哈哈"偿还保证金并支付高于银行同期存款利率的利息。"娃哈哈"总裁宗庆后认为："经销商先交预付款的意义是次要的，更重要的是维护一种厂商之间独特的信用关系。我们要经销商先付款再发货，但我给他利息，让他的利益不受损失，每年还返利给他们。这样，我的流动资金十分充裕，没有坏账，双方都得了利，实现了双赢。'娃哈哈'的联销体系以资金实力、经营能力为保证，以互信互助为前提，以共同受益为目标指向，具有持久的市场渗透力和控制力，并能大大激发经销商的积极性和责任感。"

（资料来源：选自凌子谦编写的《渠道的力量》，由中国长安出版社于2014年出版。）

引例分析

娃哈哈的产品并没有很高的技术含量，其市场业绩的取得与它对渠道的建设和有效管理密不可分。

|项目分析|

车行驶需要车道，飞机航行需要航道，同样，产品的流通也需要营销渠道。现今绝大多数生产企业并不是直接把生产出来的商品送到最终消费者手中，而是需要一系列的中间环节的配合协调活动。这些中间环节即构成了企业的分销渠道，它们从生产者的角度来研究如何把企业的产品在适当的地点、适当的时间、以适当的方式推销给广大消费者和用户。分销渠道是市场营销组合 4P's 要素之一，是企业重要的无形资产，对企业的营销决策起着关键性的作用，“小天鹅”洗衣机公司的分销渠道以高达 1.6 亿元的价格在合资中占 20%的股份就说明了这一点。分销渠道的选择和决策是企业营销部门作的最关键的决策之一，它影响着产品的定价、供货方式、销售方式、销售额乃至消费者对企业形象的评价，等等。因此，对于企业来说，通过分析影响分销渠道的因素(任务 1)，选择分销渠道模式(任务 2) 筛选出优质的批发商与零售商(任务 3)，实施分销渠道管理(任务 4)，建立快捷、便利的销售渠道是十分重要的。

|项目实施|

任务 1　分析影响分销渠道的因素

一、分销渠道的概念

简单地说，分销渠道就是商品和服务从生产者向消费者转移过程的具体通道或路径。它由所有参与将产品从生产领域向消费领域运动的组织和个人所构成。主要包括制造商、批发商、零售商、代理商和储运企业，等等，有些渠道甚至还包括消费者，他们都是渠道成员。制造商只有与这些中间商协同工作才能使产品顺利的由生产领域到达消费领域。从上述概念中我们可以得出，分销渠道具有以下几个特征。

(1) 起点是生产者，终点是消费者(生活消费)和用户(生产消费)。

(2) 参与者是商品流通过程中各种类型的中间商。

(3) 前提是商品所有权的转移。

案例链接

1937 年，迪克·麦当劳与兄弟马克·麦当劳在洛杉矶东部开了一家汽车餐厅。他们制作的汉堡味美价廉，深受顾客欢迎。虽然每个汉堡只卖 15 美分，但两兄弟的年营业额仍超过了 25 万美元，这是一个相当可观的数目。1953 年麦当劳兄弟出售麦当劳的特许经营权。当年从麦当劳兄弟手里买下特许经营权的，除了克罗克还有一个荷兰人。克罗克看似比较“愚蠢”，只开麦当劳店，加工牛肉、养牛的钱让别人去赚；而那个荷兰人显得非常“聪明”，他开办了牛肉加工厂，随后自己办了养牛场。多少年过去了，当克罗克把麦当劳开遍全球的时候，那个荷兰人却在大家的视线中消失了。渠道是越长越好，还是越短越好呢？

(资料来源：选自邓镝编写的《营销策划案例分析》，由机械工业出版社于 2007 年出版。)

【分析提示】事实上，渠道的长短没有绝对的好与坏，决定渠道长短的因素很多。分销渠道常由多个成员组成，各司其职才能实现合理分工和社会资源的最佳组合。

二、影响分销渠道选择的因素

影响分销渠道选择的因素很多。生产企业在选择分销渠道时，必须对下列几方面的因素进行系统的分析和判断，才能作出合理的选择。

（一）产品因素

1. 产品价格

一般来说，产品单价越高，越应注意减少流通环节，否则会造成销售价格的提高，从而影响销路，这对生产企业和消费者都不利。而单价较低、市场较广的产品，则通常采用多环节的间接分销渠道。

2. 产品的体积和重量

产品的体积大小和轻重，直接影响运输和储存等销售费用，过重的或体积大的产品，应尽可能选择最短的分销渠道。

3. 产品的易毁性或易腐性

产品有效期短，储存条件要求高或不易多次搬运的产品，应采取较短的分销途径，尽快送到消费者手中，例如，鲜活品、危险品。

4. 产品的技术性

有些产品具有很高的技术性，需要经常提供技术支持与维修服务，应以生产企业直接销售给用户为好，这样，可以保证向用户提供及时良好的销售技术服务。

5. 定制品和标准品

定制品一般由产需双方直接商讨规格、质量、式样等技术条件，不宜由中间商销售。标准品具有明确的质量标准、规格和式样，分销渠道可长可短，有的用户分散，宜由中间商间接销售；有的则可按样本或产品目录直接销售。

6. 新产品

为尽快地把新产品投入市场，扩大销路，生产企业一般使用自己的推销队伍，直接与消费者见面，推介新产品和收集用户意见。如能取得中间商的良好合作，也可考虑采用间接销售形式。

（二）市场因素

1. 购买批量大小

购买批量大，多采用直接销售；购买批量小，除通过自设门市部出售外，多采用间接销售。

2. 消费者的分布

某些商品消费地区分布比较集中，适合直接销售，反之则适合间接销售。在工业品的销售中，本地用户产需联系方便，因而适合直接销售；外地用户较为分散，通过间接销售较为合适。

3. 潜在顾客的数量

若消费者的潜在需求多，市场范围大，需要中间商提供服务来满足消费者的需求，宜选择间接分销渠道。若潜在需求少，市场范围小，生产企业可直接销售。

4. 消费者的购买习惯

有的消费者喜欢到企业买商品，有的消费者喜欢到商店买商品。所以，生产企业应既直接销售，也间接销售，满足不同消费者的需求，也增加了产品的销售量。

（三）生产企业本身的因素

1. 资金能力

企业本身资金雄厚，则可自由选择分销渠道，可建立自己的销售网点，采用产销合一的经营方式，也可以选择间接分销渠道。企业资金薄弱则必须依赖中间商进行销售和提供服务，只能选择间接分销渠道。

2. 销售能力

生产企业在销售力量、储存能力和销售经验等方面具备较好的条件，则应选择直接分销渠道。反之，则必须借助中间商，选择间接分销渠道。另外，若中间商不能很好地合作或不可靠，将影响产品的市场开拓和经济效益，此种情况下不如进行直接销售。

3. 可能提供的服务水平

中间商通常希望生产企业能更多地提供广告、展览、修理、培训等服务项目，为销售产品创造条件。若生产企业无意或无力满足这方面的要求，就难以达成协议，迫使生产企业自行销售。反之，提供的服务水平高，中间商则乐于销售该产品，生产企业则选择间接分销渠道。

4. 发货限额

生产企业为了合理安排生产，会对某些产品规定发货限额。发货限额高，有利于直接销售；发货限额低，则有利于间接销售。

（四）政策规定

企业选择分销渠道必须符合国家有关政策和法令的规定。某些按国家政策应严格管理的商品或计划分配的商品，企业无权自销和自行委托销售，如专卖制度（例如，香烟）、专控商品（控制社会集团购买力的少数商品）。另外，如税收政策、价格政策、出口法、商品检验规定等，也都会影响分销途径的选择。

（五）经济收益

不同分销途径经济收益的大小也是影响选择分销渠道的一个重要因素。对于经济收益的分析，主要考虑的是成本、利润和销售量三个方面的因素。

1. 销售费用

销售费用是指产品在销售过程中发生的费用。它包括包装费、运输费、广告宣传费，等等。一般情况，减少流通环节可降低销售费用，但减少流通环节的程度要综合考虑，做到既节约销售费用，又要有利于生产发展和体现经济合理的要求。

2. 价格分析

(1) 在价格相同条件下，进行经济效益的比较。目前，许多生产企业都以同一价格将产品销售给中间商或最终消费者，若直接销售量等于或小于间接销售量时，因为生产企业直接销售时要多占用资金，增加销售费用，所以，间接销售的经济收益高，对企业有利；若直接销售量大于间接销售量，而且所增加的销售利润大于所增加的销售费用，则选择直接销售。

(2) 当价格不同时，进行经济收益的比较。主要考虑销售量的影响，若销售量相等，直接销售多采用零售价格，价格高，但支付的销售费用也多；间接销售采用出厂价，价格低，但支付的销售费用也少。当销售量大于盈亏临界点的数量时，选择直接分销渠道；反之，则选择间接分销渠道。在销售量不同时，则要分别计算直接分销渠道和间接分销渠道的利润，并进行比较，一般选择获利的分销渠道。

（六）中间商特性

各类各家中间商实力、特点不同从而影响生产企业对分销渠道的选择。

1. 中间商不同对生产企业分销渠道的影响

例如，汽车收音机厂家考虑分销渠道，其选择方案有：

(1) 与汽车厂家签订独家合同，要求汽车厂家仅安装该品牌的收音机；

(2) 借助通常使用的渠道，要求批发商将收音机转卖给零售商；

(3) 寻找一些愿意经销其品牌的汽车经销商；

(4) 在加油站设立汽车收音机装配站，直接销售给汽车使用者，并与当地电台协商，为其推销产品并付给相应的佣金。

2. 中间商数目不同的影响

按中间商数目的多少产生不同的分销类型，例如，密集分销、选择分销、独家分销。

3. 消费者的购买数量

如果消费者购买数量小、次数多，可采用长渠道。反之，购买数量大，次数少，则可采用短渠道。

4. 竞争者状况

当市场竞争不激烈时，可采用同竞争者类似的分销渠道，反之，则采用与竞争者不同的分销渠道。

三、可供企业选择的分销渠道策略

（一）广泛性策略

广泛性策略是指生产商在同一渠道层级上选用尽可能多的渠道中间商来分销自己产品的一种渠道类型。这种渠道可以使产品在目标市场上形成铺天盖地之势，以达到使产品品牌充分显露，实现路人皆知且随处可买、最广泛地占领目标市场的目的。价格低廉、产品差异小，购买量大并且频繁的日常消费品可采用这种策略。

（二）选择性策略

选择性策略是指选择那些有支付能力、有经营经验和有产品知识及推销知识的中间商在特定区域推销本企业产品的策略。它适用于顾客需要在价格、质量、花色等方面精心比较和选择后才决定购买的产品。

（三）独家分销策略

独家分销策略是指在一定市场范围内，生产商只选择一家中间商或批发商、零售商分销自己的产品。这样的策略一般只适合一些购买者较少、单价较高或技术较为复杂的产品。

案例链接

TCL与飞利浦渠道联姻

2002年8月22日飞利浦与TCL集团在上海共同宣布：两大品牌公司即日起在中国五个地区的市场进行彩电销售渠道的合作。根据双方协议，TCL将利用其销售渠道及网络优势在国内五个地区的市场独家销售飞利浦彩电。

这是继海尔与三洋、TCL与松下、海信与住友之后，国内家电企业又一次与跨国公司达成销售渠道上的合作。一方面跨国公司对中国市场日益重视，开始借助中国家电企业的渠道优势进一步渗透；另一方面，中国企业已经进入需要加速向国际市场扩张、以稳固自身竞争力的阶段。飞利浦电子中国集团总裁用“两相情愿的婚姻”来形容与TCL的合作。

飞利浦表示，由于对中国二级市场的渗透力不从心，与TCL的最初合作将限于广西、贵州、江西、安徽和山西五地。此前，飞利浦一直把主要精力投放在一级市场。TCL则在此前就一直未曾放弃与飞利浦合作的努力。早在2001年夏天，TCL总裁李东生就曾亲率人马赴飞利浦总部，许诺放开渠道，为跨国公司提供在中国的分销服务，与跨国公司合作，就有了使用其技术研发、生产制造、国际分销渠道、元器件采购方面的优势，即引进了TCL国际化操作的外部动力。

（资料来源：选自科兰编写的《营销渠道》，由中国人民大学出版社于2008年出版。）

任务2　选择分销渠道模式

一、分销渠道的层次和类型

市场营销学经常以中间机构层次的数目来确定渠道的类型。

（一）直接渠道和间接渠道

(1) 直接渠道是指生产企业不通过中间商环节，而直接将产品销售给消费者。直接渠道是工业品分销的主要类型，一般大型设备、专用工具及技术要求较高且需提供技术培训服务的产品都是采用直接分销。在消费品中也有部分产品要采取直接分销类型，例如，易腐易毁性高的鲜活商品。

案例链接

戴尔的直销模式

戴尔计算机公司把计算机及其配件直接销售给企业、政府机构和消费者。戴尔公司按照客户对处理器速度、硬盘大小以及显示器类型的性能的要求来定制计算机。迈克尔·戴尔创办这家公司时还是个19岁的学生。当时他发现很难找到零件来组装自己的计算机系统。戴尔从制造商处直接购买计算机部件，再进行组装，然后直接销售，这样做既可以降低管理费用，同时也能为消费者省钱。目前，戴尔公司每年通过电话和互联网销售计算机的销售额超过312亿美元。最近，公司业务扩大，进入了具有持续高增长潜力的领域，如网络服务、储存和通信设备等。

（资料来源：选自郑锐洪编写的《营销渠道管理》，由机械工业出版社于2012年出版。）

【分析提示】在设计分销渠道时，中间商固然能为生产企业带来效率和辐射能力等方面的优势，但中间商的从中谋利无疑增加了产品的成本，往往让产品难以以低价策略取胜。

(2) 间接渠道是指生产企业通过中间商环节把产品传送到消费者手中。间接分销渠道是消费品分销的主要类型，工业品中有许多产品如化妆品等采用间接分销渠道。

(二) 长渠道和短渠道

按分销渠道的长短可以将分销渠道分为长渠道和短渠道,渠道的长短是相对的,一般把零层次和一层次渠道这另类渠道称为短渠道。二层次或二层次以上的分销渠道称为长渠道。具体包括以下 4 种类型,如表 10-1 所示。

表 10-1 销售渠道结构表

渠道长度	销售渠道结构
零层次分销渠道	制造商→消费者
一层分销渠道	制造商→零售商→消费者
二层分销渠道	制造商→批发商→零售商→消费者 制造商→代理商→零售商→消费者
三层分销渠道	制造商→代理商→批发商→零售商→消费者

(三) 宽渠道和窄渠道

按照渠道每个层次中同种类型中间商数目的多少可以将渠道划分为宽渠道和窄渠道。渠道越宽,则销售网点就越多,市场覆盖面越大;渠道越窄,则销售网点越少,市场覆盖面越小。

(1) 宽渠道。制造商在每一层级上选择许多中间商推销商品。

案例链接

耐克(NIKE)公司的分销选择

耐克公司在六种不同类型的商店中销售其生产的运动鞋和运动衣。

◎ 体育用品专卖店:如高尔夫职业选手用品商店。

◎ 大众体育用品商店:供应许多不同样式的耐克产品。

◎ 百货商店:集中销售最新样式的耐克产品。

◎ 大型综合商场:仅销售折扣款式。

◎ 耐克零售商店:设在大城市中的"耐克"城,供应耐克的全部产品,重点是销售最新款式。

◎ 工厂的门市零售店:销售的大部分是二手货和存货。

(资料来源:选自菲利普·科特勒编写的《营销管理》,由中国人民大学出版社于 2001 年出版)

【分析提示】耐克公司通过这些中间商渠道,增加了产品销售的覆盖面、渠道专业分工减少市场交易活动,减少交易次数。

(资料来源:选自李光国、杨晶编写的《分销渠道管理》,由清华大学出版社于 2014 年出版)

(2) 窄渠道。制造商在中间环节上只选择一家中间商为之推销商品。这种策略只适用于购买者较少、单价较高或技术较为复杂的产品。例如,劳力士手表、宝马汽车。

(四) 分销渠道模式的发展动态

随着信息时代的到来,互联网渗透到生活中的方方面面,分销渠道系统突破了由生产者、批发商、零售商和消费者组成的传统模式和类型,有了新的发展,例如,垂直渠道系统、水平渠道系统、多渠道营销系统等。

1. 通路"直销"

传统意义上的直销,是指生产厂家直接将产品销售给消费者,但目前的通路"直销",是生产厂家或经销商绕过一些中间环节,直接供货给零售终端,而并非直接向最终消费者销售。直接控制零售终端,是厂家提高市场辐射力和控制力的关键。

2. 垂直渠道系统

这是由生产企业、批发商和零售商组成的统一系统。垂直分销渠道的特点是专业化管理、集中计划,销售系统中的各成员为共同的利益目标,都采用不同程度的一体化经营或联合经营。垂直渠道系统主要有以下三种形式。

(1) 公司式垂直系统:指一家公司拥有和统一管理若干工厂、批发机构和零售机构,控制分销渠道的若干层次,甚至整个分销渠道,综合经营生产、批发、零售业务。

(2) 管理式垂直系统:制造商和零售商共同协商销售管理业务,其业务涉及销售促进、库存管理、定价、商品陈列、购销活动等环节,例如,宝洁公司与其零售商共定商品陈列形式、货架位置、促销、定价。

(3) 契约式垂直系统:指不同层次的独立制造商和经销商,为了获得单独经营达不到的经济利益,以契约为基础实行的联合体。它主要分为下面三种形式。

① 制造商倡办的零售特许经营或代理商特许经营系统。零售特许多见于消费品行业,代理商特许多见于生产资料行业。丰田公司对经销自己产品的代理商、经销商给以买断权和卖断权,即丰田公司与某个经销商签订销售合同后,赋予经销商销售本公司产品的权力而不再与其他经销商签约,同时也规定该经销商只能销售丰田品牌的汽车,实行专卖,避免了经营相同品牌汽车的经销商为抢客户而竞相压价,以致损害公司名誉。

② 制造商倡办的批发商特许经营系统。大多出现在餐饮业,例如,可口可乐、百事可乐与某些瓶装厂商签订合同,授予其在某一地区分装的特许权以及向零售商发运品的特许权。

③ 服务企业倡办的零售商特许经营系统,多出现于快餐业(例如,肯德基)、汽车出租业;批发商创办的连锁店;零售商合作社,它既从事零售,也从事批发,甚至于生产业务。

3. 水平式渠道系统

这是指由两家以上的公司联合起来的渠道系统,它们可实行暂时或永久的合作。这种系统可发挥群体作用,共担风险,获取最佳效益。

4. 多渠道营销系统

这是指对同一或不同的分市场采用多条渠道营销系统。这种系统一般分为两种形式:一种是生产企业通过多种渠道销售同一商标的产品,这种形式易引起不同渠道间激烈的竞争;另一种是生产企业通过多渠道销售不同商标的产品。

5. 基于互联网的分销渠道

这是指应用互联网提供商品和服务,与使用计算机或其他技术手段的目标客户通过电子手段进行营销、完成交易。在互联网环境下,分销渠道不再仅仅是实体的,而是虚实结合,甚至完全虚拟。在线销售、网上零售、网上拍卖、网上采购和网上配送等新的分销形式,使分销渠道多元化，由宽变窄，由实变虚，由单向静止变为双向互动。

二、选择分销渠道模式的原则

分销渠道管理人员在选择具体的分销渠道模式时，无论出于何种考虑，从何处着手，一般都要遵循以下几项原则。

（一）畅通高效的原则

这是渠道选择的首要原则。任何正确的渠道决策都应符合物畅其流、经济高效的要求。畅通高效的分销渠道模式，不仅要让消费者在适当的地点、时间以合理的价格买到满意的商品，而且应努力提高企业的分销效率，争取降低分销费用，以尽可能低的分销成本，获得最大的经济效益。

（二）覆盖适度的原则

企业在选择分销渠道模式时，不仅仅考虑加快速度、降低费用。还应考虑已及时准确送达的商品是否能够销售出去，是否有较高的市场占有率足以覆盖目标市场。在分销渠道模式的选择中，也应避免扩张过度、分布范围过宽过广，以免造成沟通和服务的困难，导致无法控制和管理目标市场。

（三）稳定可控的原则

企业的分销渠道模式一经确定，便需花费相当大的人力、物力、财力去建立和巩固，企业一般不轻易更换渠道成员。只有保持渠道的相对稳定，才能进一步提高渠道的效益。

（四）协调平衡的原则

企业在选择、管理分销渠道时，不能只追求自身的效益最大化而忽略其他渠道成员的局部利益，应合理分配各个成员间的利益。渠道领导者必须统一、协调、有效地引导渠道成员充分合作，鼓励渠道成员之间有益的竞争，减少冲突发生的可能性，确保总体目标的实现。

（五）发挥优势的原则

企业在选择分销渠道模式时为了争取在竞争中处于优势地位，要注意发挥自己各个方面的优势，将分销渠道模式的设计与企业的产品策略、价格策略、促销策略结合起来，增强营销组合的整体优势。

任务 3　筛选批发商与零售商

案例链接

蒙牛选择渠道成员的标准

内蒙古蒙牛乳业股份有限公司自 1999 年夏天成立以来，从一个“无奶源、无工厂、无市场”的“三无”企业，仅用三年多时间，便发展成为全国知名的乳品企业。其成功原因固然是多方面的，但成功的选择渠道成员，对其发展起了重要的作用。“蒙牛”在客户选择上采用的原则就是选择适合蒙牛发展的中型客户，即具备一定资金实力、网络、配送能力，具备开发、管控市场等能力，能全面推广蒙牛系列产品，并紧跟公司发展步伐长期协作的客户。实践证明，它的选择是成功的。

（资料来源：http：//www.em-cn.com/article/2007/140173_2.shtml）

【分析提示】筛选的营销渠道成员是否优秀,将直接影响到厂商生产的产品能否及时、准确的转移到消费者手中。因此,对于厂商来说,营销渠道成员的筛选必须严格、谨慎。

一、中间商的类型

中间商是指处于生产者和消费者(或使用者)之间、参与产品交换,促进买卖行为发生和实现的、具有法人资格的经济组织或个人。包括:批发商和零售商。

(一)批发商

批发商是指在产品流通过程中,不直接服务于最终消费者,只通过转售等零售方式实现产品在空间上、时间上转移的中间环节的统称。

(1)批发商的特点:① 处于流通领域的中间环节;② 服务对象是零售商业;③ 从事的是大宗买卖活动;④ 不同规模的批发商的地区分布不同。

(2)批发商的类型:有商人批发商、经纪人和代理商、制造商和零售商的批发机构以及其他类型批发商。

(二)零售商

零售商是指将产品或服务直接销售给最终消费者的组织或个人,如表10-2所示。

表10-2 零售商类型

店铺零售商类型	无店铺零售类型
百货商店	自动售货
专业商店	直接销售
超级市场	直复营销
便利商店	直接邮寄
折扣商店	目录订货
廉价商店	电话营销
仓储俱乐部	电子营销
购物中心	在线零售

案例链接

沃尔玛公司由美国零售业的传奇人物山姆·沃尔顿先生于1962年在阿肯色州成立。经过40余年的发展,沃尔玛公司已经成为美国最大的私人雇主和世界上最大的连锁零售企业。目前,沃尔玛在全球15个国家开设了超过8 400家商场,下设55个品牌,员工总数210多万人,每周光临沃尔玛的顾客2亿人次,是全球500强榜首企业。

2010财政年度(2009年2月1日至2010年1月31日)销售额达4050亿美元,2010财年慈善捐赠资金及物资累计超过5.12亿美元,比2009财政年增长超过20%。2010年,沃尔玛公司再次荣登《财富》世界500强榜首,并在《财富》杂志"2010年最受赞赏企业"调查的零售企业中排名第一。

沃尔玛于1996年进入中国,在深圳开设了第一家沃尔玛购物广场和山姆会员商店。目前沃尔玛在中国经营多种业态,包括购物广场、山姆会员商店、社区店,等等。截至2010年8月5日,沃尔玛已经在全国20个省的101个城市开设了189家商场,在全国创造了超过50 000个就业机会。

沃尔玛在中国的经营始终坚持本地采购。目前，沃尔玛中国与近2万家供应商建立了合作关系，销售的产品中本地产品超过95%。同时，沃尔玛中国注重人才本土化，鼓励人才多元化，特别是培养和发展女性员工及管理层。目前沃尔玛中国超过99.9%的员工来自中国本土，商场总经理100%由中国本土人才担任，高级管理团队中女性管理者占比达43%。2009年公司成立了“沃尔玛中国女性领导力发展委员会”，以加速推动女性的职业发展。

（资料来源：http://www.wal-martchina.com/walmart/index.html）

【分析提示】通过对沃尔玛的分析，帮助我们更好地把握零售业在分销渠道中的地位与作用。

二、筛选渠道成员的原则

在筛选渠道成员之前，厂商应该首先确立一套筛选渠道成员的原则和标准，总的来说，厂商选择渠道成员，需要遵循以下一些基本原则。

（一）相互认同原则

这是厂商选择渠道成员时应遵循的最基本的原则。厂商与渠道成员之间相互认同是合作的前提条件。

（二）进入目标市场原则

这是厂商选择渠道成员时应遵循的最重要的原则。厂商选择潜在渠道成员、建立分销渠道，就是要把自己的产品打入目标市场，让那些需要其产品的最终用户或消费者能够就近、方便地购置商品。

（三）产品销售原则

这是厂商选择渠道成员时应遵循的最核心的原则。厂商选择渠道成员的核心目的在于通过渠道成员的帮助，完成销售目标。因此，厂商通常都比较注重渠道成员的实际销售能力。

（四）形象匹配原则

这是厂商选择渠道成员时应遵循的最普遍的原则，也就是我们通常讲的“门当户对”。通常情况下，知名厂商总是与资金实力雄厚、商誉好的渠道成员结为合作伙伴或战略合作伙伴。

三、筛选渠道成员应考虑的因素

一般来说，厂商在进行渠道成员筛选时要考虑以下几个因素。

（一）中间商的信誉和知名度

中间商信誉的高低直接关系到企业产品销量的大小，中间商的信誉越高，商品销量越大。因此，企业应将信誉较高的中间商作为自己的选择对象。

（二）中间商的实力

中间商的实力包括资金、人员素质、营业面积、仓储和运输能力，等等。一般来说，中间商实力越强，销售成功的概率也就越大。生产企业应首先选择实力强的中间商。

（三）对企业产品的熟悉程度

这是指中间商对企业产品的性能、用途、保养等方面知识的了解程度。中间商越熟悉企业的产品，就越可能在经营中取得成功。在同等条件下，企业应考虑选用对企业产品熟悉程度较高的中间商。

（四）预期合作程度

中间商如果能同生产企业密切合作，将会大大提高产品销量。厂商在挑选中间商时，应重视这一因素。

四、筛选渠道成员的方法

筛选渠道成员的方法有很多，这里我们重点介绍以下三种。

（一）销售量评估法

销售量分析法是通过实地考察有关分销商的顾客流量和销售情况，并分析其近年来销售额水平及变化趋势，在此基础上选择最佳“候选人”。

（二）加权评分法

加权评分法就是对拟选择作为合作伙伴的每位中间商，就其从事商品分销的能力和条件进行打分。先根据不同因素对分销渠道功能建设的差异及重要程度，分别给定相应的分数，然后计算每位中间商的总得分，从中选择得分较高者。

（三）销售成本评估法

利用中间商经销商品是有成本的，主要包括市场开拓费用、让利促销费用、因延迟货款支付而带来的收益损失、谈判和监督履约的费用，等等。这些费用构成了销售费用或流通费用，减少了生产商的净收益。企业可以通过控制流通费用来提高渠道的效益，进而增加净收益。因此，企业也可以把预期销售费用看作是选择中间商的一种指标。常用的方法有以下三种。

(1) 总销售成本比较法。在分析有关“经销商”的合作态度、营销战略、市场声誉、顾客流量、销售记录的基础上，估算各个“候选人”作为分销渠道成员，在执行分销功能过程中的销售费用，然后，选择其中费用最低的中间商。

(2) 单位商品销售成本比较法。销售费用一定时，销量越多，则单位商品的销售成本越低，渠道成员的效率就越高。因此在评价有关分销商的优劣时，需要把销售量与销售成本两个因素联系起来综合评价。

(3) 成本效率分析法。这就是以销售业绩与销售费用的比值作为评价依据，这是选择最佳分销商的方法。与前者不同的是，此方法采用的比值是某分销商能够实现的销售业绩（销售量或者销售额）除以该分销商总销售费用，称为成本效率。

任务 4　分销渠道管理

案例链接

狗熊招聘记

森林里住着一只钓鱼能手——狗熊，它每天都能钓到两大桶鲜鱼。狗熊自己吃不了多少，剩下的就扛到市场上出售。随着狗熊逐年衰老，于是它决定聘请其他动物来帮助它完成销售工作。狗熊贴出了招聘启事说每天卖掉一桶鱼就给对方 10 元奖励。不久便有三只动物前来应征：狐狸、猴子和猪。狐狸一见面就口若悬河的大谈自己的销售经验，但狗熊把它淘汰了，因为它知道狐狸很狡猾，如果它把吃掉的鱼说成是卖掉的，在骗取奖励的同时不是减少了自己的收益吗？最后不吃荤腥的猴子和猪被留了下来。猴子的确很聪明，它灵活的销售技巧和讨人喜欢的形象让狗熊的鱼大受欢迎。为了激励猴子,狗熊支付给它每桶鱼12元的佣金。得到更大利益的猴子卖起来自然更加卖力。而老实的猪总是在卖鱼的时候打盹,鱼很久都卖不出去,经常闷死在桶里。无奈之下,狗熊只好辞掉了猪。

(资料来源:选自方妙英编写的《苹果橘子营销学》,由化学工业出版社于2009年出版。)

【分析提示】企业一旦选择并设计好分销渠道,就必须监管好选中的渠道。像故事里的狗熊,它选择了请其他动物代销的渠道,这时它就需要挑选渠道成员、激励渠道成员以及随时评价他们的工作表现。

渠道管理是指制造商为实现公司分销的目标而对现有渠道进行管理,以确保渠道成员间、公司和渠道成员间相互协调合作的一切活动。

一、渠道管理的内容

1. 对经销商的供货管理

对经销商的供货管理,保证供货及时,在此基础上帮助经销商建立并理顺销售子网,分散销售及库存压力,加快商品的流通速度。

2. 加强对经销商的支持

加强对经销商广告、促销的支持,减少商品流通阻力,提高商品的销售力,促进销售,提高资金利用率,使之成为经销商的重要利润源。

3. 对经销商负责

对经销商负责,在保证供应的基础上,对经销商提供产品服务支持。妥善处理销售过程中出现的产品损坏变质、顾客投诉、顾客退货等问题,切实保障经销商的利益不受无谓的损害。

4. 加强对经销商的订货处理管理

加强对经销商的订货处理管理,减少因订货处理环节中出现的失误而引起发货不畅。

5. 加强对经销商订货的结算管理

加强对经销商订货的结算管理,规避结算风险,保障制造商的利益。同时,避免经销商利用结算便利制造市场混乱。

6. 其他工作

其他管理工作,包括对经销商进行培训,增强经销商对公司理念、价值观的认同以及对产品知识的认识。负责协调制造商与经销商之间、经销商与经销商之间的关系。

二、渠道管理措施

(一) 激励渠道成员

对配合的渠道成员给予奖赏鼓励。例如,许诺较高的毛利率、给予促销支持,等等。

案例链接

"虎牌"啤酒对中间商的激励采用的是奖品。"虎牌"啤酒对其零售商举办了"步步高升零售奖励计划"活动,在活动期间销售额达到8万元(按进货价计)的零售店,可获得高级打火机15个；达到12万元者，可获得精美手表15只；达到16万元者，可获得优质公文包15个；达到19.8万元者，可获得电冰箱1台。“嘉士伯”啤酒允诺在6—9月的四个月内，向完成规定销量的中间商提供两个“新马泰”旅游名额。“百威”啤酒的奖励为一个月赴美旅游考察名额，等等。有些品牌对中间商的激励采用的是货物折扣办法，批发商全年销量达到10万箱并于年底结清货款的，制造商给予实际销量的3%作为奖励；达到15万箱并全部结清货款的，给予4%的奖励，不足10万箱的不给予奖励。

（资料来源：选自李光国、李晶编写的《分销渠道管理》，由清华大学出版社于2014年出版。）

【分析提示】对中间商的奖励是中间商管理的一个重要手段。在企业营销中激励中间商的方法多种多样，供应商可以不断创新，设计新的方案去激励中间商。

除奖赏鼓励机制外，还有以下几种激励方式。

(1) 惩罚渠道成员：对不配合的渠道成员实施惩罚。如减少利润、收回奖赏许诺、减慢运货速度，等等。

(2) 提供相关知识：掌握扶助渠道成员成功经营的知识。如提供促销规划、培训、商品陈列技术，等等。

(3) 施加影响：利用被赋予或被认为拥有施加影响的权力，影响渠道成员。

（二）促进渠道成员的忠诚与信赖

(1) 建立合作伙伴关系；构建长期合作关系既是激励分销商的一种方式，也是管理渠道的一种方式，同时建立合作伙伴关系有利于实现双赢。

(2) 建立共同利益；企业和中间商之间建立共同的利益与目标，并为此而努力，使渠道成员获得长久成功而不仅仅是短期效益，这才是合作的最佳状态。

(3) 共同制订计划；通过不断的沟通和渠道成员共同参与，制订计划，有利于渠道各成员对未来共同的目标和发展的趋势达成共识，减少冲突。

(4) 以自我调控为基础。

(5) 建立合同机制。引入合同机制有利于各方合作关系的稳定并加强相互信任。

（三）评价渠道成员

生产商定期检查渠道成员的工作业绩。检查的依据有销售定额完成的情况、平均存货水平、向顾客交货时间、损坏和遗失货物的处理情况、在企业促销与训练计划中的合作情况以及中间商应对顾客提供的服务，等等。通过定期检查中间商的合格情况来淘汰较差的中间商。

案例链接

宝洁公司在每一个地区通常发展少数几个分销商，并通过分销商对下级批发商、零售商进行管理。分销商与批发商的区别在于，分销商与宝洁公司签订合约，双方明确权利、义务和责任，并进行合理分工。分销商的选择标准主要包括：规模、财务状况、口碑、销售额及增长速度、仓储能力、运输能力及顾客结构等指标。其中，需要解释的是顾客结构指标。经销商必须具备一个较完善的、有一定广度和尝试的顾客网络，网络中必须包括一定数量和一定层次的二级批发商和零售商，并且能够较为完善地覆盖一个区域城市。发展为分销商后，宝洁公司将协助其制订销售计划和促销设计，派驻销售经理在直接分销公司内办公。

（资料来源：选自李克劳、李严锋编写的《营销渠道管理》，由武汉大学出版社于2011年出版。）

【分析提示】中间商的选择需要企业根据自身的资源和要求制定完备的选择标准。

（四）处理渠道冲突

渠道冲突是指某渠道成员从事的活动阻碍或者不利于本组织实现自身的目标，进而发生的种种矛盾和纠纷。分销渠道的设计是渠道成员在不同角度、不同利益和不同方法等多因素的影响下完成的，因此，渠道冲突是不可避免的。

（1）了解冲突类型。

① 横向冲突，是指同一层次中的成员之间的冲突，包括两种类型：一种是水平渠道冲突，指的是同一渠道模式中，同一层次中间商之间的冲突。产生水平冲突的原因，大多是生产企业没有对目标市场的中间商分管区域作出合理的规划，使中间商为各自的利益互相倾轧。另一种是垂直渠道冲突，指在同一渠道中不同层次企业之间的冲突，这种冲突较之水平渠道冲突要更常见。例如，某些批发商可能会抱怨生产企业在价格方面控制太紧，留给自己的利润空间太小，而提供的服务（广告、推销等营销行为）太少；零售商对批发商或生产企业，可能也存在类似的不满。

② 纵向冲突，是指不同层次成员之间的冲突。不同渠道间的冲突指的是生产企业建立多渠道营销系统后，不同渠道服务于同一目标市场时所产生的冲突。例如，美国的李维斯牌牛仔裤原来通过特约经销店销售，当它决定将西尔斯百货公司和彭尼公司也纳为自己的经销伙伴时，特约经销店表示了强烈的不满。

（2）分析冲突原因。

① 目标分歧。由于渠道成员在各自经营过程中所设定的目标不同，因而实现目标的行动往往不一致，甚至相抵触，于是产生冲突。

② 地域差异。当业务领域有部分重叠时，若干公司会争抢同一业务或竞争同一目标市场，此时冲突往往会产生。例如，某区域经销商的范围内出现了来自其他区域的低价冲货。

③ 分工问题。渠道成员的任务和权力不明确。例如，某公司用自己的销售队伍向大客户供货，同时他的授权经销商也努力向大客户推销。地区边界、销售、供货等方面任务和权力的模糊和混乱都会导致诸多冲突。

（3）解决冲突。

① 公开信息交换。在同一个分销系统中一定要保持信息畅通。作为企业一定要建立相关的沟通机制，以实现渠道中的信息共享，促成渠道成员之间的相互理解、相互信赖乃至紧密合作。

② 信息保护，第三方给予调节。指双方都为保护自己的信息，不期望在冲突管理的过程中成为共同目标，因此，就需要相关第三方的调解人或仲裁者介入，协调双方的利益，促使渠道成员通过加强交流来缓解和控制渠道冲突。

③ 运用渠道权力。渠道权力是一个渠道成员对于另一个在同一渠道不同层次上的渠道成员的控制力或影响力，渠道权力主要来源于对具有优势的特定资源的依赖。

（五）渠道改进

在渠道管理的过程中，由于情况的变化，有时需要增加或减少渠道成员，局部修正某些渠道，或全面修正分销渠道系统。这种调整属于比较重大的决策，应慎重进行，通常是由企业的最高管理层主导开展。

（1）增减渠道成员。对效率低下、经营不善并对渠道整体运行有严重影响的中间商可考虑予以剔除。

（2）增减渠道。如果渠道过多导致有的渠道作用不大，从提高效率与集中有限力量等方面考虑可以适当减少一些营销渠道。

（3）调整全部渠道。如果因为渠道冲突无法解决，造成极大混乱；或因企业战略目标和营销组合实行了重大调整都可能对渠道进行重新设计和建立。

|拓展提高|

直销与传销

一、直销与传销

直销指直接销售。按照世界各国公认的概念，我们可以这样理解直销——直销就是采用面对面的方式将产品和服务直接推销给消费者，通常是在消费者家里或者固定零售场所进行的。直销一般是通过独立的直销人员的介绍或亲身演示进行，这些直销人员通常叫作直销商。我国 2005 年 12 月 1 日起施行的《直销管理条例》赋予了直销定义“直销是指直销企业招募直销员，由直销员在固定营业场所之外直接向最终消费者推销产品的经销方式”。直销产品的范围由国务院商务主管部门，会同国务院工商行政管理部门，根据直销业的发展状况和消费者的需求确定、公布。

我国 2005 年 11 月 1 日起施行的《禁止传销条例》所称的传销，是指：组织者或者经营者，以被发展人员直接或间接发展人员数量或销售业绩为依据，计算和支付报酬，或者是要求被发展人员以缴纳一定费用为条件取得加入资格等方式，牟取非法利益，扰乱经济秩序，影响社会稳定的行为。

二、直销与传销的区别

1. 推销的商品不同。传销的产品大多是一些没有什么品牌，属于质次价高的商品；而直销的商品大都为一些著名的品牌，在国内外有一定的认知度。

2. 推销员加入的方式不同。传销是要求推销员加入时上线要收取下线的商品押金，一般以购物或资金形式收取“入门费”。

3. 营销管理不同。传销的营销管理很混乱，销售报酬并非仅仅来自商品利润本身，而是按发展传销人员的“人头”计算提成。直销的管理比较严格，自己的业绩由公司来考核，由公司进行分配。

4. 根本的目的不同。传销的根本目的是无限制地发展下线，千方百计通过扩大下线来赚钱。而直销最终面对的终端用户是客户，进行商品交易。

三、直销的运营模式

（一）顾问式营销模式

典型代表：玫琳凯。玫琳凯通过公司专卖店的美容顾问和经销商把产品销售给消费者。玫琳凯的美容顾问是美容消费的专业指导者，她们以小型美容课的方式向顾客介绍产品，免费为顾客做皮肤分析，根据顾客的不同需求推荐给相应的产品，并提供免费送货上门等服务。

（二）综合直销和特许加盟的经销模式

典型代表：仙妮蕾德。进入中国市场初期，仙妮蕾德采用的是全世界统一直销的方式，1998 年以后，仙妮蕾德以“授权经营”的模式在中国保健品市场上找到了自己的位置。仙妮蕾德将产品批发给全国约 6000 家具有独立法人资格的授权经销店铺，以统一价格向消费者零售。

（资料来源：http：//www.docin.com/p-570423442.html）

|情境实战演练|

嘿客：顺丰的便利店

5 月 18 日，顺丰速运正式在全国铺开名为“嘿客”的便利店，首批共 518 家，覆盖了全国大批省市。“嘿客”店内的海报、二维码墙放置虚拟商品，可以通过手机扫码、店内下单购买，店内不设库存，这让商店成为一个展示和体验的平台，实现了畅想多年的社区“O2O”。

当然，顺丰社区虚拟商店的“试水”是基于其强大的快速物流，其中冷链生鲜的快速物流更独具优势，这让顺丰的跨界异常轻松。特别是其早在 2012 年就上线了生鲜电商平台“顺丰优选”，近两年快速发展，已经积累一定的人气和口碑。“嘿店”的铺开有助于顺丰优选更上一层楼，从而成为生鲜电商的第一品牌，而生鲜恰恰是天猫和京东的弱项。当然，有优质快递网络和实体体验店面的“辅佐”，顺丰的电商版图还有更多想象和可能。

“嘿客”全新的 O2O 模式，以及顺丰全国范围内的大批量产出让电商大佬们也开始担忧。但不得不提出的问题是，实体店面的成本也是巨大的，“嘿客”的成本与收益何时平衡，能否持续发展，还要看顺丰实际的执行和调整能力。

思考与讨论

1. 顺风公司最初的渠道模式是怎样的？
2. 顺风为何要实行“嘿客”渠道模式？与以前的渠道模式相比有何不同？

|职业能力形成训练|

一、演练项目

选择合适的分销渠道。

二、演练目的

（1）了解根据产品的属性、企业的实际情况设置分销渠道。

（2）指导企业怎样选择中间商。

三、演练内容

针对创业小组或学习小组所选择的自创企业或背景企业的产品，为其进行分销渠道设计。

四、演练组织

(1) 以创业小组或学习小组为单位，分析影响分销渠道选择的因素。
(2) 选择合适的分销渠道模式。
(3) 挑选中间商。

五、演练考核

(1) 各小组对本次演练的组织、分配、管理等过程。(20 分)
(2) 渠道设计合理。(30 分)
(3) 各小组提交演练报告一份，制作 PPT 并进行汇报。(40 分)
(4) 团队合作精神。(10 分)

项目十一　优化促销组合

科技为企业提供动力，促销则为企业安上了翅膀。

——〔美〕沃森

项目目标

知识目标：

◎ 了解促销组合的内涵及影响因素。

◎ 掌握四种促销方式的内涵及运作策略。

能力目标：

◎ 具有分析及选择合适的促销组合的能力。

◎ 能够依据人员推销、广告活动、营业推广和公关策略为企业设计促销方案。

项目引例

加多宝促销组合引领春节营销潮流

春节是中国最重要的传统节日．同时也是大多数人一年中消费的高潮。对企业和品牌来说，无论是促进销售，还是提升形象，春节都是不能忽视的黄金档期。洋洋得意的2015年，加多宝更是通过到位的促销组合策略，演奏了一首精彩的春节营销交响曲。

一、情感共鸣，直击网友痛点

面对“乡愁”这个情感共鸣点，加多宝联合网易共同发布《2015春运微报告》，以“回家后假期和父母相处时间大概只有约24小时”、“你的每次回家，都是父母最大的节日”等回家现状触动网友反思，再次引发众多网友共鸣与话题讨论热潮，微报告发布当日网友互动量超过十万频次，截止到现在互动量已接近200万频次，在朋友圈形成刷屏热潮。

二、结盟去哪儿，点亮回家路

延续前两季“加多宝伴你嗨回家”精髓，2015年加多宝公益大联盟迎来了新的合作伙伴——去哪儿网，双方宣布将在春节回家公益方面展开战略合作，为在外游子点亮回家路。“点亮回家路”公益活动推出以攒里程游戏演绎回家联盟互助概念的专题页面，吸引了近200万人参与活动，并最终成功助力超过十万人春节回家。

三、多屏互动，抢占移动媒介

面对春节期间受众触媒习惯呈现出的移动化、娱乐化、多屏互动特点，加多宝通过与网易、腾讯、新浪微博、爱奇艺、去哪儿网、辽宁卫视、风行网等深入合作，将电视、PC、手机、PAD等多媒介触点打通。其中，尤以加多宝与爱奇艺自制爆笑神剧《废柴兄弟2之归途不囧》表现出色，截至目前其播放量已经突破2500万。

四、红包飞，实现粉丝量突增

与微博共同推出的#加多宝的红包飞#更让加多宝春节营销如虎添翼。加多宝以“@加多宝凉茶”“@加多宝活动”两个微博平台作为主阵地，同时邀请好声音冠军张碧晨、李琦配合派发。截至目前，#加多宝的红包#话题总讨论量已超过百万，话题总阅读量上亿次，已有500万余人通过微博领取加多宝现金红包和加多宝京东代金券。

五、线上线下配合，助推销售

线上展现互动创意、唤醒用户和消费者的参与热情，再通过线下的巧妙配合，最终助推销量提升。在与乐视超级电视举办的贺岁专场活动，加多宝以“带个好礼回家过年”为切入点，吸引广大消费者积极参与，不到6分钟，1500台乐视超级电视便已售罄，加多宝凉茶总计销售也超过2000箱。

（资料来源：http：//news.hexun.com/2015-03-05/173775873.html）

引例分析

加多宝缘何能引领春节营销潮流，得益于有情感温度的公关活动；得益于多方位的广告沟通，得益于接地气的销售促进。

|项目实施|

任务1　掌握促销组合策略

一、促销与促销组合

促销即促进产品销售，是指企业通过人员或非人员的方式，沟通企业与消费者之间的信息，引发、刺激消费者的消费欲望和兴趣，使其产生购买行为的活动。

在现代市场营销活动中，促销已远远超出了推销的内涵。它不仅具有传递信息的功能，同时还可以突出产品特点，诱导需求；指导消费，扩大销售；滋生偏爱，稳定销售。不同的促销方式有其不同的特点，为了达到一定的营销目的，企业往往需要借助多种促销方式的组合。

所谓促销组合，是指企业根据营销目标和产品的特点，综合影响促销的各种因素，对各种促销方式进行选择、编配和运用。促销组合主要包括：人员推销、广告、营业推广、公共关系等。

二、促销组合策略

不同的促销组合形成不同的促销策略，诸如人员推销为主的促销策略，以广告为主的促销策略。从促销活动运作的方向来分，有推动策略和拉引策略两种。

（一）推动策略

推动策略即以人员推销为主，辅之以中间商销售促进，兼顾消费者的销售促进，把商品推向市场的促销策略，其目的是说服中间商与消费者购买企业产品，并层层渗透，最后到达消费者手中。

（二）拉引策略

拉引策略以广告促销为拳头，通过创意新、高投入、大规模的广告轰炸，直接诱发消费者的购买欲望，由消费者向零售商、零售商向批发商、批发商向制造商求购，由下而上，层层拉动购买。

企业的促销活动，必须顺乎消费需求，符合购买指向，才能取得事半功倍的效果。许多企业在促销实践中，都结合具体情况采取“推”“拉”组合的方式，既各有侧重，又相互配合。促销组合类型如图 11-1 所示。

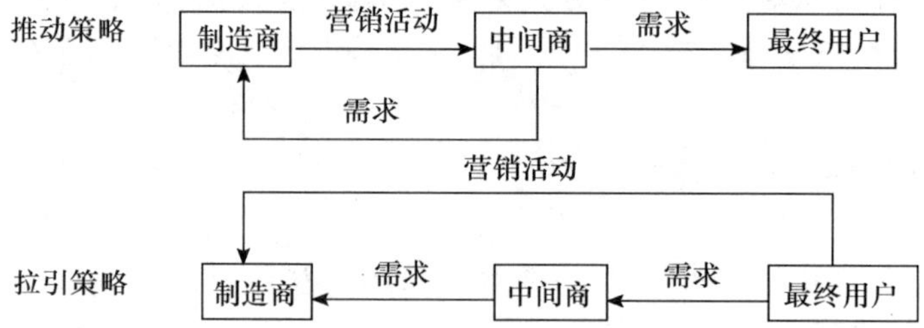

图 11-1　促销组合类型示意图

三、影响促销组合的因素

（一）促销目标

所谓促销目标，是指企业促销活动所要达到的目的。企业促销目标是随着企业营销的不同阶段及营销环境的变化而变化的，因而促销目标是动态的。例如，在一定时期内，某企业的促销目标是在某一市场激发消费者的需求，扩大企业的市场份额；而另一企业促销目标则是加深消费者对企业的印象，树立企业的形象，为其产品今后占领市场、提高市场竞争地位奠定基础。显然，这两个企业的促销目的不同，因此，促销组合决策就不应该一样。前者属于短期促销目标，为了近期利益，它宜采用广告促销和营业推广相结合的方式；后者属于长期促销目标，其公关促销具有决定性意义，辅之以必要的人员推销和广告促销。在决策中，企业还须注意，企业促销目标的选择必须服从企业营销的总体目标，不能为了单纯的促销而促销。

（二）产品因素

这可以从产品的性质和产品的市场生命周期两个方面考虑。

1. *产品的性质*

不同性质的产品，购买者和购买目的就不相同，因此，对不同性质的产品必须采用不同的促销组合和促销策略。一般说来，在消费者市场，因市场范围广而更多地采用拉式策略，尤其以广告和营业推广形式促销为多；在生产者市场，因购买者购买批量较大，市场相对集中，则以人员推销为主要形式。

2. *产品的市场生命周期*

在不同的生命周期阶段，企业的营销目标及重点不一样，因此，促销方式也不尽相同。不同生命周期阶段的促销组合是不同的。以消费品为例，在投入期，促销目标主要是宣传介绍商品，以使顾客了解、认识商品，产生购买欲望。广告起到了向消费者、中间商宣传、介绍商品的功效,因此,这一阶段以广告为主要促销形式,以营业推广和人员推销为辅助形式。在成长期,由于产品已打开销路,销量上升,同时也出现了竞争者,这时仍需加强广告宣传,但要注重宣传企业的产品特色,以增进顾客对本企业产品的购买兴趣,若能辅之以公关手段,会收到相得益彰的效果。在成熟期,竞争者增多,促销活动以增进购买兴趣与偏爱为目标,广告的作用在于强调本产品与其他同类产品的细微差别。同时,要配合运用适当的营业推广方式。在衰退期,由于更新换代产品和新发明产品的出现,使原有产品的销量大幅度下降。为减少损失,促销费用不宜过大,促销活动宜针对老顾客,采用提示性广告,并辅之适当的营业推广和公关手段。

(三) 市场条件

市场条件不同,促销组合与促销策略也有所不同。从市场地理范围大小看,若促销对象是小规模的本地市场,应以人员推销为主;而对广泛的全国甚至世界市场进行促销,则多采用广告的形式。从市场类型看,消费者市场因消费者多而分散,多数靠广告等非人员推销形式;而对用户较少、批量购买、成交额较大的生产者市场,则主要采用人员推销形式。此外,在有竞争者的市场条件下,制定促销组合和促销策略还应考虑竞争者的促销形式和策略,要有针对性地不断变换自己的促销组合及促销策略。

(四) 促销预算

企业用于促销的费用,也是决定促销策略的重要依据。不同的促销手段所需要的费用不同,有的费用较高,如电视广告,大型展销会等,有的费用较低,如邮寄广告等。企业应在满足促销目标的前提下,尽量做到效果好而费用省。

案例链接

在央视2011年黄金广告资源招标会上,闽派服装几乎都给了央视“冷板凳”。而闽派服装曾经狂热地追逐着央视,将其视为品牌推广的“万能膏药”。如今,央视不再是闽派服装企业孤注一掷、奋勇豪赌的战场,因为单一的促销方式已不能满足品牌推广的需求。对于这些成熟品牌,除了部分的广告外,品牌公关活动成为品牌推广的新宠。

(资料来源:http://news.bcnq.com/info/2010-11-16/31948.html)

【分析提示】营销大师阿尔·里斯认为:广告和公关就像古老的伊索寓言中的北风和太阳,当风拼命吹时,人们往往是把大衣裹紧;而太阳则利用它的温暖光芒,轻松地让人脱下大衣。当一个品牌致力于保持或提升品牌形象时,公共关系无疑是他促销活动的首选,不仅仅是因为硬性广告的成本越来越高,更重要的是品牌公关精准的推广和持续的影响,让品牌有更多的机会面向消费者“好好宣传”“慢慢宣传”。

任务2 人员推销

案例链接

天王表,没有中间代理商,唯一的渠道就是销售终端——商场。这是第一道防线也是最后一道防线,为此天王表不惜代价坚守阵地,将终端工作分为两大块:终端销售与终端支持。

在终端销售上，着重加强对导购人员的管理与培训。一方面让导购员熟悉产品，并要求每位导购员将表拿在手中，不看标签就能准确无误地说出产品型号、配件构成等相关知识；另一方面，加强导购员察言观色及沟通的能力，将导购员训练成手表“专家”。顾客在选购手表时，天王表的导购员应在一旁微笑地注视和观察顾客，将其长相、身高、穿着、肤色“尽在掌握”。然后，导购员就迅速拿出一款表让顾客试戴，一试顾客就有种感觉——这块表是专为自己设计的，十分合适。如果顾客还有什么不满意，那么导购员就会拿出不同的表让顾客试，并不断提出建议，“您的肤色与哪款表相配，您的体形适合戴什么样的表”，好像亲近的家人在陪您选购一般，甚至会发现——导购员比顾客本人更了解您自己。

（资料来源：http：//www.apoints.com/advertisement/plan/200712/38044.html）

【分析提示】所谓“决胜在终端”，有效的人员推广在其中起着非常重要的作用。天王表对终端导购人员推销环节的充分重视无疑会让他看到回报。

一、人员推销的内涵

（一）人员推销的概念

所谓人员推销，是指企业通过派出销售人员与一个或一个以上可能成为购买者的人交谈，进行口头陈述，以推销商品，促进和扩大销售。人员推销具有较强的针对性、信息传递的双向性、推销过程的灵活性、推销过程的情感性等特点。

销售人员在企业和消费者之间起着关键性的纽带作用。许多情况下，销售人员同时服务于两个主体——卖者与买者。对于消费者而言，他们代表的是公司，必须找到和发现新顾客，向他们传播公司的产品和服务信息；对于公司而言，他们代表的是消费者，他们必须了解消费者，将消费者的意见反馈给公司。

（二）人员推销的基本形式

1. 上门推销

上门推销是最常见的人员推销形式。它是由推销人员携带产品样品、说明书和订单等走访顾客，推销产品。这种推销形式可以针对顾客的需求提供有效的服务，方便顾客，故为顾客广泛地认可和接受。

2. 柜台推销

柜台又称门市，是指企业在适当地点设置固定门市，由营业员接待进入门市的顾客，推销产品。门市的营业员是广义的推销员。柜台推销与上门推销正好相反，它是等客上门式的推销方式。由于门市里的产品种类齐全，能满足顾客多方面的购买要求，为顾客提供较多的购买方便，并且可以保证产品完好无损，故顾客比较乐于接受这种方式。

3. 会议推销

会议推销是指利用各种会议向与会人员宣传和介绍产品，开支推销活动。譬如，在订货会、交易会、展览会、物资交流会等会议上推销产品。这种推销形式接触面广、推销集中，可以同时向多个推销对象推销产品，成交额较大，推销效果较好。

案例链接

罗达斯家具公司是一家地区性的美国连锁零售商，其特色是销售价格适中的家庭用具和陈设品。很多家具零售商营销的战略集中于昂贵的精品、即刻送货或者尽可能低的价格。然而，罗达斯家具的促销策略则以人员推销和顾客服务为长远的基石。重视个人推销给罗达斯带来了以下好处：加大了一般交易的成交额，因为销售人员鼓励顾客购买附属产品，比如买沙发者再买灯；经常说服顾客购买高质量的商品。一般说来，越贵的产品好处越多。当销售人员知识丰富、能帮助搭配家具，并且彬彬有礼，那么可以增强顾客的满意度。

（资料来源：选自朱晓杰等编写的《市场营销理论与实训》，由北京理工大学出版社于2009年出版。）

【分析提示】人员推销的主要优势在于与顾客面对面的接触，推销人员能够察言观色，具有针对性地激发顾客的购买欲望和购买行为，实现促进和扩大销售的行为。

二、推销人员的素质

人员推销是一个信息沟通过程，也是一个商品交换过程、技术服务过程，因此推销人员的素质十分重要。一个合格的推销人员应具备以下几方面素质。

（1）思想道德素质。要求具有强烈的事业心和责任感。诚实、热忱、勇于进取、文明经商、有吃苦耐劳的精神。

（2）业务素质。要求熟悉企业、产品、市场、心理等方面的知识，能够灵活应变，有娴熟的技巧。

（3）行为标准方面。要求能团结协作、文明礼貌、举止适度、谈吐文雅、态度从容等。

三、人员推销的任务和工作步骤

（一）人员推销的任务

（1）探寻市场。推销人员应该寻求机会，发现潜在顾客，创造需求，开拓新的市场。

（2）传递信息。推销人员要及时向消费者传递产品和劳务信息，为消费者提供购买决策的参考资料。

（3）推销产品。包括接近顾客，介绍产品，回答顾客问题以及达成交易。

（4）收集情报。推销人员在推销过程中还要收集情报，反馈信息。

（5）提供服务。为消费者开展售前、售中、售后服务。

（二）人员推销的工作内容

人员推销是推销人员向客户展示、介绍产品并说服其购买的活动过程，是一个逐步向前推进的过程。

案例链接

某款新型手机上市不久，一名消费者到商场欲购买这款手机，他先请销售人员拿一台想试听一下音质。该销售人员看了看，不知道在哪里安装手机卡，不得不找他的伙伴帮忙安装。安装手机卡时，消费者问："这台手机的电量是多少毫安?"销售人员马上说："这款手机款式好，电量无所谓。"消费者一愣："你忽悠什么？我问你手机电量是多少毫安!"这时该名销售人员哑口无言,不知如何是好。他的伙伴解围道:“1000毫安左右。”到底是左还是右呢,消费者没有再追问下去,快速地离开了。

【分析提示】一名优秀的推销人员除了要具备基本的推销技巧之外,更重要的是在推销前要做好充分的准备工作,包括对其推销的产品的基本情况、竞争者的情况及其目标消费者的情况的了解,只有这样才能应对不同的营销状况,才能取得消费者足够的信任,成功地引导其消费行为。

四、人员推销的基本策略

1. 试探性策略

试探性策略,也称刺激—反应策略。就是在不了解客户需要的情况下,事先准备好要说的话,对客户进行试探。同时密切注意对方的反应,然后根据反应进行说明或宣传。

2. 针对性策略

针对性策略,亦称配合—成交策略。这种策略的特点是事先基本了解客户的某些方面的需要,然后有针对性地进行“说服”,当讲到“点子”上引起客户共鸣时,就有可能促成交易。

3. 诱导性策略

诱导性策略,也称诱发—满足策略。这是一种创造性推销,即首先设法引起客户需要,再说明我所推销的这种服务产品能较好地满足这种需要。这种策略要求推销人员有较高的推销技术,在“不知不觉”中成交。

任务3 广告促销

案例链接

2010年11月8日晚,经过12个小时的激烈竞标,中央电视台2011年黄金资源广告招标的现场竞购在北京梅地亚中心圆满结束。中央电视台广告经营管理中心副主任何海明宣布了本届招标结果:2011年中央电视台黄金资源广告招标预售总额是126.687亿元,比去年109.6645亿增长了17.0225亿元,增长率为15.52%。这个数字创造了中央电视台十七年招标预售总额的又一个新高度。支撑这场产业资本盛宴的,不仅有人们熟知的老面孔,更有众多新行业新企业加入竞逐。

(资料来源:http://news.brandcn.com/zxxw/201011/262612.html)

【分析提示】央视广告招标的结果不仅是中国经济的“温度计”,同时更是广告业发展趋势的表征,广告越来越受到关注,因为它是促销不可或缺的手段。然而,要想让巨额的广告投入产生应有的回报,就必须把握广告活动的内涵及其基本操作方法。

一、广告的内涵

(一)广告的定义

广告,顾名思义,就是广而告之。市场营销学中的广告是指企业或个人通过支付费用的形式,借助一定的媒体,把产品的有关信息传递给目标顾客,以达到增加信任和扩大销售的目的。其基本要点包括：① 有明确的广告主，必须由特定的企业或个人进行；② 必须支付一定的费用；③ 必须通过一定的传播媒体；④ 具有明确的针对性和目的性。广告的最大优点是能在同一时间内向广大目标顾客传递信息，因而是一种强有力的促销手段。

广告有多个方面的作用，具体体现在传递信息，沟通供需；激发需求，扩大销售；介绍知识，指导消费；扩大企业影响，增强竞争能力。

（二）广告的类型

按广告的目的和内容，可分为以下四类。

1. 介绍性广告

介绍性广告主要是介绍产品的用途、性能和使用方法，以及企业的有关情况和所能提供的服务。在产品的试销期，这类广告的作用最显著，所以又称开拓性广告。

2. 说服性广告

说服性广告主要是通过产品间的比较，突出本企业产品的特点，强调给消费者带来的利益，加强消费者对产品品牌和厂家的印象，从而说服消费者购买本企业的产品，因而又称竞争性广告。

3. 提示性广告

提示性广告旨在提醒消费者注意企业的产品，加深印象，刺激其重复购买，主要适用于产品的成熟期。

4. 形象性广告

形象性广告是以树立企业形象为目的，增强企业对消费者的吸引力，使消费者对企业产生较强的信任感。

案例链接

2009年“中国制造”的形象广告在美国有线电视新闻网（CNN）播出后，2010年我国再次启动了国家形象宣传姚明、郎朗等50位文化界、体育界、金融界、思想界、企业界的名人在30秒钟的广告中亮相，以展示当代中国的形象。广告片在北京刚开始拍摄，就引起社会各界的关注，人们在赞赏中国敢于向西方亮出自己名片的同时，也在思考这种宣传形式能否达到预期的目的？仅凭30秒广告能否树立起良好的国家形象？怎样才能得到国外多数受众的认可？

（资料来源：http：//news.sina.com.cn/o/2010-08-10/172917943359s.shtml）

【分析提示】外国人对于中国古老的四大发明以及京剧、武术等传统文化元素已经很熟悉，但他们更希望了解当今的中国。拍摄今天的中国人，是以人为核心和载体，展示中国政治、经济、文化、体育等方面的成就，并折射拼搏进取、自强自立、百折不挠、认真严谨、美丽仁爱的国家形象。

二、广告媒体选择

广告媒体是指传播商品或服务所运用的物质与技术手段，是企业向公众发布广告的传播载体。广告媒体的种类很多，除电视、广播、报纸、杂志外，还有路牌广告、招贴广告、交通广告、灯光广告、邮寄广告等，近年又出现了空中“立体广告”“烟云广告”和“时装模特”等新广告形式。不同类型的媒体有不同的特性，广告过程中也需要针对具体的情况进行有效的传播媒介选择。

1. 报纸广告

报纸作为传统四大媒体之一，是许多人了解时事、接受信息的主要媒介。报纸广告几乎是伴随着报纸的开始发行而诞生的。随着时代的发展，报纸的品种越来越多，内容越来越丰富，版式更灵活，印刷更精美，报纸广告的内容与形式也越来越多样化。它的优势主要表现为传播迅速、覆盖面广、制作简便、成本较低、灵活性高、信息承载量大、可保存和查阅等。其主要局限性是内容庞杂，易分散消费者的注意力，印刷难以完美，表现形式较为单一等。

2. 杂志广告

杂志也是一种印刷平面广告媒体，与报纸广告相比，它明显地缺乏时效性，而且覆盖面有限。其优势是针对性较强，阅读率高，可保存且保存率高，印刷精美等。

3. 广播广告

由于科技的发展，新媒体不停出现，广播媒介面临着越来越多的挑战和冲击，然而广播照旧有它的优越性。它的优点是传播迅速，不受场所限制，覆盖率高，成本较低。其主要局限性表现为只有听觉没有视觉，形象性不够；信息承载量有限；瞬间即逝，无法保存等。

4. 电视广告

电视是视听兼备的媒体，能够较好地吸引受众的注意力，在短时间内给人留下深刻的印象。其优势是收看面广，宣传范围大，感染力强等。其主要局限是成本高，信息承载量有限，瞬间即逝不能保存等。

5. 网络广告

网络广告自诞生后成为各国最热门的广告传播媒介之一，网络已成为继报纸、杂志、广播、电视之后的第五大媒体。网络广告具有互动性、针对性强，信息容量大，表现形式多样化，易辨认、可识别等优势。其缺点是广告的效果受上网人数的影响。

6. 户外广告

凡是能在露天或公共场合通过广告表现形式同时向很多消费者进行诉求，能达到倾销商品目的物质都可称为户外广告媒体。户外广告可分为平面和立体两大部类：平面的有路牌广告、张贴广告、壁墙广告、条幅等；立体分为霓虹灯、广告柱以及灯箱广告等。在户外广告中，路牌、张贴是最为重要的两种形式，影响甚大。户外广告的优点是传播主旨鲜明，形象突出；传播不受时间、空间的限制，能够随时地发挥作用；美化环境、具有艺术性；成本费用低等。其局限性主要表现为覆盖面小；顾客经过户外广告的时间很短，广告必须强攻才会有效；效果难以测评等。

7. 售点广告

售点广告又叫 POP 广告。POP 是英文 Point of Purchase 的简称，20 世纪 30 年代出现于美国。POP 广告包括橱窗陈列、柜台、货架陈列、货摊陈列等，还包括销售地点的现场广告，以及有关场所门前的海报、张贴等。POP 广告实际上是其他广告媒体的延伸，能加深顾客对商品的认识程度，对消费者起着诱导作用，是无声的推销员。其缺点是受场地限制，缺乏机动性，影响范围小等。

8. 直邮广告

直邮广告即广告主向所掌握的目标消费者直接邮寄广告信息的一种特殊广告形式，它包括广告信函、明信片、小册子、印刷品、宣传单、产品目录等广告形式。其优点是选择性强，自主控制，准确性高等。其缺点是容易引起受众的反感。

三、广告策划的核心策略

广告策划的核心策略是指在广告策划中最基本的最常用的也被证明科学有效的一些策略方法，主要包括USP、品牌形象论和定位论。

(一) USP

USP是“Unique Selling Proposition”的英文缩写，中文意思为“独特的销售主张”或“独特的销售说辞”。它由美国学者R.雷斯在1960年首先提出。USP有以下三个要点。

(1) 每一则广告必须向消费者“说一个主张”，必须让消费者明白，购买广告中的产品可以获得什么具体的利益。

(2) 所强调的主张必须是竞争对手无法提供的或没有提供的，必须说出其独特之处，在功能说辞等方面是独一无二的。

(3) 所强调的主张必须是强而有力的，必须聚焦在一个点上，集中打动、感动、吸引消费者购买相应的产品。

(二) 品牌形象论

品牌形象论是由大卫·奥格威于20世纪60年代提出的。其基本要点是：

(1) 为塑造品牌服务是广告的最主要的目标。广告就是力求使品牌具有并维持一个高知名度的品牌形象。

(2) 任何一个广告都是对品牌的长程投资。从长远的观点来看，广告必须尽力去维护一个好的品牌形象，而不惜牺牲追求短期效益的诉求重点。

(3) 随着同类产品差异性减小，品牌之间的同质性的增大，消费者选择品牌时所运用的理性就越少，因此，描绘品牌的形象要比强调产品的具体功能特征要重要得多。

(4) 消费者购买产品时所追求的是“实质利益＋心理利益”，对某些消费群来说，广告尤其应该运用形象来满足消费者心理的需求。

(三) 定位论

定位(Positioning)，是由著名的美国营销专家里斯与特劳特于20世纪70年代早期提出来的。

定位，是从产品开始，可以是一件商品、一项服务、一家公司、一个机构，甚至于是一个人，也可能是你自己。定位并不是要你对产品做什么事情，定位是你使产品在未来潜在顾客的脑海里确定一个合理的位置，也就是把产品定位在你未来潜在顾客的心目中。可以简单理解为，让品牌在消费者的心智中占据最有利的位置，使品牌成为某个类别或某种特性的代表品牌。这样当消费者产生相关需求时，便会将定位品牌作为首选，也就是说这个品牌占据了这个定位。

案例链接

从2000年开始，在中国瓶装水市场有三个重要的品牌，分别是娃哈哈、乐百氏和农夫山泉。它们都进行了大量的广告投放，但具体广告却差异很大。乐百氏长期以“27层净化”为广告语，着重表现产品的纯净。娃哈哈从“我的眼里只有你”“心中只有你”到“爱的就是你,不用再怀疑""爱你等于爱自己",再到"爱你到永远",一直以"爱"为诉求内容。而农夫山泉则通过不同的广告强调自己是"天然水"。

【分析提示】广告语和广告创意的背后是广告策略的规划和指导,三个品牌广告之所以不同是因为他们分别运用了不同的核心策略。乐百氏的"27层净化"是一个典型的USP,娃哈哈则是通过爱情塑造自己的形象以期获得消费者认同,而"天然水"正是农夫山泉为自己确立的定位。

任务4 营业推广活动

案例链接

虽然离元旦还有近两个月的时间,但是电子商务企业根据旺季提前的特点已经开始了年末促销。11月9日,某电商网站宣布,其旗下所有产品平均降价15%,刺激网购消费方式。

该网站发动的年末价格攻势,手机、平板电视以及厨卫家电等降幅明显。同一时期,善于造节促销的当当网,也借周年庆打出年度最低价,对家电、家居、箱包等七大类商品进行促销。

不仅网商急于提前促销,厂家也已提前降价回流资金。据悉,外资彩电品牌在销售终端价格最高降幅达30%,甚至出现国产品牌与外资品牌价格倒挂的现象。

【分析提示】营业推广是市场竞争过程中的一把利剑,作用在于对产品施加推力,使产品能够更快地进入市场和扩大市场。我们看到,在市场上并非每一个公司都做广告,但是每一个公司都无一例外地开展促销。所以,在我们执行市场侵略任务时,不能忘记使用这一有力武器。

从全球的广告与营业推广对比中看,营销推广费用的增长率至少比广告费用的增长率高出三个百分点。营业推广活动之所以有这么大的开支,是因为企业乐意为立竿见影的效果而投资。

一、营业推广的内涵

营业推广是指为刺激需求而采取的能够迅速激励购买行为的促销方式。与其他促销方式不同,营业推广多用于一定时期、一定任务的短期特别推销。一般来说,人员推销、公共关系、广告等促销方式都带有持续性和常规性,而营业推广则常常是上述促销方式的一种辅助手段,用于特定时期、特定商品的销售。营业推广具有非规则性和非周期性特征,其方式也繁多,企业可根据经营产品的特点和面临的不同市场营销环境,灵活地加以选择和运用,其短期效益比较明显。

营业推广的具体作用有:加速新产品市场导入的进程,强化消费者重复购买的行为,刺激消费者迅速购买,抵御竞争者的促销活动。

案例链接

2001 年可口可乐借第九届全国少数民族传统体育运动会碳酸饮料独家赞助商之名，向市场推出了容量分别为 1.5 升和 2.25 升的促销装可口可乐、雪碧和芬达产品，加量不加价（普装产品为 1.25 升和 2 升），销量见涨。百事可乐也立刻相应的向市场推出相同容量的百事可乐和美年达。然而百事可乐推出的产品还是比可口可乐慢了半个月，同时又因为百事可乐终端管理能力相比可口可乐也较弱，当百事可乐加量产品在市场销售的时候，可口可乐的第一批加量产品已经差不多销售完毕。百事可乐在老包装产品未销售完，没有制订周详计划的情况下，就向市场推出了加量产品，一定程度上模糊了原先很清晰的产品结构，打破了消费者的购买习惯，破坏了构成忠诚度基础的消费模式，最终造成了原来 1.25 升和 2 升产品的积压，为以后的销售造成了更大的困难。

（资料来源：http：//www.doc88.com/P-3377696041688.html）

【分析提示】旗鼓相当的对手怎么做成为某些企业发展中的重要参考。特别是促销，在竞争对手采取一定促销举措，销量急剧上升的情况下，势必会对自己形成较大的压力，很多时候，不顾自身、消费者及市场的具体特点而盲目跟进，很容易打乱原有的发展步骤和计划，陷入被动。

二、营业推广的方式

营业推广的方式多种多样，企业应根据各种方式的特点、企业自身与产品的特点、促销目标、市场环境与类型等的不同而选择合适的方式。营业推广一般有以下三种方式。

（一）对消费者的促销

向消费者促销的目的是鼓励老顾客继续购买、使用本企业产品，刺激新顾客试用本企业产品。其方法主要有以下几种。

1. 赠送样品

向消费者免费赠送样品，鼓励消费者认购或获取对产品的反应。赠送样品是一种推销新产品的有效方式，但是费用较高。因此，对价格昂贵的商品不宜采用此方式。

2. 赠送优惠券或代金券

优惠券或代金券是企业向潜在顾客或现场购买者发放的优惠购物券，消费者可以凭此券到指定地点减价或优惠购到一定的商品，以此增强预售产品对消费者的吸引力。

3. 包装兑现或者廉价包装

包装兑现是指消费者凭收集到的某种产品的若干包装，去兑换一定数量的现金或者产品等；廉价包装是指在商品包装上注明该产品比普通包装的产品廉价，可以单件或者多件商品包装在一起。

4. 奖励或提供赠品

奖励是指可以凭借奖券购买一种低价出售的产品，或者凭借奖券在购买商品时免费等。提供赠品是对购买较高价格产品的顾客赠送相关商品。这有利于促进高价商品的销售。

5. 现场展示和商品展销

企业派人将自己的产品在销售现场进行示范表演介绍产品，尤其是技术性较强的产品，有助于消费者认识、了解产品，激发消费者的购买欲望。企业将质量优良、价格优惠、服务周到的产品陈列，吸引消费者的注意力和激发购买欲望。

案例链接

“刷卡送啤酒”“赠送啤酒，多充多送”……虽然酒类只是促销的赠品，但在广告中出现酒类相关内容，却是被禁止的。《酒类广告管理办法》第八条规定“在各类临时性广告活动中，以及含有附带赠送礼品的广告中，不得将酒类商品作为奖品或者礼品出现”。

【分析提示】在营业推广的活动中，一定要考虑相关法律法规的要求，否则将会出现很多后续问题，影响活动进程。

(二) 对中间商的促销

对中间商的促销的目的在于鼓励批发商大量购买，吸引零售商扩大经营，促使中间商购存某种产品。具体方式如下。

1. 购买折扣

企业对第一次购买或购买数量较多的中间商给予一定的折扣，数量越大，折扣越多，从而吸引、刺激中间商。

2. 推广津贴

推广津贴是指企业为中间商提供陈列商品、支付一定比例的广告费用或运输费用等补贴。

3. 销售竞赛

销售竞赛是指在中间商之间展开销售竞赛，对于优胜者可采用奖金、实物和旅游等奖励形式。这有利于刺激中间商主动积极地经销本企业产品。

此外还包括赠品、合作广告、推广奖金、供货会、展销会、订货会、博览会、陈列津贴、代培技术人员等其他形式。

(三) 对销售人员的促销

这是指对销售人员的鼓励，使他们努力推销产品或开拓新的市场。其形式主要有：奖金、晋级、晋升、推销竞赛、带薪假期、荣誉奖励、进修、出国考察和免费提供培训等。

案例链接

A公司对销售人员促销的主要形式是现金，以销售利润为计算基础。销售人员的销售利润在0—6万的获利润的15%奖励；6万—9万获25%的奖励；9万以上的获35%的奖励。

【分析提示】该公司销售利润的计算办法：

年销售毛利(除税)－销售费用－工资＝销售利润

三、营业推广应考虑的因素

1. 目标

营业推广必须有明确的目标。企业应当根据目标市场和整体策略来确定推广目标，依据推广目标制订周密的计划。当然，由于消费者、中间商、企业、事业单位有各自不同的购买特点，在确定目标和制订计划时应区别对待，并把长期目标与短期目标有机地结合起来。

2. 费用

营业推广是企业重要的促销。通过营业推广可以使销售额增加，但同时也增加了费用。企业要权衡费用与营业收益的得失，把握好所费与所得的正确比值，从而确定促销的规模和程度。

3. 对象

各种营业推广手段对于不同的对象，其作用是有很大差别的。实践证明，营业推广的对象主要是那些“随意型”顾客和价格敏感度高的消费者。对于已经养成固定习惯的老顾客，营业推广的作用要小一些，因此，对象的选择要因时、因地制宜。

4. 方式

营业推广应选择适当的方式。营业推广的每一种方式都有其适应性。如配合新产品上市的广告，可用赠送样品或现场表演的方式；在推销产品时，用优惠券或廉价包装更为适合。

5. 媒体

企业必须通过最佳的媒体来实施营业推广。比如一张优惠券，既可以放在产品包装袋里赠送，也可以在购买产品时当场分发，或附在报刊广告中给予。又如，为了扩大某种商品的销售，企业拟给予顾客10%的价格折扣，但这一信息通过什么媒体传播出去，需要很好地研究。一般来说，媒体的选择必须考虑媒体的普及率及费用支出等情况，权衡利弊，从优确定。

6. 期限

营业推广的时间选择必须符合整体营销策略，并与其他经营活动相协调。如果时间太短，不少有希望的潜在买主，也许恰好在这个阶段没有采购欲，从而收益甚微；如果推广时间太长，又会给消费者造成一种印象，认为这不过是种变相减价，因而缺少吸引力，因此，时间选择要恰到好处，既要给消费者“欲购从速”的吸引力，又要避免草率从事。

7. 效果

营业推广的效果体现了营业推广的目的。每次营业推广后，都要对营业推广的效果进行评价。推广效果评价的一般方法有：比较法（即比较推广前后销售额的变动情况）、顾客调查法、实验法等。企业可通过这些方法取得推广的成果资料，并与推广目标和计划进行分析比较，肯定成绩，找出问题，以便控制和调整营业推广过程，实现推广目标。

案例链接

2010年8月中旬到11月，农夫山泉在全国范围内针对“水溶C100”，展开了一轮新颖的促销活动“秒杀赢大牌”：购买促销装，登录活动网站，用电子邮箱和个人手机号码注册，输入瓶标号码和瓶盖内号码，就获得“秒杀”资格，参与“秒杀”。

特别值得一提的是“秒杀”的奖品，全部是国际奢侈品：古驰、施华洛世奇、ZARA、迪奥、CHANEL、路易威登等。这场促销紧压国家对促销赠品的最高限制：赠品不得超过5000元，奢华赠品的最高价格是4999元。

（资料来源：http：//infv. ceo. hc360. com/2010l/11/12083113592. shtml）

【分析提示】水溶C100本身便是一款具有时尚气质、高端定位的饮料，是当时的饮料中最具时尚气息的产品；将古驰、迪奥等作为奖品，会更好地满足消费者的需求，并进一步提升品牌形象。

任务5　公共关系活动

案例链接

2009年6月《中国新闻周刊》上刊发一篇名为《康师傅水源门事件再调查：谁在毁掉瓶装水》的长文。在文中"康师傅离职高层"向读者披露，康师傅"水源门"事件的策划者是其竞争对手农夫山泉，具体执行者是养生堂有限公司广告中心媒介策划副经理吴某。整个文章详细全面的报道了农夫山泉操作的全过程，并配以多幅图片进行佐证。同时，该文揭露了另一个令人惊讶的消息：农夫山泉的最重要的水源地千岛湖，已被列入第Ⅳ类水质。也就是说，千岛湖的水只能作为工业用水，不能和人体接触，更不用说饮用。由此，农夫山泉被置于一场巨大的舆论漩涡。

为了化解危机，重塑形象，农夫山泉精心谋划的"寻源"活动登场。从7月1日起至8月底，农夫山泉联合全国各大主流报纸、电台、电视台和门户网站共同推出"亲历千岛湖 见证农夫山泉"大型消费者活动，全国将有20多个省份的2000名消费者应邀寻源千岛湖、见证千岛湖的水质。每轮寻源活动为期三天，寻源代表将走近千岛湖镇当地人的生活，感受这湖水在他们生活中的意义；进入千岛湖湖区深处，使用专业工具实测千岛湖水质；参观农夫山泉生产基地，全面了解生产过程和健康饮水知识；访问千岛湖的环保部门，分享当地的环保经验；沿新安江、富春江、钱塘江而下，亲历一路上的水质变化……

【分析提示】"农夫山泉"当时面临的问题非常清楚，即部分消费者因媒体报道千岛湖污染，而对产品产生了怀疑。在同类品牌众多的包装饮用水市场，哪怕一点点不信任都可以让消费者转换品牌。对于存在混淆、讲不清楚的问题，最好的办法就是来到现场。耳听为虚，眼见为实——"寻源"活动的初衷简单而务实。针对问题核心，科学选择公关形式，为"寻源"可能的成功奠定了基础。

一、公共关系的内涵

从市场营销的角度来看，公共关系(Public Relation)是指某一组织为改善与社会公众的关系，促进公众对组织的认识、理解及支持，达到树立良好的组织形象、促进商品销售的目的的一种促销活动。

公共关系是一种社会关系，但又不同于一般社会关系，因为它有独有的特征。

(1) 公共关系是一定社会组织与其相关的社会公众之间的相互关系。这里包括以下三层含义。第一，公关活动的主体是一定的组织，如企业、机关、团体等。第二，公关活动的对象，既包括企业外部的顾客、竞争者、新闻界、金融界、政府各有关部门及其他社会公众，又包括企业内部职工、股东。这些公关对象构成了企业公关活动的客体。第三，公关活动的媒介是各种信息沟通工具和大众传播渠道。

(2) 公共关系的目标是为企业广结良缘，在社会公众中创造良好的企业形象和社会声誉。

(3) 公共关系的活动以真诚合作、平等互利、共同发展为基本原则。

（4）公共关系是一种信息沟通，是创造“人和”的艺术。

（5）公共关系是一种长期活动。

公共关系在营销实践中有多种作用，如树立企业信誉，建立良好的企业形象；搜集信息，为企业决策提供科学保证；协调纠纷，化解企业信任危机等。

案例链接

2007年，三一集团实现销售收入135亿元，在以主题为“跨百亿，攀千亿”的年度大会上，三一集团对一批技术领军人物、技术骨干、为公司发展做出过杰出贡献的管理者等三一功臣进行重奖。其中段大为等35人获股份奖励并授予股权证书，易小刚等14人共获得税后共计6749.182万元奖励。值得一提的是，在受奖的功臣中，曾任三一重工研究院院长、副总经理的李冰虽然已经逝世，但鉴于他对三一路机事业所做出的卓越贡献，以及公司当年的承诺，特兑现奖励承诺3000多万元，由其财产继承人继承。

董事长梁稳根在一次开工典礼的现场颁发“过百亿金牌员工奖”时充满感情地谈到，三一刚搬迁来长沙星沙时条件十分艰苦，公司给当时在场的所有员工每人发了一张纸条，并承诺说：“片纸抵金，以后大家可以拿这张普通的纸条来兑换金牌！”1996年，普通的纸条更换成了铜牌。2003年三一重工股票上市，不起眼的铜牌更换成24K黄金打造的金牌和一万元现金，公司再次郑重承诺到三一创收100亿时，给每一个手中持有金牌的在职三一员工奖金10万元。就在2007年2月，黄建龙等20名金牌员工每人获奖金10万元。现场梁稳根再次承诺，当三一销售过千亿的时候，给每一个手中持有金牌的在职三一员工每人奖金100万元！

（资料来源：http：//finance. sina. com. cn/stock/t/20080303/04522038989. shtml）

【分析提示】公共关系作为促销的一种手段，它的价值越来越得到人们的认可和重视。然而很多企业往往把注意力集中在消费者、新闻界、政府等外部公众的身上，其实对内部公众的关注也同样重要。所谓“内因决定外因”，只有处理好了内部关系，内部员工团结一致，劲往一处使，心往一处想，才能真正促进企业的长远的发展。三一有今天的成就，无不得益于它到位的内部公关。

二、公共关系的活动方式

公共关系的活动方式，是指以一定的公关目标和任务为核心，将若干种公关媒介与方法有机地结合起来，形成一套具有特定公关职能的工作方法系统。按照公共关系的功能不同，公共关系的活动方式可分为以下五种。

1. 宣传性公关

宣传性公关是运用报纸、杂志、广播、电视等各种传播媒介，采用撰写新闻稿、演讲稿、报告等形式，向社会各界传播企业有关信息，以形成有利的社会舆论，创造良好气氛的活动。这种方式传播面广，推广企业形象效果较好。

案例链接

在2006年非典时期，海尔通过各大媒体对自己在抗非典过程的行为做了大量宣传。例如，4月20日，海尔的售后人员在接到的402医院电话的12分钟后，就赶到医院，为402

医院安装了六台海尔消毒滚筒洗衣机,402 医院是北京 SARS 定点医院之一;4 月 27 日,北京小汤山 SARS 医院在建设过程中需要安装高质量的空调,他们选择了海尔。在当天下午,海尔的工作人员就将第一批空调安装到位,第二天又安装了第二批空调 50 台;4 月 28 日,另一指定非典医院佑安医院急需两台带烘干功能的滚筒洗衣机,海尔又及时地为其安装到位。

(资料来源:http://von.focus.cn/name/news/index/newsDetail/39859cl)

【分析提示】海尔把自己与“SARS”“消毒”“小汤山”“佑安”等这些抗典关键词联系起来,时时向新闻受众和消费者传递出“SARS 无情,海尔有情”的信息,使海尔的形象伟岸而充满人情味。

2. 征询性公关

征询性公关方式主要是通过开办各种咨询业务、制定调查问卷、进行民意测验、设立热线电话、聘请兼职信息人员、举办信息交流会等各种形式,连续不断地努力,逐步形成效果良好的信息网络,再将获取的信息进行分析研究,为经营管理决策提供依据,为社会公众服务。

案例链接

创始于 1837 年的宝洁公司是世界最大的日用消费品公司之一。宝洁公司之所以不断走向成功,说到底并没有什么秘诀,也就是许多经营者挂在嘴边的那句话——消费者至上。早在 1934 年,宝洁公司就在美国成立了消费者研究机构,成为在美国工业界率先运用科学分析方法了解消费者需求的公司。起初,公司雇用了“现场调查员”,逐门逐户进行采访,征询家庭主妇对产品性能的喜好和建议。到 20 世纪 70 年代,宝洁公司最早成为一家用免费电话与用户沟通的公司。消费者打来的电话大致分为三类:产品咨询、产品投诉、产品赞誉。宝洁公司建立了庞大的数据库,把用户意见及时反馈给产品开发部,以求产品的改进。迄今为止,宝洁公司每年用多种工具和技术与全世界超过 700 万的消费者进行交流。

(资料来源:http://finance1.jrj.com.cn/news/2007-12-25/000003100557.html)

【分析提示】宝洁很有名的一句话就是“别人以我们为目标,而我们始终以消费者为目标”。宝洁的成功都是与其自始至终坚持对消费者的密切关注分不开的。因此,一个新的品牌要想获得成长就必须学会像宝洁那样关注消费者,并且为他们提供问题的解决方案。

3. 交际性公关

交际性公关方式是通过语言、文字的沟通,为企业广结良缘,巩固传播效果。可采用宴会、座谈会、招待会、谈判、专访、慰问、电话、信函等形式。交际性公关具有直接、灵活、亲密、富有人情味等特点,能深化交往层次。

案例链接

一个人乘坐某航空公司的飞机去长沙出差。飞机降落之后,他提着随身带的一捆资料,走到了机舱门口。空中小姐在向他微笑道别的同时,递给了他两块小方布,说:“先生,请用小方布裹着绳子,不要勒坏了您的手。”人非草木,孰能无情!这位先生备受感动,从此每次出差或带家人出门,总是首选这家航空公司。

(资料来源:http://baike.soso.com/v5145351.htm)

【分析提示】一句话两块小方布，换来了一生的光顾，真是划算。真正的交际性公关是一种人文关怀，一种心灵的感动，绝不是那种眼睛紧紧地盯着顾客手里的钱，说些寒暄的套话。

4. 服务性公关

服务性公关就是通过各种实惠性服务，以行动去获取公众的了解、信任和好评，以实现既有利于促销又有利于树立和维护企业形象与声誉的活动。企业可以以各种方式为公众提供服务，如消费指导、消费培训、免费修理等。事实上，只有把服务提到公关这一层面上来，才能真正做好服务工作，也才能真正把公关转化为企业全员行为。

5. 社会性公关

社会性公关是通过赞助文化、教育、体育、卫生等事业，支持社区福利事业，参与国家、社区重大社会活动等形式来塑造企业的社会形象，提高企业的社会知名度和美誉度的活动。这种公关方式，公益性强，影响力大，但成本较高。

拓展提高

微电影营销

在这个日益碎片化的微时代，人们对一切以“微”开头的事物都抱有极大的热情。凯迪拉克的两部微电影《一触即发》和《66 号公路》让“微电影营销”这个词一下子进入了人们的视线，随后佳能邀请姜文拍摄的《看球记》、凡客的《一架纸飞机引发的时代碎片》、361°无处不热爱的系列微电影等纷纷出现，各个企业仿佛一下子进入了“微电影营销时代”。

微电影即微型电影，指专门运用在各种新媒体平台上播放的、适合在移动状态和短时休闲状态下观看的视频短片，具有完整策划和系统制作体系支持，具有完整故事情节。短片具有“微(超短)时放映”“微(超短)周期制作(1—7 天或数周)”“微(超小)规模投资(数千元、数万元每部)”等特点，内容融合了幽默搞怪、时尚潮流、公益教育、商业定制等主题，可以单独成篇，也可系列成剧，投资低，门槛低，参与和互动性强。

2011 年 11 月 28 日，国家广电总局下发了《〈广播电视广告播出管理办法〉的补充规定》，将《广播电视广告播出管理办法》(2010 年 1 月 1 日实施)第十七条修改为“播出电视剧时，不得在每集中间以任何形式插播广告”，同时明确，该规定于 2012 年 1 月 1 日正式实施。新政策限制了传统电视媒体的广告投放，广告商必将转换方向，将视线投向最具生机活力的互联网，广告投放或将更多地流向自由度较高的视频网站和社交网站。这对依附于互联网的微电影来说无疑是利好，微电影有望在政策调控下分到营销市场的一杯羹。同时，随着媒介技术不断发展，“三网融合”打破了不同类别媒体间的壁垒，3G 手机和 Wi-Fi 热点的成熟使媒体传播方式即将迎来一场新的变革。微电影内容短小精悍，呈现出碎片化、去中心化的特点，极易形成病毒营销态势，适宜投放于不同类型的媒介。借助电信网、计算机网和有线电视网三大合力，广告营销不再局限于电视的单向传播，而是可以通过互联网搜索引擎、社交网络以及手机终端进行渲染式的双向甚至裂变传播。微电影营销在“三网融合”的大背景下，可以打通各个关节，实现全媒体传播的无缝连接，反过来又将进一步推动视网互动传播品牌的真正整合。

微电影营销从根本上说其实就是影视植入营销，指将产品或品牌及其代表性的视觉符号甚至服务内容策略性融入微电影之中，通过场景的再现，让观众在不知不觉中留下对产品及品牌印象，继而达到营销产品的目的。具体的操作手法包括两种方式。

1. 定制剧情

片方根据企业的切实需求，专门为产品或品牌量身定制剧情，即商业订制的“微电影广告”。这种形式通常指时长在30分钟内、采用电影语言、为宣传某个特定的产品或品牌而拍摄的广告作品。它具有电影的表现形式，为广告信息增加了故事性，能够更深入地实现品牌形象、理念的渗透和推广。如气质女星莫文蔚(Karen Mok)担纲主演微电影《66号公路》就是为凯迪拉克量身定制。影片的男女主角驾驶着凯迪拉克SRX，穿梭在美国的中、西部，砂石、土丘、浅滩、坑洼、崎岖路面……SRX强大的3.0L SIDI全铝智能直喷发动机带来源源动力；智能全驱系统e-AWD能够扫平障碍，游刃有余应对各种复杂路况；宽大的座舱与车内配备的Bose 5.1座舱数字环绕音响系统提供了极为惬意的驾乘感受。剧中凯迪拉克SRX带领着男女主人公远离世俗喧嚣，自由驰骋并重新发现自己。看似文艺浓情的剧情，却贯穿进了SRX优异的性能与“锋芒本色不羁于世”的本真秉性。

2. 道具或场景或旁白及人物对话植入经典的微电影作品中

将赞助企业的产品或包含企业信息的物料(如广告牌)作为剧中道具或剧情背景使用，无声无息中传播企业信息；或把企业名称、产品等目标信息通过剧中人物对白或旁白传递出去。

微电影《再一次心跳》你记住了什么？无处不在的乐事薯片，罗志祥不离手的百事可乐，屡遭特写的奥林巴斯相机，还是不断提到的那个像心脏的澳洲小岛——塔斯马尼亚岛，杨小雨沐浴完使用的KOAI……

总的来说，通过道具或场景或旁白及人物对话植入经典的微电影作品中的营销模式，如果操作得当其实更容易实现润物细无声的传播效果。

微电影营销以其互动性、主动传播性、传播速度快、成本低廉等特点，受到众多商家的追捧。然而，事实上微电影也不是企业必然成功的营销方式。在众多微电影掀起的风潮之下，越来越多的厂商以高制作费用、一流的导演、知名的演员，制作一段段较长的广告，通过商业模式进行制作与宣传，由于缺乏动人的情节等重要的元素，观众不免开始厌倦。例如，2010年《一触即发》创下了千万点击率，而2012年《心灵之境》却火速退烧，点击率不到前者的1/10。“创新”“有效”的营销工具，随着时代与环境的变迁而改变，但不变的是“原创与感动”，不同的技术平台或许降低了传播成本，但能否让消费者留下印象，能否让他们感动，仍决定了品牌的营销效果。或者说，进行微电影营销创新的是日新月异的技术平台，而依然不变的是动人心弦的精彩故事与创作！由此，怎样实现微电影传播中企业的商业价值与受众的娱乐价值相结合，将是营销传播者需要解决的关键之一。

(资料来源：选自向北撰写的《微电影营销袭来》，《广告主市场观察》2011年7月刊。)

情境实战演练

芙蓉王香烟的促销策略

芙蓉王香烟系湖南中烟工业公司常德卷烟厂(原常德卷烟厂)的核心产品。“芙蓉王”以“烟界瑰宝”享誉全国，先后获得“中国驰名商标”“中国名牌”“出口免检产品”和“中国500最具价值品牌”等荣誉。2009年，“芙蓉王”产量达65.67万大箱，同比增长17.66%；“芙蓉王”

销量 64.8 万箱，同比增加 11.3 万箱，据测算，“芙蓉王”2009 年收入 229 亿元，实现税收 149 亿元，现已成为与“中华”比肩的两大高档香烟品牌之一。

芙蓉王所属企业湖南中烟工业公司积极支持和参与公益事业，大力发扬“人道、博爱、奉献”的精神。积极参与赈灾救灾，始终如一地积极承担烟草工业企业的社会责任，企业与社会持续、协调发展。在 2008 年罕见的冰雪灾害面前，公司 14000 多名员工用爱心彰显责任，企业和员工各项慈善捐款达 2800 多万元。在“5·12”汶川特大地震灾害后，公司向灾区人民捐款 1000 万元人民币。2009 年 8 月“莫拉克”台风肆虐台湾岛，公司为台湾地区人民捐款捐赠人民币 100 万元。

此外，湖南中烟工业公司积极实施“芙蓉学子”等社会公益活动。“芙蓉学子”大型公益活动创建实施 13 年以来（截至 2010 年），累计捐赠款项 8000 多万元，在全国 26 个省（市、自治区）、60 多个城市的 650 多个县（市、区）和 20 多所高校实施了以资助家庭经济困难大学生和奖励优秀大学生为主要项目的公益奖助学活动，共有 13000 多名贫困大学生获得了奖励资助，先后荣获中国首届“社会公益示范工程奖”等一系列国家级荣誉、省级荣誉。

思考与讨论

1. 促销组合中有哪几大策略，湖南中烟工业公司上述行为本质上属于那种手段？这样做的原因有哪些？
2. 相关法律规定，烟草企业及产品不能通过电视等大众传媒进行广告宣传。但现实中广告仍然是不可或缺的重要促销手段。你认为如何操作，在不违法的前提下，同时达到在电视上做广告的目的。
3. 春节期间是高档烟草消费的重要时间段，请为芙蓉王设计春节期间的销售促进活动。

（资料来源：http：//www.maigo.com/news/259323.html）

职业能力形成训练

一、演练项目

营销团队自选项目促销组合设计。

二、演练目的

通过演练，帮助学生初步掌握促销组合设计的程序及具体运作技巧，培养学生的团队合作精神。

三、演练内容

针对创业小组或学习小组所选择的自创企业或背景企业的产品，为其进行有效的促销组合设计。

四、演练组织

（1）通过市场调研，把握产品的具体促销环境，明确促销目的。

（2）选择有效的促销方式。

（3）制订促销组合方案。促销组合方案内容包括促销目的、促销方式、促销时间和地点、促销流程安排、促销费用预算、突发事件应急方案等。

(4) 演示促销或促销组合方案。各小组指派代表根据促销方案制作 PowerPoint 形式的演示方案与大家分享交流。

五、演练考核

(1) 能针对具体的产品进行有效的促销环境调研与分析。(20 分)

(2) 根据促销环境及促销目的,选择有效的促销方式。(30 分)

(3) 对选定的促销方式进行合理的方案设计。(40 分)

(4) 能与模拟客户进行有效的沟通,准确表达促销方案的思路。(10 分)

模块四

市场营销新模式

如今国际交往和贸易往来日益频繁，企业面临的竞争更加激烈。在经济全球化的大背景下，企业如何提高自身竞争力，是当前企业关注的热点问题。在掌握营销基本理论和工具的同时，新的营销观念和手段的运用成为企业能否立足市场的重要因素。本模块试图从文化营销、国际营销、服务营销、会议营销、网络营销和关系营销、网上创业与网店营运等几个方面，给学习者和企业以启迪。

项目十二　文化营销与国际营销

文化因素的注入已成为一种势不可挡的营销潮流，文化竞争将成为未来“商战”的主旋律。

项目目标

知识目标：
◎ 了解文化营销如何渗透入企业。
◎ 熟悉文化营销的方法。
◎ 掌握国际营销的特点与方法。
能力目标：
◎ 能为企业设计文化营销策略。
◎ 能针对国际市场制定相应营销策略。

项目引例

肯德基在中国的成功

1987 年 11 月 12 日，中国第一家肯德基餐厅在北京前门开业，从而开始了它在这个拥有世界最多人口的国家的发展史。1992 年 10 家，1996 年 100 家，2004 年 1000 家，2007 年 2000 家。2010 年 6 月 1 日，中国第 3000 家肯德基餐厅在上海漕宝路星星广场开业，将对手麦当劳远远甩在身后。作为一个洋快餐，在中国 20 多年能取得如此的成绩，这和肯德基的文化营销是分不开的。用西方吃法的“皮”包住中国传统餐饮文化的“芯”，是肯德基文化营销的体现。2005 年 8 月，肯德基自爆“传统洋快餐产品选择少，难以达到营养平衡”软肋，在中国 16 个城市提出“拒做传统洋快餐，全力打造符合中国国情的新快餐”的口号。同时推出了“为中国而改变，打造新快餐”的系列广告，1500 家肯德基餐厅推出全新的“蔬果搭配餐”，从而取代原有的“经济豪华套餐”，这项全国性的产品结构调整是其“为中国而改变”倡议的具体措施，意味着肯德基中国市场战略的重要转型。近几年，肯德基越来越本土化，老北京鸡肉卷、皮蛋瘦肉粥、安心油条，越来越多中国土生土长的食品走进了肯德基。在美国，快餐店被那些饥饿而忙碌的人视为“加油站”，或者被低收入群体看作家庭餐馆，速度和低价是快餐作为“工业食品”在美国持续成功的两个重要因素；然而在中国，肯德基代表着一种文化，一个现代的餐饮观念。和美国不同，“快餐不快”是中国消费者的特点，他们去肯德基不仅仅是消费食物，更重要的是在享受快餐的同时，体验肯德基本身所承载的文化和文化氛围。

（资料来源：http：//fihance. sina. com. cn/media/goga/20060215/18192345585. shtml）

引例分析

在激烈的市场竞争中要想获得消费者的货币选票，文化营销无疑是一种新颖的手段。“没有文化，企业只是经济机器，不可能保持长久旺盛的生命力”。以文化为依托，将企业的产品、服务与消费者的消费意识和行为融为一体，文化营销方能显出它的恒久魅力。同时，越来越多的企业走出国门，开始在国际市场上一展拳脚，在不同经济环境和文化背景下，企业如何生存发展，如何能避免水土不服，也是我们现代营销应该研究的重要问题。作为洋快餐的肯德基通过西式快餐的方式来诠释中国传统餐饮文化，是它在中国市场取得成功的重要原因，也给了我们很多启示。

项目分析

在激烈的市场环境下，产品的同质化程度越来越高，企业在产品技术、营销手段上很难保持差异化，文化营销给企业提供了难以被竞争对手模仿的差异化营销平台。成功不能复制，在营销国际化、全球化的今天，处于不同营销环境下，国际营销也是现代营销探索的新方向。

因此，理解文化营销的运作方式（任务 1），把握国际营销的操作要点（任务 2）是学习本项目的任务。

项目实施

任务 1　文化营销运作方式

一、文化营销的含义

现代企业的竞争，表面上看是产品的竞争，实质是文化的竞争。消费者更加青睐充满人性化的文化形态产品，以文化为依托，将企业的产品、服务与消费者的消费意识和行为融为一体，文化营销方能显出它的恒久魅力。同时在营销活动中尊重人的价值、重视企业文化建设以及重视管理哲学，已成为当今营销发展的新趋势。利用文化力进行营销必能给企业带来勃勃生机。

文化营销（Cultural Marketing）就是利用文化力进行营销，是指企业营销人员及相关人员在企业核心价值观念的影响下，所形成的营销理念，以及所塑造出的营销形象，两者在具体的市场运作过程中所形成的一种营销模式。文化营销是指把商品作为文化的载体，通过市场交换进入消费者的意识，它在一定程度上反映了消费者对物质和精神追求的各种文化要素。文化营销既包括浅层次的构思、设计、造型、装潢、包装、商标、广告、款式，又包含对营销活动的价值评判、审美评价和道德评价。文化营销的内容划分为三个层次：产品文化营销、品牌文化营销、企业文化营销。

（1）产品文化营销就是树立产品的文化特色。这种特色体现在产品质量设计、造型、装潢、包装、商标、广告、款式、价格、分销和促销等方面，主要通过产品设计生产、产品定价、销售终端特色、广告宣传、营业推广等方面来实现的，这是低层次的文化营销。

(2) 品牌文化营销是指以塑造品牌为核心,强化品牌的文化特色。它主要体现在品牌名称、品牌标志、品牌利益和品牌形象等方面,主要通过品牌定位、品牌设计、弘扬优秀的民族传统文化、情感沟通和塑造个性化品牌形象等手段来实现,这是中间层次的文化营销。

(3) 企业文化营销——通过塑造独特的企业文化的方式来强化企业的营销特色,它是最高层次的文化营销。

案例链接

韩剧的营销模式

擅长"营销"的韩国导演瞄准了中国影视市场的空白,扮演"追随者""补缺者"的市场角色,进行侧翼攻击并抢占中国市场,逐步确立了其明确的市场战略意图——通过品牌打造,进一步带动韩国电视剧《大长今》在华人地区炙手可热,取决于该剧导演和编剧对于韩国文化传承中国文化等文化渊源有着准确的把握。

在产品战略上,取饱蘸着中国文化的"食+医"这两大主线,扬长避短、推陈出新,成就了《大长今》的品牌塑造;在定价策略上,确定高端市场价格路线,以确保出品商和经销商丰厚的利润以及广阔的炒作空间。中国的播放权和音像权被湖南电视台以近2000万元的高价买得,创下了海外剧目在中国市场的最高版权纪录。在分销渠道策略上,该剧主攻华人市场以及受华人文化影响的区域市场。在营销渠道上的选择上实行强强联手、优势互补,得用强势媒体的资源优势扩大影响,谋求免费的宣传资源,如电视、报纸、网络等立体宣传。在促销策略上,除了主要演员多次接受各国娱乐栏目的专访台亮相以外,还巧妙嫁接了演员的交流互动,甚至走下台去实现演员与普通观众之间的"融合",构建出点、线、面相结合的立体宣传攻势,使得《大长今》的综合效应不断扩散。

(资料来源: http://wenku.baidu.com/link?url=XSN820)

【分析提示】消费者购买产品不仅是为了物质上的满足,很大程度上是为了满足精神上的需要,他们希望有自己的个性,希望得到别人的赞赏与尊敬,达到自我实现的需要。利用文化独特的亲和力,把具有相同文化程度底蕴的文化追求的人们聚集在一起,并取得价值观的认同,达成有效的沟通,有利于建立起与消费者的亲密关系。

二、文化营销的特点

文化营销是一种基于4V的营销新策略。相对其他营销策略方式,文化营销能够更方便的彰显产品的差异化、体现产品的功能化、增加产品的附加值,同时促使消费者对企业、对品牌产生强烈的认同感和共鸣感。

(一) 文化营销的特点

1. 文化营销建立在共同期望的基础上

文化营销主要是通过企业建立合适的文化(包括产品文化、品牌文化和企业文化)来引起消费者的认同感和归宿感,从而完成企业的营销目的。所谓"合适",是指文化要构建在消费者和企业对于产品和服务的共同期望的基础上。随着科技的发展,手机普及率大大提高,人们对手机的认识也不再是"高科技产品"。

2. 文化营销的目的是取得企业和消费者的双赢

文化营销的宗旨是通过双方良好的沟通和共鸣增加双方的利益，而不是企业利用概念的偷换来损害消费者的利益。

3. 文化营销的根本方式是价值观念的渗透

不能将文化营销简单理解为广告语的更换、广告诉求的变化。文化营销是一个整体性营销策略，通过将企业价值观念的引导和渗透，激发消费者的共鸣。所以广告策略的变化是文化营销的手段，而不能看作文化营销的全部。

（二）文化营销与传统营销方式的差异

传统营销出发点在于企业的盈利，而文化营销的出发点则是产生并保持共同的期望；在沟通方面，传统营销较少提出与客户的相互沟通，仅仅把沟通作为一种信息反馈工具，而文化营销则高度重视与客户的相互沟通，通过沟通将企业的价值观与客户价值观进行渗透，产生共鸣；在企业文化方面，传统营销多数认为文化适应企业即可，而文化营销则认为文化是客户的一种需求，是需要不断总结、满足和发掘的；对客户满意度关注的角度不同，传统营销主要关注客户对产品、服务等方面的满意度，而文化营销则强调通过顺应和创造客户的某种价值观或价值观集合来达到客户的某种满意程度。

案例链接

金六福：我有喜事，金六福酒

金六福是近年来迅速崛起的白酒新锐品牌。在短短八年多时间里，由零做到近几十亿元的年销售额，进入白酒业前五强，连不少老牌名酒厂都无法望其项背。探究其成功的因素，很大程度上在于其中国传统“福”文化的定位。金六福的品牌内涵包括：长寿福、富裕福、康宁福、美德福、和合福、子孝福，这是中国几千年来传统文化的浓缩。可以说，金六福酒的所有传播自始至终都没有离开既定的文化理念，从“好日子离不开它，金六福酒”，到“中国人的福酒”，再到“幸福的源泉，金六福酒”，“福”文化在金六福的品牌传播中都一以贯之、深化渐进。众所周知，几千年来，“福”在中国被演绎成了一种根深蒂固的文化。人们把一切美好的东西统统归结为“福”：健康是福、平安是福、长寿是福、多子是福，甚至吃亏也是福。好的消息是福音，好的居所是福地，好的相貌是福相，吃到好东西是口福，娶个好老婆是艳福，连发胖也是发福。封建时代，每逢新春正月，文武大臣莫不将皇上书赐的“福”字视为瑰宝。清代后宫中更有“福晋”“福贵人”之类的称谓。“福”已经融入中国人的血液里，积淀在老百姓的骨髓里了。

（资料来源：http：//www.360doc.com/content/07/0826/09/39175_695493.shtml）

【分析提示】金六福的“福”文化营销具有两方面的特点：一是感召力，金六福所倡导的“福”文化，是中国几千年来传统文化的浓缩，有着深厚的积累，在人们庆功、贺喜、祝寿、助兴、交友相互祝福的同时，又引导人们追求“寿、富、康、德、和、孝”的美好生活境界，迎合了人们对美好生活的向往；二是兼容性，金六福的“福”文化理念，完全可以包容其系列产品，且这一品牌理念不仅在今天得到认同，在今后乃至永远都是不会改变的。

三、文化营销的功能

1. 增值功能

文化营销作为一种追求真善美的价值活动，使得产品有可能超越其物质意义而成为某种精神的象征，成为心理甚至感觉的符号，从精神方面充实和丰富了产品的价值。正如耐克总裁所言，“将运动精神植入人心”。耐克代表的不单是运动鞋，更代表了体育运动、运动精神和运动文化。

2. 提升功能

文化营销的提升功能就是用“文化”来提高和升华企业的社会形象，使消费者感受到企业良好的形象之后，对其产品服务产生信赖和依恋。世界上著名的品牌几乎都是经“文化”而得以提升社会形象，长久地赢得消费者之心的。

3. 调适功能

跨文化营销活动中，因种族、宗教、语言、风俗等不同差异，常常造成异质文化间沟通的“梗阻”，造成经营的失败，而文化营销的调适功能则有助于消除或减少这类文化障碍。它主要表现为企业针对目标市场的文化环境的特点，来制定自己的营销思维、手段和策略，用自觉的文化理念来协调和沟通与目标市场之间的文化屏障，被目标市场的文化观念所认同接受。日本在我国推销汽车时创作出“有朋自远方来，喜乘三菱车”“车到山前必有路，有路必有丰田车”“古有千里马，今有日产车”等广告语，在中国取得了很大的成功。

4. 差别化功能

随着现代技术的日新月异，产品的同质化现象越来越突出，消费者单纯从产品性能和产品质量上区分产品的差异变得越来越不重要。文化作为一种非物质差异，成为消费者选择商品的一个重要砝码。同样是酒，茅台传递的是“国酒”；孔府家酒一句“喝孔府家酒，写天下文章”透出的则是儒家文化的精髓；金六福则体现了中国传统的“六福临门”福文化概念。

5. 育人功能

文化的本质是以文化人，从价值上对人进行教育、培育和塑造，文化营销也延续着文化的育人功能，表现为通过文化理念的构建，对真善美的价值追求，对消费者进行思想、观念、情感和道德等方面的引导教育。当然，这种育人作用并不直接作用于消费者，而是通过产品文化，广告宣传、公关活动等来传递文化信息，间接地潜移默化地影响人、塑造人。

6. 凝聚功能

文化营销的凝聚功能就是从文化的价值上和情感上与消费者进行深层次的沟通认同，使企业与消费者之间形成强大的情感共鸣和内聚力，增强消费者对企业产品服务的忠诚度。名牌是每个企业所期望的，也是文化营销所要追求的最高境界。名牌之所以能给消费者强大的感召力和吸引力，主要是其所体现出的文化价值和文化精神。名牌往往是身份、地位、心理、情感等的象征、寓言和图腾。

案例链接

2009 年，李宁和阿迪达斯分别推出了各自的健身系列产品。一向很中国的李宁用了个有点小资情调的洋词“Inner Shine”，提倡人们以修炼内在的气质来生活、来运动；而阿迪达斯则用了个很有中国味的词“武极”，提出心体谐一的理念，向人们宣导健康的生活方式和运动方式。

在李宁品牌2009年春夏女子运动系列产品的发布会上，李宁推出了女子运动系列“Inner Shine”。“Inner Shine”被李宁定义为：倾听内在的声音。宣导：气质是练出来的、动让自己静下来、享受跃动、与年龄无关的生活理念。而早在2008年7月，阿迪达斯就和李连杰先生推出一项“武极”健身运动，2009年6月，阿迪达斯“武极”系列产品正式上市。“武极”号召人们：心体谐一，走出水泥丛林。李连杰先生认为人体由“水、土、火、风”四大元素组成，“武极”系列推出“玄水”“火光”“妙土”和“真气”四个子系列与人体四大元素对应。首先上市的是“玄水”系列，其采用了阴阳视觉效果、中式立领等细节，突显东方智慧的主题。

这次，李宁和阿迪达斯不约而同，都拉起文化的大旗，试图掀起一阵改变人们生活方式的浪潮，来营销各自产品。通过提倡人们选择更高品质的生活方式并顺带推销产品就成为一门学问。在体育用品行业，李宁和阿迪达斯则是这门学问的践行者，亦是行业的榜样。

（资料来源：http：//www.smsocx.cn/news-119.html）

【分析提示】体育用品厂商不光是肩负着提供品质与品牌兼具的产品的责任，还担负着营造全民“健康运动，快乐生活”的大环境，这样才不违体育致力让全人类健康和快乐的内涵，体现文化营销的育人作用。

四、文化营销的实施

企业实施文化营销操作有如下流程。

（一）找准文化定位

1. 了解目标消费者群体的文化内涵，选择切入点

文化营销是建立在与消费者共同的期望之上，要符合目标消费者群体的文化内涵，才能作好文化营销。在进行文化营销之前，首先要选择合适的文化切入点。切入点要符合目标消费者的心理期望，同时要注意选择的切入点不能与目标消费者的习俗、禁忌等相冲突，否则就会引起消费者的抵触情绪和抵制。

2. 注意发掘企业的文化内涵，精心提炼

文化营销的切入点，一方面要符合目标消费者的心理期望，另一方面也要和企业的产品文化、品牌文化相符合。企业的发展过程中可能存在一些不同的文化信息，企业及其产品具有多种文化，要仔细地研究、发掘企业与企业产品的文化内涵或文化关联，例如，企业的历史文化内涵、产品的品牌文化内涵、产地文化内涵，等等。这样才能更有特色的发挥企业文化营销的魅力。不能为了开展文化营销而故意杜撰企业文化历史，甚至为了达到文化营销的目的，人为的制造一些文化卖点。如某些旅游景点为了提升知名度，故意炒作“西门庆故乡”“私奔胜地”等噱头，不仅没有达到文化营销的效果，反而贻笑大方。

3. 寻找共鸣点

通过对比分析，找出企业及其产品满足目标市场消费者文化的共鸣点，这个共鸣点就是文化营销中的文化定位，文化定位中最重要的一点就是文化的差异化，即与其他产品文化的差异，只有独树一帜才能引起消费者的兴趣；然后从企业的形象及企业产品的各个层次赋予企业产品消费者认同的文化价值，这样产品才能真正被消费者所接受。

（二）注重传播渠道，扩大文化营销

在每个和目标消费者接触的接触点上都要发挥文化营销的影响力，将文化的力量渗透

进营销全过程;从产品定位、市场细分、展示与展览、促销策划、服务、CI、VI战略到CS战略、品牌战略、公共关系等方面都要注入文化的因素,发挥文化的影响力;同时通过积极策划、参与各种具有文化内涵的活动,传递品牌的内涵与价值。

案例链接

2004年,蒙牛推出了一款新产品——"酸酸乳",如何在短期内推向市场并且达到高销量,对于蒙牛人来说是一个挑战。几经周折,因为这个节目的受众群体是12—24岁的年轻女观众,与蒙牛酸酸乳的消费者重合。于是,蒙牛酸酸乳改变了传统的产品营销方式,2004年蒙牛广告词是"美味加倍蒙牛酸酸乳"(宣传比某品牌好喝),2005年主题词就变成了"酸酸甜甜就是我",一句不提酸酸乳好喝。其后,蒙牛集中所有的资源,都在宣传"超女"有多好看,一切活动皆与"超女"挂钩。结果成千上万的12—24岁的年轻女观众爱上了"超女",形成了一个强大的媒体,让蒙牛酸酸乳的知名度、美誉度、可信度、销售量等迅速提升。正如央视品牌运营顾问、"超女"总策划袁方博士所说:"传统的品牌成长模式是'知名度—美誉度—可信度—忠诚度—依赖度',可这样的传递速度太慢。"蒙牛的广告投入从"节约"思维提升到"作战"思维,不是靠铺天盖地的广告,而是利用年轻女孩这一强势媒体,直接跨越美誉度和可信度,短时间内实现了从零做到中国酸酸乳第一品牌。

(资料来源:http://www.zhqd.net/gonggao/services_info-6111.html)

(三) 在实施文化营销过程中应该注意问题

1. 处理好内容与形式的关系

很多企业在文化营销时往往只重视形式忽略了内容。有的企业只注重产品的包装不重视产品的质量;有的企业在文化建设中只提出一些口号但在实际中并不执行;有的企业只知道进行广告宣传,只重视企业视觉识别系统(VI设计),不强调企业理念(MI)和企业行为(BI)建设,造成了"金玉其外,败絮其中"的结果。最终结果是企业的文化理念无法被消费者所认可,文化营销没有起到该有的效果。

2. 要用系统的观点对待文化营销

企业的文化营销是一个整体,一个有机的系统。它包括几个方面的含义,我们不能断章取义,只抓一点不及其余,而是要把三者有机结合起来。企业文化建设是企业文化营销的前提和基础,企业没有良好的健康的全面的文化建设,文化营销就成了无源之水、无本之木。企业分析和识别不同环境的文化特点是文化营销的中间环节和纽带,在企业文化建设的基础上,只有对不同环境的文化进行分析才能制定出科学的文化营销组合策略;制定文化营销组合策略是前两者的必然结果。企业在进行文化营销时往往忽视了前两者,只重视了文化营销组合策略的运用,结果是收效甚微的。

具体来看,文化营销要注意以下几点。

(1) 健康化,即符合、满足人的健康需求。

(2) 个性化,即要有企业自己独特的声音。

(3) 社会性,即充分挖掘社会文化资源并服务于社会。

(4) 生动性,即营销技术要灵活、创新、形象、易传播。

(5) 公益性,即营销活动必须对社会公众有益。

将文化有机融进营销,就像将钻石镶进白金戒指,形成1+1>2的社会价值。

任务 2 国际营销操作要点

案例链接

对于读书爱好者来说,“贝塔斯曼”这个词也许并不陌生。170 年的发展历史、世界四大传媒巨头之一,其为会员量身定制图书并推动图书直销的书友会在全球已有 4000 万用户。1995 年,贝塔斯曼开始把业务搬到中国,其书友会的经营概念闯入中国读者的视野。据贝塔斯曼官方数据显示,2000 年贝塔斯曼在中国的书友会会员已经达到 150 万人次。

然而,2008 年 6 月 13 日,贝塔斯曼突然宣布关闭分布在中国的 38 家连锁书店,随后,其旗下负责书友会和 BOL(贝塔斯曼网站)业务的直接集团也被解散,全部高管离开中国。他们在声明中说,“连锁书店目前的财务状况无法令人满意,也缺乏必要的规模效应,无法长期持续地发展”,再加上“中国市场网络图书销售的增长和竞争的加剧,图书连锁目前的业务状况无法适应这些变化,从而促使我们做出了终止业务这一最终决定”。

“贝塔斯曼最大问题在于管理者水土不服。”当当网联合总裁李国庆认为,贝塔斯曼换了很多任老板,为拓展中国市场,贝塔斯曼曾将在德国、法国和美国取得了巨大成功的管理者们调到中国,希望中国业务有起色。尽管贝塔斯曼在来中国之前做足了功课,但它还是小看了中西文化隔膜。“中国购书者们不愿缴纳会员费,也不愿被迫持续购买那些可能并不需要的读物。他们更愿意去书店先看后买,或看中后也不买,而是去网上书店下订单以得到更多折扣。”一位贝塔斯曼员工如是说。

贝塔斯曼最终无奈宣布暂停在中国的业务,一个国际品牌大鳄折戟中国;而与之相对应的是,从 2004 年以来,已经有美国“迪士尼”、荷兰“飞利浦”、瑞士“雀巢”、日本“丰田”等数十个外国品牌被国家工商总局认定为“中国驰名商标”。

(资料来源:http://finance.sina.com.cn/roll/20080702/19445048321.shtml)

【分析提示】在西方其他国家已经取得成功的贝塔斯曼,为什么不能在中国市场立足?主要原因在于将它在西方国家的成功经验直接照搬到了中国市场,丝毫没有考虑中国市场和西方市场的差异,出现失败也就不难理解了。

一、国际营销的特点

国际市场营销是指商品和劳务流入一个以上国家的消费者或用户手中的过程。换而言之,国际市场营销是一种跨国界的社会和管理过程,是企业通过计划、定价促销和引导,创造产品和价值并在国际市场上进行交换,以满足多国消费者的需要和获取利润的活动。随着经济全球化的发展,各国企业的经营活动与国际市场的联系日益紧密,企业的经营从一个地区、一个国家扩展到全球范围,越来越多的企业将国内生产的产品销往国外、跨境提供服务甚至在他国投资建厂、生产和销售产品。

企业在从事国际市场营销活动中,虽然基本营销原理和方法与国内市场营销相差不大,许多指导国内企业营销的原理和方法,诸如市场营销调研、消费者行为分析、选择目标市场、营销组合策略、营销战略计划、营销管理等,均可用以指导国际市场营销活动。但由于面临的国际市场环境不同，绝不能简单地照搬国内营销的经验和理论，相对于国内市场营销，国际营销的特点主要在于以下几点。

（一）市场营销环境不同

国内营销是在企业熟悉的营销环境（包括人口、经济、社会文化、政治法律及竞争环境）中开展，国际市场营销则要在一国以上的不熟悉的营销环境中开展，同时还要受国内宏观营销环境影响，可见，国际市场营销所面临的环境更加复杂多变。

（二）市场营销组合策略有区别

国际市场营销活动受到双重环境，尤其是各国环境的影响，使营销组合策略复杂得多，难度也比较大。

（1）在产品策略方面，国际市场营销面临产品标准化与差异化策略的选择。

（2）在定价策略方面，国际市场定价不仅要考虑成本，还要考虑不同国家市场需求及竞争状况，而且成本还包含运输费、关税、外汇汇率、保险费等。此外还要考虑各国政府对价格调控的法规。

（3）在分销渠道方面，由于各国营销环境的差异，造成了不同的分销系统与分销渠道，各国的分销机构的形式、规模不同，从而增加了管理的难度。

（4）在促销策略方面，由于各国文化、政治法律、语言、媒体、生产成本等不同，使企业在选择促销策略的时候更复杂。

（三）国际营销战略及营销管理过程更复杂

由于各国营销环境差异大，各国消费者需求又存在巨大差别，如制订国际营销战略计划及进行营销管理，既要考虑国际市场需求，又要考虑企业决策中心对计划和控制承担的责任应当达到什么程度等问题。

二、国际营销的演进

企业跨国营销的发展大致经历了这样的过程，即出口营销—国际营销—多国营销—全球营销。目前，大部分的国家处于国际营销阶段，少数经济发达国家的跨国公司已进入全球营销阶段。

（1）出口营销是企业进入国际市场的第一阶段。企业因为种种原因，开始接触国际市场，主要通过国内生产、出口销售的方式来进行。

（2）国际市场营销这是企业进入国际市场的第二阶段。扩大国内市场营销策略到国际市场上，但此阶段企业往往还是将重点集中于国内市场，实行本国导向，企业自觉不自觉地采用本国的方法、途径等经验用于国际市场上。随着企业从事国际营销的经验日益丰富，国际营销者越来越多地研究国际市场，从而进入了多国营销。

（3）多国营销这是企业进入国际市场的第三阶段。当企业进入国际市场营销后，逐渐发现世界市场的需求差异很大，为了适应各国市场不同的需求而开始实行多国营销策略，即企业为每一个国家制定一种营销战略，以适应每个不同条件的国家的需要。在这一阶段，企业的导向是多中心主义。

（4）全球营销这是企业跨国营销的最高阶段。它是以全球为目标市场，将公司的资产、产品集中于全球市场。全球营销是以全球文化的共同性及差异性为前提，主要侧重于文化的共同性，同时又注意各国需求的差异性。产品战略是扩展、适应及创新的混合体。

案例链接

海尔全球化品牌战略思维

2005 年 12 月 26 日，海尔集团首席执行官张瑞敏在北京宣布，海尔将在名牌战略、多元化战略、国际化战略之后，进入全球化发展战略阶段。在这个阶段，海尔的目标是：创出世界级的全球化品牌。现如今，“Haier”的品牌标志已经伴随海尔创全球化品牌的开拓，进入全球消费者的生活和家庭。在美国，海尔赞助 NBA 全明星赛，海尔品牌走进美国千家万户；在英国，欧洲第二大家电经销商 Comet 渠道向当地消费者主推海尔高端滚筒洗衣机；在日本，Bic Camera 渠道主推四个套餐，其中有三个是海尔产品套餐；在印度，海尔成为印度当地三大冰箱供货商之一；在泰国，海尔空调在泰国工厂投产，实现了本土化；在巴基斯坦，海尔全球设计团队研发的“宽体冰箱”在当地上市；在澳洲，海尔在澳大利亚举行大规模品牌宣传活动……

海尔的目标是成为全球化品牌。目前，在全球一百多个国家，消费者都能买到海尔的创新产品；在世界很多地方都能看到海尔品牌标志。12 月 1 日，世界著名的消费市场研究机构欧洲商情市场调研公司（Euromonitor）发布最新数据，中国海尔在世界白色家电品牌中排名第一，全球市场占有率 5.1%。这是中国白色家电首次成为全球第一品牌。

（资料来源：http：//news. sohu. com/20091207/n268753753. shtml）

【分析提示】全球经济一体化的形势逼迫，现在不可能在全世界找到一块不是国际市场的市场。在激烈的国际市场竞争面前，全球化不仅仅是一种趋势，更是一种必然。企业要应对残酷的国际市场竞争，就必须树立全球化营销战略思想。

三、国际营销操作要点

国际营销和国内市场营销的差异主要集中在营销环境的区别上，所以在我们进行国际营销的过程中，需要注意以下几个方面。

（一）加强市场调研，把握环境差异

在国际营销的过程中，每一个国家都有着与本国不同的营销环境，如各国文化的差异决定着消费者购买行为、消费方式、需求指向的区别；国际政治法律环境决定着在国际营销的准入门槛和竞争风险；国际技术环境影响着国际营销开展的方式和手段；国际经济环境决定着国际营销的自由程度和发展水平。在进行国际营销之前，要充分发挥市场调研的作用，对新的国际市场环境进行全面的了解和认识，这样可以降低营销风险出现的概率。

（二）结合国际市场特点，制定相应营销策略

在国际营销中，应注意对国际市场进行细分，结合国际市场环境特点制定相应的营销策略，如根据市场差异选择产品标准化或者开展本土化产品策略；根据消费者文化习俗差异拟定合适的产品品牌等。只有制定符合国际市场的营销策略，才能保证国际营销的顺利进行。

（三）选择合适的国际市场进入模式

1. 出口进入模式

出口可分为间接出口和直接出口两种方式。出口模式的优点在于：一是出口模式能够通过集中化的生产产生规模经济效益，大大降低生产运营成本，同时保持对产品质量的严格

控制;二是由于出口面临的政治风险最小,它常被企业作为进入国际市场的初始方式。

2. 契约进入模式

契约进入模式是国际化企业与目标国家的法人单位之间长期的非股权联系,主要包括:许可证进入模式、特性经营进入模式、合同制造进入模式、管理合同进入模式、工程承包进入模式等。

3. 投资进入模式

投资进入模式可分为两种形式:合资进入和独资进入。随着经济全球化及各国经济对外开放,企业对外直接投资也成为进入外国市场的主要模式。

4. 互联网进入模式

随着互联网在全球范围的应用,互联网日益成为全球商品交易的载体,互联网成为企业备选的市场进入战略。

不同的进入模式有着各自的优缺点,在企业决定进入国际市场前,要选择合适企业的进入模式。合适的进入模式,能够在进行国际营销的前期取得良好的开端,也能帮助企业更快地在国际市场站稳脚跟。

(四) 切合企业实际,设定国际营销阶段

不同的企业进行国际营销的阶段和步骤有区别,如海尔就是经过名牌战略、多元化战略、国际化战略之后,才开展全球化发展战略阶段。所以在企业决定开始国际营销前,应当制定好营销阶段及各阶段的工作重点。

情境实战演练

在长沙沁和品茶

茶是中国人日常生活中不可缺少的一部分。相对而言,湖南人的饮茶习惯可能没有广州人、北京人的那般根深蒂固,但随着社会的发展,很多特色茶馆林立于都市的大小角落,这给了南方浮躁城市一点静谧悠闲的空间。夏日,我与刘老师走进了这家位于湖南大剧院11楼的沁和茶馆。

茶馆里,民间、明清木雕、字画藏品,现代装饰材料同茶文化内容很好地融会一体,九曲回廊,仿若走进一个古朴安静的大宅。每个用眼睛能扫到之处都有一些难得一见的民间收藏和古董,包括整间茶馆的装修和布置,无时无刻不体现着这家茶楼馆主人的个人喜好和对细节的重视。

品茶即是品文化,此言一点也不假。“沁润千载,和成万事”,在这些复古传统的文化色彩中,我们能感受到一种久远的生活气息,可以如此之近距离的触摸、聆听,为都市有着这一所休憩之处感到欣慰和惬意。看着古物,茗着清茶,是享受,是逃避,是禅悟,是放松……你都可以找到你要的感觉。

沁和的茶水单是特意做成仿旧的。磨损的封面,跦线的边角。里边的茶名和价格都呈现的古文诗词般,丝毫没那么赤裸直白。可爱的小陶罐是客人一入座就给斟上的迎客茶,先让你爽爽口、爽爽心,要特别品什么茶还是依你自己的喜好去选择的。在茶馆就餐只能说是附带的提供,所以就餐时间都有限定,不在时间内你是吃不到饭的。快餐内容也很简单,主菜就是一条小煎鱼,外加一小碗蒸蛋,一小碟酸豆角,泡藕片,小白菜,还有一小罐排骨汤。

价格人均 58 元。

品茶我俩不是内行，于是茶馆主人便推荐了九曲红梅，这是红茶的珍品，香气清如红梅而得名。晚间饭后女人饮，可养颜美容。在喝茶的过程中，服务员会间隔送来各式各样很可爱的一些小点心，例如冰糖银耳、绿莲子、小窝窝头还有绿豆沙等，都用小碟盛装，让人忍不住会小吃一口。在沁和让我们找到的是时空穿梭的隧道，你可以是品茶，伴着茶气去体味我们湖湘文化和各色历史文化的融合，让你徜徉其中，嗅的满鼻香。

招牌“沁和会馆”四字挥墨苍穹有力地挂在道口，让人精神一振。门口的那口雕刻古井，里面养了几只发财龟，很有精神。大门两侧有两尊奇人骑兽雕像，玻璃门的把手是木质的如意造型，也有人说这挺吻合奥运会的图案——祥云。玻璃门上类似于“卐”字的图形，是此茶馆的主体图形，从窗栏格局到玻璃图案都是此意境。

汉白玉雕的欢迎童子，看穿着不像汉族，但是那仰脸大笑的神态却煞是可爱，令每个走过的人都情不自禁去摸摸那可爱的圆头。馆主介绍，在这些收藏品周边我们都会立一个说明牌，但有些古品在收藏的过程中，很多已无从考据，到茶馆里来的专家、学者、同行对同一样物件都有不同的争议，所以，这些个收藏品就明朗着、神秘着给大家观赏，至于由来、名称、国度，都自己去感受最为真切了。

走进茶馆，你见到的还不是散落的座位，迎面即是一座原木拱桥，横跨小方流水道。过拱桥，踏墩台，入天庭，看好古木茶墩，入座竹藤摇椅，廊棚古色，环顾皆秀色。大厅茶道展示台的正对面即是一张古老的高堂椅，历史片、古装片中拜高堂的场景道具原来就是这番原样。特别要提到的是在高堂椅上挂着的来自邵阳市隆回县滩头古镇的滩头年画，湖南省唯一的手工木版水印年画，纯正的乡土材料和独到的工艺，使作品具有浮雕一般的艺术效果，有着很浓郁的楚南地方特色，自成一派。这一中国民间美术珍品在我们这群年轻人还不知道了解的时候又面临着失传的危机，在这个哈韩、哈日流行物品成风的年代，谁又能记得我们本土还有这等独特的手工技艺？

茶馆的包厢则是以潇湘八景命名：潇湘夜雨、平沙落雁、烟寺晚钟、山市晴岚、江天暮雪、远浦归帆、洞庭秋月(洞庭湖)、渔村夕照(桃花源)。每一个包厢都以湖湘独特的传统文化艺术作品进行装修。如长沙“沙坪湘绣”“江永女书”，为了使饮茶者更充分地体会湖湘文化精髓，这里的茶艺还选用了中华一绝的“湘瓷”醴陵茶瓷，将湘茶极品“野针王”，用白沙泉水冲泡，全方位展示“怡、清、和、真”的茶道精神……

思考与讨论

1. 沁和会馆在营销过程中，是如何开展文化营销的？
2. 列举本地餐饮业中通过实施文化营销，创立品牌，走出地区，走向全国的成功案例。

(资料来源：http：//China.rednet.cn/c/2008/09/15/1572309.2.htm)

情境实战演练

麦当劳 VS 肯德基，本土化还是全球化

同样属于中国快餐连锁行业的开拓者和领头者，麦当劳和肯德基为中国快餐行业带来了标准规范体系，并带动了供应商体系的建设。同时，两家企业也将平民化的西式快餐介绍到了古老的东方。

不过，这看起来形相貌似的两个竞争者实际上早已选择了各自不同的路线。肯德基选择的是本土化，而麦当劳坚持的则是全球化。

数年前麦当劳和肯德基几乎同时发现了国内早餐市场的潜力，两家先后发力，然而具体到操作层面却有太多的不同。“皮蛋瘦肉粥、香菇鸡肉粥、牛肉蛋花粥和安心油条”令肯德基的早餐在争议中赚足眼球。而“吉士蛋堡、猪柳蛋堡、香浓咖啡或特级浓滑奶茶、脆薯饼……”这些是麦当劳的菜单，伴随着不绝于耳的广告轰炸，麦当劳的早餐也逐渐成为新的利润点。面对对手打破常规的举措，麦当劳轻描淡写地表示：“本土化不是做油条那么简单，麦当劳有自己的策略和发展方向。”

对于麦当劳的执着，肯德基则意味深长地表示，“中国人对于菜式变化的追求不是西方人可以想象的”。于是，从进入中国开始，肯德基就在努力迎合本土的餐饮文化，包括皮蛋瘦肉粥、桂花拌藕这类中国家常菜都曾出现在肯德基的菜单中。

无疑，20 年后的肯德基已非当年。尽管新鲜、阳光、家庭和美的全球品牌定位依旧不变，然而肯德基在诠释这些核心价值的表现形式已经非常本土。正如肯德基自己对外讲过的一句话：“中国肯德基，中国人的肯德基”。本土团队带领下的肯德基已带有明显的中国印记。今天的肯德基和麦当劳都希望自己在消费者心中不再仅仅是炸鸡腿和汉堡，而是年轻人社交生活方式的一部分，为此双方都使上了浑身解数。

若说 20 世纪 90 年代早期，肯德基凭借先入为主胜出一筹，而进入新千年后，市场环境今非昔比，两大高手过招依旧在进行。只是在经历了最初的较量后，两大高手开始有了不同的选择，一个向左，一个向右。

思考与讨论

1. 你觉得麦当劳和肯德基在中国的营销策略谁更优秀？为什么？
2. 在国际营销的环境下，企业到底是应该坚守全球化还是应该走本土化发展的道路？

项目十三 服务营销与会议营销

项目目标

知识目标：

◎ 了解服务营销的效用。

◎ 熟悉服务营销的开展步骤。

◎ 掌握会议营销的适用范围和基本流程。

能力目标：

◎ 能为企业设计服务营销的相应措施。

◎ 能为企业开展会议营销。

项目引例

大连珍奥公司成立于1996年，是国家火炬计划重点高新技术企业，是中国驰名商标。成立14年来，珍奥因优质的产品和独特的营销方式呈现出强劲发展势头，已成长为中国健康产业的佼佼者。公司核心产品珍奥核酸，得到国内外消费者的喜爱，产品销售占国内同类产品市场份额80%以上。同时，珍奥产品出口亚洲、欧美12个国家。

说到珍奥成功的秘诀，珍奥集团董事长陈玉松提到了珍奥的“三维服务营销模式”即知识营销、服务营销、联谊（会议）营销。

健康亲情服务是珍奥对消费者进行的情感服务营销的方式。珍奥通过一对一服务，即每一位珍奥产品消费者由一位珍奥营销员长期为其进行亲情服务；人性化服务，即亲情服务必须做到“真诚、周到、朴实、自然、亲切”。视消费者为父母，贴心服务，亲如家人的方式取得了消费者的肯定和认可。同时展开以消费者身体健康为中心开展的会议活动，主要包括健康讲座、健康咨询和健康理疗。珍奥健康服务的目的是使消费者树立科学的健康观念、掌握科学的健康知识和健康方法。

（资料来源：选自陈玉松撰写的《珍奥的三维服务营销策略》，《销售与管理》2005年第七期）

引例分析

珍奥核酸，作为一种保健产品，在市场需求变化大、产品生命周期短的医药保健品市场得到了巨大的成就，很大程度上归功于服务营销、会议营销等新营销思路的采用。

项目分析

服务营销和会议营销，属于新的营销理念的发展，在现代企业的经营和发展过程中，也是必需的阶段。理解服务营销的运作方式（任务1），把握会议营销的操作要点（任务2）是学习本项目的任务。

项目实施

任务 1　服务营销运作方式

案例链接

日本东京一家贸易公司的一位小姐专管为客商购买车票的事务，其中包括为德国一家大公司商务经理购买来往于东京与大阪的火车票。不久，这位德国经理发现：每次去大阪，座位总在右窗口，从大阪返回东京，座位又总在左窗口。经理问小姐，小姐笑答道："车去大阪时，富士山在你右边；返回东京时，山又回到了你的左边。我想，外国人都喜欢日本富士山的壮丽景色，所以我替你买了不同位置的车票。"德国经理听完大受感动，"在这样一些微不足道的小事上，这家公司的职员能够想得这么周到，那么，跟他们做生意还有什么不放心的呢？"他决定将与这家日本公司的贸易额由 400 万马克提高到 1200 万马克。

（资料来源：http：//wenku. baidu. com/link？ url＝uGWrNlrq）

【分析提示】细致入微的服务、独特的顾客体验能使你的企业脱颖而出，也能产生顾客满意度、提高顾客忠诚。服务营销是顾客需求的体现，也为企业发展指明了方向。

一、服务营销的产生

1960 年，AMA（美国市场营销协会）最先给服务下了一个定义："用于出售或者是同产品连在一起进行出售的活动、利益或满足感。"随后更改为："可被区分界定，主要为不可感知，却可使欲望得到满足的活动，而这种活动并不需要与其他产品或服务的出售联系在一起。生产服务可能会或不会利用实物，而且即使需要借助某些实物协助生产服务，这些实物的所有权将不涉及转移问题。"

从这个定义里，我们可以看出服务的基本要点即：(1) 服务是一种无形活动，有时候也和实物联系在一起；(2) 服务不涉及产品所有权的转移。

20 世纪 70 年代，当时全球经济在二次世界大战结束后的几十年中得到了飞速发展，人民生活水平不断提高，服务业由此也得到迅速发展。据统计，在西方发达国家，服务业的从业人员已经达到总就业人员的 2/3 以上，营销理论界对服务营销的特性开始予以越来越多的关注。1981 年，布姆斯和比特纳建议在传统市场营销理论 4Ps 的基础上增加三个服务性因素，即：人(People)、过程(Process)、有形展示(Physical Evidence)。7Ps 的核心在于以下几点。

(1) 揭示了员工的参与对整个营销活动的重要意义。企业员工是企业组织的主体，每个员工做的每件事都将是客户对企业服务感受的一部分，都将对企业的形象产生一定的影响。应让每个员工都积极主动地参与到企业的经营管理决策中来，真正发挥员工的主人翁地位。

(2) 企业应关注在为用户提供服务时的全过程，通过互动沟通了解客户在此过程中的感受，使客户成为服务营销过程的参与者，从而及时改进自己的服务来满足客户的期望。企业营销也应重视内部各部门之间分工与合作过程的管理，因为营销是一个由各部门协作、全体员工共同参与的活动，而部门之间的有效分工与合作是营销活动实现的根本保证。服务营销也是基于这种 7Ps 的理念开展营销管理活动的。

二、服务营销的内涵

服务营销是企业在充分认识满足消费者需求的前提下，为充分满足消费者需要在营销过程中所采取的一系列活动。服务作为一种营销组合要素，真正引起人们重视是在21世纪80年代后期，这时期，由于科学技术的进步和社会生产力的显著提高，产业升级和生产的专业化发展日益加速，一方面使产品的服务含量，即产品的服务密集度日益增大；另一方面，随着劳动生产率的提高，市场转向买方市场，消费者随着收入水平提高，他们的消费需求也逐渐发生变化，需求层次也相应提高，并向多样化方向拓展。

同传统的营销方式相比较，服务营销是一种营销理念，企业营销的是服务，而传统的营销方式只是一种销售手段，企业营销的是具体的产品。在传统的营销方式下，消费者购买了产品意味着一桩买卖的完成，虽然它也有产品的售后服务，但那只是一种解决产品售后维修的职能。而从服务营销观念理解，消费者购买了产品仅仅意味着销售工作的开始而不是结束。企业关心的不仅是产品的成功售出，更注重的是消费者在享受企业通过产品所提供的服务的全过程的感受。随着消费能力的增强，消费者需要的不仅仅是一个产品，更需要的是这种产品带来的特定或个性化的服务，从而有一种被尊重和自我价值实现的感觉，而这种感觉所带来的就是顾客的忠诚度。服务营销不仅仅是某个行业发展的一种新趋势，更是社会进步的一种必然产物 。

三、服务营销的发展阶段

发达国家成熟的服务企业的营销活动一般经历了七个阶段。

1. 销售阶段

竞争出现，销售能力逐步提高；重视销售计划而非利润；对员工进行销售技巧的培训；希望招来更多的新顾客，而未考虑到让顾客满意。

2. 广告与传播阶段

着重增加广告投入；指定多个广告代理公司；推出宣传手册和销售点的各类资料；顾客随之提高了期望值，企业经常难以满足其期望；产出不易测量；竞争性模仿盛行。

3. 产品开发阶段

意识到新的顾客需要；引进许多新产品和服务，产品和服务得以扩散；强调新产品开发过程；市场细分，强大品牌的确立。

4. 差异化阶段

通过战略分析进行企业定位；寻找差异化，制定清晰的战略；更深层的市场细分；市场研究、营销策划、营销培训；强化品牌运作。

5. 顾客服务阶段

顾客服务培训；微笑运动；改善服务的外部促进行为；利润率受一定程度影响甚至无法持续；得不到过程和系统的支持。

6. 服务质量阶段

服务质量差距的确认；顾客来信分析、顾客行为研究；服务蓝图的设计；疏于保留老顾客。

7. 整合和关系营销阶段

经常地研究顾客和竞争对手；注重所有关键市场；严格分析和整合营销计划；数据基础的营销；平衡营销活动；改善程序和系统；改善措施保留老顾客。

四、服务营销策略

为了将服务同有形商品区分开来，20 世纪 70 年代末至 80 年代初，市场营销学界的许多学者从产品特征的角度来探讨服务的本质。对于大多数服务而言，都具有无形性、相连性、易变性和时间性四大基本特点。无形性即为购买者无法通过视、听、嗅、尝、触等方式直接感知到服务；相连性即为服务的过程中消费者和生产者必须直接发生联系，生产服务的过程和消费的过程是不可分离的；易变性指的是服务的构成成分及其质量水平经常变化，难以统一界定；时间性即指服务无法像有形消费品那样存储和携带。基于服务有别于有形商品的上述特点，决定了服务市场营销策略同产品市场营销有着本质的不同。

1. 产品策略

由于服务是以行为方式存在的，服务的无形性使得消费者在接受服务前难以直观地感觉到某种服务，然后再做出购买决策。这就使消费者对有关服务的有形线索格外注意，而且根据这些有形物如服务工具、设备、服务人员、信息资料、其他顾客、价目表等来理解服务。所以服务产品策略的重点是尽可能地为顾客提供多一些有关服务的有形线索，刺激顾客购买本企业服务的欲望。

另外，由于服务的无形性，人们除了根据一些有形线索来鉴别一项服务水平的高低外，往往也根据服务的商标来判断一项服务的质量和可靠性。如著名的希尔顿大饭店、麦当劳快餐、中国的长城饭店等都属于名牌商标，人们一听到或看到这些商标，就马上会联想起优质可靠的服务。所以服务产品策略的另一重点就是做好服务商标的注册、保护、宣传等工作，争创名牌商标。

除此之外还要考虑如何利用产品的无形附加层，如信贷、保证、售后服务等各种方式以快捷、便利、安全、辅助为基点为营销服务，赋予更多的相对价值。

2. 渠道策略

有形产品的营销方式有经销、代理和直销多种营销方式。有形产品在市场上可以多次转手，经批发、零售多个环节才使产品到达消费者手中。服务营销则由于生产与消费的统一性，决定其只能采取直销方式，中间商的介入是不可能的，储存待售也不可能。服务营销方式的单一性、直接性，在一定程度上限制了服务市场规模的扩大，也限制了服务业在许多市场上出售自己的服务产品，这给服务产品的推销带来了困难。服务供求的分散性，要求服务网点要广泛而分散，尽可能地接近消费者。

由于服务的不可储存性特点，服务营销渠道选择不太涉及有关的仓储、运输、存货等问题，但提供服务的时间和地点却是渠道决策的关键内容。由于服务在空间上具有一定的不可转移性，因此在开发销售渠道时，商家需考虑如何最大化利用渠道和中间商的特长展开服务的有形化传播，并节省中间环节，将价格优惠给顾客，从而大批量吸引异地顾客的光临，将服务的空间转移限制性降到最低。

3. 价格策略

在服务市场上，企业同顾客之间的关系通常比较复杂，企业为服务开出的价格不单单是一个价格标签，而且还是向顾客发出的、顾客可能得到的某种服务质量的信号。灵活运用定价策略，保证企业的价格策略取得成功。常用定价方式包括：利用顾客心理寻找商机，尾数定价、整数定价、声望定价、习惯定价、招徕定价等方式来吸引消费者；利用折扣和让价刺激消费，以购买服务的多少给予折扣，以是否一次性支付购买款项给予折扣，以淡旺季节采用浮动价格，以分销商所起的中间角色作用给予不同的待遇等采取价格管制，平衡好生产厂家、批发商、零售商、购买者与消费者的利益；服务产品具有空间和时间的限制性，因此商家需考虑如何以质量和价格为基础，以建立行业和中间商异地联盟的方式尽可能吸引异地客源来增大自身的销售量或建立网络营销渠道，以联盟价格或网络竞拍价吸引顾客；针对服务业企业来讲，其成本支出具有相应时限性和不可挽回性，服务性企业需考虑如何利用价格、渠道、质量相结合的优势及时出售产品实现最佳收益，避免不必要的成本浪费。

4. 促销策略

由于服务具有无形性和不可保存性，在我们强调以利用多种方式和手段来支持营销的各种活动，以辅助和促进消费者对商品或服务的购买和使用时，应注重与顾客之间的互动沟通，通过鲜明生动的有形展示集中普通媒体和大众的目光，同时将不可能转化或储存的滞留服务产品，以附加或变向出售的“打包方式”从整体上吸引顾客。为了更好地达到企业既定的目标，企业可以通过合理选择和搭配广告、人员推销、销售促进和公关关系等方式。如：为了提高知名度企业可以运用动态广告与公关的有机搭配；为了让公众更好地了解新产品性能和服务内涵可以通过字面广告和人员推销达到最佳效果；为了短期增加销量，企业可以运用人员推销结合广告达到好的效果。

5. 人员策略

“以人为本，员工第一”的原则是服务业公认的原则。员工是企业资本的一部分，善加组合可以提高生产力，减少企业资本浪费，配合企业能动性完成营销目标，在顾客心目中，人员实际上是服务产品的一个组成部分。服务人员担负着服务表现和服务销售的双重任务。一个高素质的员工能够弥补由于物质条件的不足可能使消费者产生的缺憾感，而素质较差的员工则不仅不能充分发挥企业拥有的物质设施上的优势，还可能成为顾客拒绝再消费企业服务的主要缘由。因此，服务营销要注意人员的选拔、培训、激励和管理。在很多服务营销环境下，顾客之间的相互影响会影响服务营销的效果，所以要重视顾客之间的相互感受。

6. 有形展示

服务的有形展示，是指服务过程中能被顾客直接感知和提示服务信息的有形物。美国服务营销专家指出，顾客看不见服务，但能看见服务环境、服务工具、服务设施、服务人员、服务信息资料、服务价目表、服务中的其他顾客等有形物，这些有形物就是顾客了解无形服务的有形线索。服务营销不仅将环境视为支持及反映服务产品质量的有力实证，而且将有形展示的内容由环境扩展至包含所有用以帮助生产服务和包装服务的一切实体产品和设施。这些有形展示，若善于管理和利用，则可帮助顾客感觉服务产品的特点以及提高享用服务时所获得的利益，有助于建立服务产品和服务企业的形象，支持有关营销策略的推行；反之，不善于管理和运用，则它们可能会把错误信息传达给顾客，影响顾客对产品的期望和判断，进而破坏服务产品及企业的形象。

7. 过程策略

服务产生和交付给顾客的过程是服务营销组合中一个主要因素，因为顾客通常把服务交付系统感知成服务本身的一个部分。在现实服务产品的提供过程中，服务的满意度并非是依靠单独的环节就能满足的,如:我们去看电影,影片质量的好坏,固然是我们关心的,但如果售票人员、检票人员服务态度不佳,必然会影响你欣赏电影的心情,以及对影院的日后评价,这是一个有机的联合整体。又如:去酒店消费,如果餐饮料理不好,酒店还可以通过服务人员的微笑服务和其他的优势服务项目来弥补消费者的不满,让他们在后续的时间感受酒店的整体服务,从而形成整体性的良好评价。因此,过程管理对服务营销的成功是十分重要的。

案例链接

美国沃尔玛零售公司,是世界上最大的零售公司,有许多其他商家所不具备的优势,其中之一是所谓"超值服务"理念,包括"日落原则"、"比满意还满意原则"、"10 步原则"等。"日落原则"是指当天的工作必须在当天日落之前完成。对于顾客的服务要求,要在当天予以满足,决不拖延。这个原则与尊重个人、注重顾客服务和精益求精的信念一脉相承,已成为沃尔玛企业文化的重要内容。"比满意还满意的原则",公司创始人沃尔顿对此的解释是"让我们成为顾客最好的朋友,微笑着迎接光顾本店的所有顾客,尽可能提供能给予的帮助,不断改进服务,这种服务甚至超过了顾客原来的期望,或者是比其他任何商店更多更好的服务"。比如:曾有一名沃尔玛的员工,把一名儿童从马路中央推开,避免了一起交通事故;另一名员工主动延长工作时间,帮一位母亲精心挑选儿子的生日礼物,却耽误了自己孩子的生日晚会,等等。这些根植于沃尔玛员工心目中的优质服务,给公司带来了无数的"回头客"。"10 步原则",是指只要顾客出现在沃尔玛员工 10 步距离的范围内,员工就必须主动上前打招呼,并询问是否需要什么帮助。沃尔玛的这些经营理念在实践中被认为是成功的范例。薄利多销并没有使沃尔玛无钱可赚;相反,由于服务到位,使得沃尔玛顾客盈门。1998 年,沃尔玛的营业收入超过 1000 亿美元,高踞世界零售业榜首,并跻身"《财富》500 强",名列第 4 位。

(资料来源:http://www.docin.com/P-34507643.html)

【分析提示】沃尔玛的"超值服务"理念,即"日落原则""比满意还满意原则"和"10 步原则",都是针对服务营销的特点进行的营销方式的组合策略。优秀的员工、良好的服务过程为沃尔玛带来了长久的顾客满意度和顾客忠诚,也使得沃尔玛产生了稳定的收益。

五、服务营销操作要点

在进行服务营销过程中,需要注意以下要点。

1. 服务质量

就服务内容而言,包括服务项目、服务标准、服务方式、服务承诺等诸多方面,共同构成了服务质量的评价标准。不过有一点,这些评价标准必须以客户为中心,而不是以企业为中心。服务质量构成了服务品牌的核心,正如产品质量对于产品品牌的意义一样,因此必须通过把服务具体化、标准化、规范化,以获得稳定的服务质量。

2. 服务模式

服务模式包括经营模式(如外包、特许、自主等服务扩张模式)、管理模式等方面,服务模式与服务反应速度、服务规模共同构成服务的三大核心竞争点。通过服务模式可以稳定服务运营质量(包括服务质量、抗风险能力、持续经营能力等)方面的稳定性,使企业不会因组织机构变革、服务人员岗位调整、流失等因素而影响到服务运营，尤其是服务质量，而品牌就是标志一种优质的、稳定的服务质量。同时，也有利于保证服务战略的实现。

3. 服务技术

服务的技术含量是决定服务质量的关键要素之一，同时通过不断创新服务技术可使企业获得持续竞争优势。"IBM 就是服务"，为什么 IBM 服务为全世界所称道？就是因为其拥有独特的服务技术，IBM 全球服务部不仅可为客户提供基于软硬件维护和零配件更换的售后服务，更重要的还能提供诸如独立咨询顾问、业务流程与技术流程整合服务、专业系统服务、网络综合布线系统集成、人力培训、运维服务等信息技术和管理咨询服务，从而满足客户日益复杂和个性化的需求，然而这是很多企业都不具备的技术能力。

4. 服务价格

服务亦有成本，如果为无限制地提升服务质量而不计服务成本，这对于企业经营无益。同时，也会导致为客户提供服务的价格攀升，亦难令客户满意，结果与预期背道而驰。因此，企业必须在立足于服务定位的基础上，保证服务价格的公平、合理，为客户所接受，才有利服务品牌营造。诸如一些企业推出的"7×24×4"服务，承诺每周 7 天，每天 24 小时，并且在 4 小时内到达，为用户提供上门服务，完全数字化，很具体、很生动，可执行起来却发现成本很高，并且难度也很大。

5. 服务文化

服务文化是服务品牌内涵的"构件"之一，服务文化立足于对企业传统文化（企业品牌文化、产品品牌文化）的继承，以及对市场消费文化的融合，服务文化必须是建立在客户导向的品牌文化，并且这种文化必须随着企业发展、社会环境、市场环境等因素变化，不断扬弃与创新。

六、服务信誉

诚信是品牌不容缺失的关键因素之一，然而我国很多企业服务都缺乏诚信。一些企业在服务上做了承诺，却不去落实，"说了不算，算了不说"，其实这是一个短期行为。企业应该认识到这样一点，客户的不满始于产品而可能止于服务，如果在服务上再缺乏诚信，那么这家企业可能无药可救了，更不要提打造服务品牌。

任务 2　会议营销操作要点

案例链接

众所周知，家电制造商在每年岁末或者新年伊始时期都会召开全国性的经销商年会，一般的年会均以年度经营总结、新品上市推荐、经销商旅游参观等为主要会议内容，经销商在年会期间除了吃吃喝喝外，基本上没有实质性的收获。正因为如此，这种会议的组织就会流于形式，成为例行惯例的一个流程。举行，没有意义，不举行，会引起同行以及经销商的怀疑，企业是不是出问题了？这种会议的最后结果是投入很大、效果很差，成为地道的"鸡肋"型会议，"食之无味，弃之可惜"。

而美菱在绵阳召开的以"涪城会,安天下"为会议主题的2007年度会议中,把"打造金三角,布局新农村——家电下乡渠道论坛"作为会议的核心内容,以论坛的形式来传递美菱的经营目标、营销策略,通过与经销商面对面的对话来总结经验、分析市场、制定策略,以达统一思想的目的。因为论坛是与经销商面对面进行的沟通,成功的市场运作方法是通过部分优秀经销商现身说法来传递的,所以与会客户的参与意识很强,500人的会场座无虚席,论坛期间,整个会场除了台上论坛嘉宾之间的风趣、形象的对话外,剩下的就是台下所有与会客户持久而热烈的掌声。这次会议打破了家电行业以往那种墨守成规的年会模式,开创了家电行业年会新模式的先河。无论是从会议形式、会议效果还是会议的影响力都超越了家电行业内任何一次年会,引起与会经销商的共鸣。正因为如此,也引起国内众多媒体的高度关注和广泛报道。

(资料来源:http://www.doc88.com/P-3297246329398.html)

【分析提示】会议营销是一种新型的营销方式,美菱公司的会议营销是直接针对代理、经销商人群进行的营销模式,减少了广告宣传的盲目性和不确定性,节约广告宣传资源,资源利用效率高。同时,一对一的营销,能够了解代理、经销商的需求,并能够及时解决代理、经销商提出的问题,满足代理、经销商个性化的需求,还能为代理、经销商提供产品功能以外的增值服务,所以取得了很好的效果。

一、会议营销的特点和优势

(一)什么是会议营销

会议营销是最近几年才大规模流行的一种销售方式,最大的特色就是用会议、讲座、集中联谊的形式对消费者进行宣传并时宜而达成销售产品的目的。会议营销,就是企业通过各种途径收集消费者的资料,经过分析、整理后建立数据库,然后从中筛选出所要针对的目标消费者,运用组织会议的形式、并结合各种不同的促销手段,进行有针对性销售的一种营销模式。

在医疗保健品行业里。据统计,现在全国光保健品行业有超过50家大中型厂商在运用这一营销模式进行产品成本推广和销售。由于各厂商的资金实力、策划思路、市场战略、产品特性以及市场特点的不同,又在此基础上演变出了联谊会、旅游营销、餐饮营销、体验营销、绿色营销、茶话会营销等,实际上,这些方式各有侧重、各有特点,都可大致划为会议营销。

(二)会议营销的实质

会议营销的实质是对目标顾客的锁定和开发,对顾客全方位输出企业形象和产品知识,以专家顾问的身份对意向顾客进行持续不断的关怀和隐藏式销售(即由4P到4C),最终实现销售目的。

(三)会议营销的特点

会议营销和软性广告一样在国内首先被竞争非常激烈的保健品行业成功运用,而后被复制到房地产、汽车等各个行业,产生了良好的经济效益。一般说来,会议营销具有以下特点:

(1)针对性强。针对潜在顾客,可以对产品进行全方位介绍,更有效地开发顾客需求力。能够使广告行为由被动接受变为主动倾听，在市场严重同质化的今天，较容易树立企业的形象和建立产品的独特卖点。

（2）亲情式服务。“一对一”的方式，可以全面了解顾客需求和心理，使销售针对性强，也使销售由单纯的销售产品升华到亲情服务，建立起企业和顾客的情感纽带，成为超越“推销”的市场艺术，接近“销售就是沟通”的真谛。

（3）低成本销售。避免媒体的浪费，合理使用有限资金。当大众媒体费用越来越使企业难以承受的今天，会议营销的投入产出比率是十分可观的。如果企业的产品与会议营销的操作科学合理，这种营销模式将大大降低企业的风险，带来丰厚的利润。

（4）操作简单。作为一种可复制模式，较容易操作和运用。会议营销属于体验式营销，主要方法就是对顾客资料档案的收集、邀请顾客参与产品说明会及详细的流程安排。需要的人员不多，主要在于是否对行业和产品熟悉，加上参与活动可以获得奖品、学习知识等附加资料，比较容易操作。

（5）隐蔽性更强。在传统营销模式中，运用电视、报纸、电台等大众传媒来进行广告促销是经常的事情，这样做的风险是：企业无形中将自己暴露在竞争对手的面前，使竞争对手对自己的市场宣传了如指掌。如此也就非常容易引发竞争对手对自己发动宣传攻击，从而削弱广告的效果，使企业蒙受损失。会议营销只在企业和目标消费者之间进行，从而避免了与竞争对手之间的正面交锋，同时也降低了竞争对手跟进的风险。运用会议营销，不需要借助电视、报纸、电台等大众传媒，这样相比之下就要比传统营销模式隐蔽得多，竞争对手也难于发现，容易达到企业自己预期的目标。同时由于是企业和目标消费者之间面对面的有效沟通，拉近了双方之间的距离，增强了目标消费者对产品的忠诚度。

（四）会议营销的优势

（1）高利润。

（2）低风险。

（3）现金流稳定。

（4）目标顾客明确。

二、会议营销的六大要素与会议营销流程

（一）会议营销的六大要素

会议营销的细节很多，一次大、中型的会议营销的活动，需要仔细策划和严格控制的细节超过一百个，但无论怎么变，有几个基本要素是不能没有的。

要素一：目标人群。目标是营销活动的首要问题，没有了目标人群，其他策划活动再精彩也是归于零，无任何意义。至于目标人的数量多少、质量好坏则直接影响着会议营销活动的效果。因此，如何寻找目标人群，如何邀请到数量更高的目标人群就成为会议营销活动成败的根本条件。

要素二：会场。会场大小是否舒适、距离是否适当、交通是否方便、知名度是否较高、条件和配套设施是否合理、费用是否合理等，都直接影响会议的顺利进行和效果。

要素三：会议流程。精心设计会议流程，环环相扣，引人入胜。会议营销的目的不是会议而是营销，其流程不应该是各个项目的简单排列，而必须经过主办方的精心设计，让参与者在不知不觉中接受企业所要传递的信息和价值。设计会议流程主要注意以下三个

方面：

（1）良好的开端是成功的一半，会议营销第一个节目一定要具有吸引力，引起现场参与者的共鸣。

（2）逻辑清晰：会议内容的安排先后次序明晰，内部具有一定的逻辑性，环环相扣，做到让参与者能够持续关注。

（3）要有互动：主办方与参与者要进行互动，让参与者成为主角。

要素四：主持人。选择合适的会议主持人，让会议更专业。不同类型的会议适合不同类型的主持人，如保健品会议营销需要的是专家型的主持人，教育类的会议则需要学者型的主持人等，要做到主持人身份与会议类型相符合。主持人在会议中起着十分关键的掌控作用，其人选必须具备基本的主持技能，如具有调动现场气氛的语言技巧，及时洞悉台下观众想法的观察力，随机应变的机动能力等。

要素五：会议筹备。会议的筹备要做到万无一失。一次会议营销能否成功，筹备工作的作用占到一半，筹备的完善和及时是会议成功的重要保证。营销会议的筹备工作主要包括会前的宣传、邀约、人员配置、现场布置、流程设计和员工的动员工作等方面。举办会议营销最好是能有一套标准的操作规范和文本，其内容包括会议执行前、中、后期的各项详细工作要点，并且以时间为节点，提出工作标准和相关工作的负责人员。执行人员只需根据规范文本要求的时间和标准执行即可，对于异常情况要及时上报或采取措施进行解决，决不能拖拉而影响整体工作进度。

要素六：工作人员。这里包括专家（医学专家或产品成本知识专家，甚至是演讲家）和其他工作人员，销售人员，现场售货员，服务人员等，很多时候都是完全由公司的销售人员担任；一切前期、后期工作，包括会议中的促销问题都由他们完成，一支高素质、严纪律、训练有素的员工队伍是战无不胜、攻无不克的。

（二）会议营销的流程

会议营销有很多的衍生形式，一般通常的会议活动流程大致相同。

1. 会前准备

会前包括邀约顾客，策划和筹备会议主题，会程安排，重要节目，场地时间，奖品礼品，促销赠品，物料资料，专家讲座，顾客发言。并分工到人，责任到岗，制定奖惩制度，模拟彩排。具体的步骤如下文所述。

(1)确定邀约的顾客。

① 收集资源：就是收集目标客户信息。这里需要注意的是让业务人员知道到什么地方去找目标客户的信息，学会对收集到的资源进行筛选，选择出那些符合目标条件的资源，再准备从事下一步工作；

② 预热资源：就是通过电话拜访、上门家访，以及其他方式对目标顾客进行产品知识和作用机理的讲解，让其对企业以及产品文化有逐渐深入的了解，并进而较高程度地认同企业产品、服务方式和服务人员，并愿意参加相应的会议活动；

③ 邀约准客户：公司员工手上积累了一定量的有一定购买意向的准顾客，于是公司策划一个顾客联谊会，并由员工通过书面形式（邀请卡或门票）向目标顾客发出邀请，并对能够参加的人员进行确认。不要盲目邀请前期沟通不足的顾客，这样会造成顾客资源的浪费；不能超过既定与会人员数字，超员的后果会使会议的局面失控，造成与顾客的沟通不充分、不

到位，造成效率低下。

(2)物资准备。

① 产品准备；

② 宣传物资：公司宣传资料、请柬、易拉宝、展架、导引牌、资料、横幅等；

③ 各种会议表格，如签到表、信息登记表、优惠政策等；

④ 水果、礼品、抽奖箱、员工统一服装、迎宾绶带等。

(3)选择好会场。

① 场地确定。会场大小是否舒适、距离是否适当、交通是否方便、知名度是否较高、条件和配套设施是否合理、费用是否合理等，都直接影响会议的顺利进行和效果；尽量选择在当地知名度较高的场所，会场容量大，能给顾客提供宽松、愉悦的环境，要求会场地理位置交通方便，有停车场。

② 会议厅设施完善，服务周到，视听效果好，有投影屏幕等。有助于烘托会场的声势和气氛，制造现场沸点效应。

③ 会场布置：组织者提前策划好的活动内容，定下会议日期，提前两天做好符合会议主题和内容的会场布置，包括标语的内容和张贴，条幅的悬挂，CI 形象、展板制作及摆设要求、鲜花、气球装饰，桌椅的摆放，资料的散发，灯光音乐的配合，售货区、咨询区、检测区，贵宾区、签到区的设置等，还要求提前安排工作人员的各自职责，提出应付突发事件的解决办法等。

(4)会前排练。将会议的流程进行演练，同时对于会议人员进行激励，保障会议能够在主持人的掌控下开展，尤其要对可能出现的各种突发情况进行演练，保障会议召开的万无一失。

2. 会中组织

一般是利用组织者事先策划好会议内容，配合主持人的现场互动，综合运用各种表达或表演方式，感动甚至震撼目标客户，在这种情况下顺利实现销售产品。

(1) 迎宾客户：要求的原则是彬彬有礼、热情大方、方便顾客、防止可疑人员等；

(2) 讲座前的预热：放老歌曲，放专题短片，做小游戏，营造轻松愉快的气氛；

(3) 主持人致辞：用简短热情和富有煽动性的语言表达对参会人员的欢迎，转入本次会议的主题，介绍讲座专家，引入讲座；

(4) 专家讲座：控制在 30—40 分钟为好，讲座内容要有科学性、严密性、诉求清晰，有说服力，此期间员工和客户要保持安静和秩序；

(5) 会场小运动：可做操或跳舞，一定要全体参加，互动性强，员工要活跃；

(6) 短小的专题片：主要是产品知识介绍；

(7) 互动游戏：要求主要是顾客参加，主题健康长寿、夫妻白头、夫妻恩爱等；

(8) 消费者发言：不超过三个，要典型、明显、有说服力，没有消费者时可不安排“发言”环节；

(9) 抽奖卖货，同时是专家咨询和检测：这里是一切活动的目的，需要勇敢的态度，强说服力的口才，特殊的语言，整体的配合，大胆的开单，高效的促销技巧，没有培训的员工是没有办法做到的；

3. 会后跟踪

一般是进行及时的顾客服务跟踪，顺利实现收款，指导顾客使用产品，防止顾客退货，引导其尽快出现效果，并加深与顾客的亲情、友情关系，以实现顾客的持续购买和转介绍工作。

(1) 散会后两小时，打电话询问顾客是否平安到家，并征求客户体验意见等。

(2) 购买客户，定期回访或上门拜访，并邀其参加下一次的活动。

三、会议营销的其他模式

1. 旅游营销

一般是把会前预热部分简化，主要以旅游、请客的方式邀请目标人群，其他会中、会后的环节有些小变动。本方法的优点是容易邀请到人员，活动有吸引力；缺点是花费太大，顾客目标性不强，资金实力不够、综合人力不强、单品价值低的企业不宜采用。

2. 餐饮营销

和旅游营销相比，缺少了旅游，以就餐为营销开展方式，缺点在于成本高，针对性差。

3. 体验营销

让消费者通过详细的客户体验，全面接触到产品各方面的功能，同时充分感受公司硬环境和软环境。增加对公司产品的信心和对企业的忠诚。

4. 绿色和生态营销

很大程度停在概念上，操作起来有难度，大体是安全、生态、环保、自然为诉求点的会议营销模式。

5. 茶话会或座谈会营销

商业味更淡的营销和服务结合的方式，策划得好，效果出奇的好，同时成本也极低。

情境实战演练

美国饭店业的服务营销组合

——“人”和“过程”

美国饭店业为了争夺日本游客，在许多方面对其服务规范进行了重新设计。从服务营销组合的观点看，美国饭店业对服务规范的重新设计，实际上就是突出了服务营销组合中“人”和“过程”这两个要素。

1. 美国饭店业对服务营销“人”要素的策划

(1)安排专职对日服务人员。如美国的四季度假饭店安排日语流利、有丰富对日服务经验的专职经理，专门负责接待日本游客。

(2) 调整总台服务人员。如有的饭店在总台增加懂日语的服务人员。

(3) 安排提供特别服务的人员。美国芝加哥四季饭店考虑到，日本客人生病或需要医务人员的护理和有些带孩子的游客要到城里去吃夜宵，需要找人看护孩子，就增加了懂日语的医生和看护孩子的临时保姆。

(4) 让员工熟悉日本文化。日本客人有时对服务质量期望很高，觉得美国的服务较冷漠。这实际上是由文化差异造成的。美国许多饭店的服务人员对日本人的礼节很不习惯。为了消除这种隔阂，美国许多饭店对员工进行培训，让他们对美日之间的文化差异有一定的了解。有的饭店还专门聘请日本礼仪专家做顾问。

2. 美国饭店业对服务营销“过程”要素的策划

(1) 提供适合日本游客的接待手续。日本商务团体常常有等级次序，这在入住排房、签名等问题上有所表现。美国饭店业在办入住手续时较好地处理了这个问题。如芝加哥四季饭店的总经理，在客人入住后，立即派人送上有其亲笔签名的欢迎卡。

(2) 制定针对日本游客的服务“政策”。如美国饭店与“日本语翻译服务系统”(JAN)联网、提供东京股市行情、欢迎日本客人使用 SCB 卡——日本信用卡，提供地道的日本料理、日语菜单、日本客人喜欢的拖鞋、和服、日本式浴衣和浴室。

(3) 安排娱乐活动。日本人喜欢打高尔夫球，尤其喜欢参加著名高尔夫球俱乐部举办的培训，美国饭店尽量为他们安排。在天气不好时，还安排室内活动。

(4) 指导观光游览。如许多饭后备有日文版的当地城市游览指南和地图。有一家饭店还别出心裁，设计了一种“信息袋”，里面装有各种“游客须知”，如支付小费的标准、娱乐及观光等注意事项。

思考与讨论

结合美国饭店业的一系列举措，考虑服务营销在具体操作时，有哪些要点需要我们注意？

(资料来源：http：//www.doc88.com/P-4072258528483.html)

情境实战演练

试根据会议营销的六大要素与流程为你的创业公司或学习小组所选背景企业设计一份会议营销方案。

项目十四 网络营销与关系营销

如果你错过了互联网、你错过的不只是一次机会，而是一个时代！

——大力

项目目标

知识目标：

◎ 理解网络营销的含义及功能。

◎ 熟练掌握网络营销的常用方法。

◎ 掌握关系营销策略。

能力目标：

◎ 能帮助企业选择合适的方法开展网络营销。

◎ 学会开展网络营销、关系营销活动。

项目引例

老字号迎来“第二春”

自从2014年加入网上“中华绝铺”专区后，“三珍斋”已经拥有了一大批天南海北的顾客。桐乡的三珍斋、丰同裕等老字号纷纷搭上“互联网”的快车。

三珍斋这家“百年老店”出品的盐水鸡、八宝鸭、粽子等产品，最近几个月来突然受到全国各地年轻消费者的追捧。“真没想到，这几个月的销售额不断上升，比地段好的直销店生意还好。”网店的“掌柜”、嘉兴三珍斋食品有限公司上海地区的销售负责人李飒兴奋地说。李飒在三珍斋工作十年了，令她最头疼的是怎样及时知晓消费者对老字号的要求，传统的店铺销售或超市代销，很难获得顾客的直接反馈，而通过网络，顾客反馈很快。

“味道不错”“好吃”，除了这些鼓励性的评价，也有“太咸了”这样中肯的意见。“三珍斋”有一次就根据网友的评价改进了八宝鸭的口味。也有顾客留言说很想念以前妈妈做的咸肉粽子，三珍斋实现了他们的愿望，制作了一批咸肉粽子。在李飒看来，为了保住并擦亮老字号的牌子，就要“倚新卖老”，在老产品和新卖点上重新定位、包装和推广，甚至可以按照顾客的个性化需求直接下单。

桐乡另一家生产蓝印花布的老字号丰同裕也尝试“触网”。“虽然网上早就有个人售卖老字号商品，但是商家直接在网络经营店铺，无疑为消费者提供更多货真价实的老字号商品。”丰同裕负责人如是说。丰同裕现在不仅在淘宝网等网站开设了店铺，其企业网上也开辟了精美的商品展示区，引得订单无数。接下来，丰同裕和三珍斋将同时加入浙江老字号企业协会筹办的“老字号网上商城”，将网络快车开得更远。

（资料来源：http://www.cnjxd.com/xwzx/jxxw/qxxw/2007.07/19/content_458453.htm）

引例分析

长期以来老字号守着老祖宗留下来的财富，认为“酒香不怕巷子深”，一味坐等顾客上门。在如今日益激烈的市场竞争环境中，这种因循守旧的营销观念无疑让老字号的路越走越窄，而网络营销拉近了老字号与消费者之间的距离。老字号开展网络营销的终极目标不在赚了多少，而是做强品牌效应。

项目分析

随着互联网的不断成熟和普及，以及微信、二维码等移动互联网应用软件或技术的快速发展，企业营销创新具备了更多新的契机，置身信息时代的企业，为快速适应新的营销环境，抓住各种营销机会，更应了解并熟练掌握网络营销运作方式（任务 1）和关系营销运作方式（任务 2）。

项目实施

任务 1 网络营销的运作方法

案例链接

ALS 冰桶挑战：席卷全球的公益病毒

ALS 冰桶挑战可以说是 2014 年夏天的大赢家，它由国外传入，并经国内最大的社交平台微博不断发酵。率先接受挑战的，是科技界的大佬们。而后，娱乐圈的各路明星也纷纷加入活动，使冰桶挑战的热度持续升温。围观的群众表示虽然自己被点到名的可能性非常之小，但看着平日里高高在上的名人们发如此亲民又好玩的视频实乃一大乐趣。

ALS 的中文全称是“肌萎缩侧索硬化症”。患有此病的波士顿学院的著名棒球运动员 Pete Frates 希望更多人能够关注到这一疾病，于是发起冰桶挑战。活动规则如下，被点名的人要么在 24 小时内完成冰桶挑战，并将相应视频传上社交网站；要么为对抗 ALS 捐出 100 美元。因挑战的规则比较简单，活动得到了病毒般的传播，并在短短一个月内集得了 2.57 亿美元的捐款。

ALS 冰桶挑战是一次公益与营销十分有效的结合，可能 Pete Frates 在发起这项活动时都没有料想到会有如此疯狂地传播，这也算是无心插柳柳成荫。不少品牌也纷纷利用此活动借势营销，较有名的就是三星向苹果发起了“冰桶挑战”。

（资料来源：http://www.cctime.com/html/2015-1-7/201517958599432.htm）

【分析提示】现代企业可以通过博客、微博、微信、QQ 等各种网络工具开展广泛的网络营销活动，从而提升企业品牌价值。

一、网络营销的含义

网络营销（Online marketing 或 E-marketing）是指企业在互联网环境之下，为实现企业总体经营目标，以企业整体营销战略为指导，运用和发展传统营销理论，利用各种信息技术工具开展营销活动的过程。

据此定义，可以看出网络营销具有以下一些基本特点：一是网络营销所处环境为互联网环境；二是网络营销的目的是实现企业总体经营目标；三是网络营销是企业整体营销战略的组成部分；四是网络营销与传统营销既有联系，又有区别；五是网络营销的工具是各种信息技术，如网站、E-mail、搜索引擎、博客、论坛、微博、网络视频、即时通信工具等；六是网络营销不等于在线销售；七是网络营销不等于电子商务。

互联网的某些特性也使网络营销呈现出跨时空性、富媒体性、成长性、整合性以及技术性等特点。

二、网络营销的功能

实践证明，网络营销的主要功能包括：信息发布、网站推广、销售促进、在线销售、顾客服务以及网上调研等。网络营销策略的制定和各种网络营销手段的实施，也是以发挥这些功能为出发点。

（一）信息发布

信息发布是网络营销的基本功能。互联网为企业信息发布提供了更有效的途径，企业既可以利用自己的网站，也可以利用如 E-mail、专业性商务信息网站等其他网络营销工具，将企业的产品或服务信息、联系方式、销售网络、配套服务、技术支持等各项营销信息传递给顾客、供应商、经销商、媒体、公众等相关群体。

（二）网站推广

对于建立了自己网站的企业来说，让更多的用户知晓企业网站，获得必要的用户访问量，是扩大企业知名度和美誉度的有效途径。无论对大型企业还是中小型企业，网站推广都非常重要。企业可以利用搜索引擎、网络社区、E-mail、友情链接等工具推广企业网站。

（三）销售促进

各种网络营销方法大都能直接或间接促进销售，同时还有诸如网络广告、专题在线促销等手段来促进销售。这些促销方法不仅限于对在线销售的促进，它对线下销售同样有促进作用，这也是为什么一些没有开展在线销售的企业一样有必要开展网络营销的原因。

（四）在线销售

在线销售是企业销售渠道向网络的延伸。企业可以通过建立自己的电子交易平台实现在线销售，如海尔集团建立海尔商城，在线销售本公司产品和服务。企业也可以利用第三方的电子商务平台开设网上商店，实现在线销售。无论大企业还是中小企业，无论传统行业还是新兴行业，都可以建立适合自己的在线销售渠道。

案例链接

“天猫 11 · 11 购物狂欢节”的狂欢盛宴

2009 年，淘宝在 11 月 11 日发起“品牌商品五折”活动，当天销售额 1 亿元；2010 年同一天，销售额增长 9 倍，增至 9.36 亿元；2011 年，成交额飙升至 52 亿元；2012 年，天猫“11 · 11”购物狂欢节实现 191 亿元成交额，仅天猫就达成了 132 亿元。就在那一天，天猫“11 · 11”购物狂欢节超越美国 2012 年网络星期一创造的单日记录，成为全球最大购物狂欢节。

2013 年双 11 购物节，仅 20 多小时支付宝成交额就突破 300 亿元，相当于中国日均社会零售总额的 4 成。2014 年的第六个“双 11”，也是阿里巴巴成功登陆纽交所后的第一个“双 11”，这个数字在 571.12 亿元定格，仅用了不足 13 小时就打平 2013 年 350 亿元的单日交易记录。每年“双 11”的破纪录数字除了带来热血沸腾的想象空间之外，更多的是带给整个零售业的反思。

2014 年“双 11”，线下商家异军突起，尤其在服饰行业，优衣库是服饰类第一个过亿元的商家，包括 GAP 以及其他线下品牌今年的数据均非同凡响。另一个亮眼的趋势是在过亿商家中，整个数码行业包括大家电和手机，占据了半壁江山，这里包括传统的海尔、格力等大家电企业，他们的快速发展，受益于在平台模式下找到了适合大家电物流发展的解决方案。

在 2014 年整个“双 11”过程中，全球化、无线、O2O 是不断被提及的关键词，它们也将被串联成下一个五年电商的走向。天猫国际的上线加速了生态系统向国际市场的拓展，而“双 11”也将肩负起从挑战中国零售到全球零售的期待。

（资料来源：http：//business. sohu. com/20131111/n389950879. shtml）

（五）顾客服务

互联网提供了更加便捷的在线顾客服务手段，如 FAQ、在线客服咨询、E-mail、在线论坛、即时通信工具等。利用这些工具能提高顾客服务水平，降低顾客服务费用，有利于建立更长久、更稳定的顾客关系。

（六）网上调研

企业可以利用各种网络营销工具，更省时、省钱地进行目标顾客、市场需求、竞争状况等调查，为企业制定网络营销策略提供支持。

三、网络营销的常用方法

随着信息时代的到来，越来越多的企业开始运用网络营销方法从事营销活动。企业可以利用自己的网站平台，也可以利用企业外部的网络平台开展网络营销。

（一）利用企业外部网络平台的网络营销方法

由于企业网站建设和维护需要资金、技术、人才的支持，对于处于起步期的中小企业来说，建立和维护一个好的企业网站具有一定的难度。另外还有一些企业没有必要建立自己的网站。对于这些没有企业网站或者企业网站建设较差的企业来说，可以借助企业外部的网络平台开展网络营销。常用方法如下所示。

1. 信息发布

企业可以利用诸如阿里巴巴等专业的供求信息平台、在线黄页、论坛、博客等工具，免费或付费发布关于公司概况、产品信息、联系方式等相关信息。

2. 在线销售

无论是否拥有企业网站，都可以利用网上商店和网上拍卖等方式开展在线销售工作。没有网站的企业可以利用第三方电子商务平台开设网上商店以一口价销售产品或服务，或者以在线竞价拍卖方式出售产品或服务。网上商店与网上拍卖的最大区别在于产品或服务的定价不同。

除了上述方法之外，网络广告、病毒性营销、E-mail 营销、博客营销、论坛营销等方法也适用于没有网站的企业。

（二）利用企业自有网站的网络营销方法

企业网站建设与网络营销方法及效果有直接关系，没有专业化的企业网站作为基础，网络营销方法的效果会受到较大限制。拥有自己网站的企业能更方便、更有效地开展网络营销，其常用方法有如下七种。

1. 搜索引擎营销

搜索引擎的基本功能是为用户查询信息提供方便，它是网民信息搜索的最常用工具，可以为用户提供发现信息的机会，自然成为网络营销的基本工具。搜索引擎营销作为网络营销最常用的方法之一，主要用于网站推广和产品促销。其基本形式包括：免费或付费登录搜索引擎、搜索引擎优化、付费搜索引擎广告。

2. 电子邮件营销

1994 年美国亚利桑那州两位从事移民签证咨询服务的律师将“绿卡抽奖”广告发送到多个新闻组，“邮件炸弹”让许多服务器瘫痪，引发了专业人士对网络营销和电子邮件营销的思考。电子邮件营销是最早出现的网络营销方法，也是最常用的方法之一。真正的电子邮件营销是在用户许可前提下，通过电子邮件向目标用户发送有价值信息的网络营销方法，所以又被称为许可电子邮件营销。其基本要素包括：前提是用户许可，工具是电子邮件，信息对用户有价值，三个因素缺一不可。违反这些基本要素的垃圾邮件营销会造成用户反感，不仅不能达到营销目的，反而损害企业形象。许可电子邮件营销主要适用于产品信息发布、销售促进、在线调研、顾客服务。

3. 网络广告

世界上最早的网络广告诞生于 1994 年 10 月 27 日，美国著名的《连线》(*Hotwired*)杂志推出了 www.hotwired.com 网站，并首次在网站上推出了网络广告，立即吸引了 AT&T、Sprint 等 14 家买主，标志着网络广告正式诞生。网络广告主要用于产品促销、品牌形象塑造。网络广告的形式随网络技术发展日趋多样化，诸如传统展示广告、搜索引擎广告、电子邮件广告、分类广告、富媒体广告、论坛广告、互动游戏广告等。企业应根据广告目的和目标用户，选择适合的网络广告形式，并非越流行、越新潮的广告其效果越好。

4. 博客营销

博客营销是指企业利用个人博客/企业博客，通过发表有见解、有深度的观点，树立博主意见领袖地位，从而精准地向目标顾客群传递有价值信息，达到产品促销、品牌宣传目的的营销方法。博客营销的最大作用是能够让企业及其产品通过专家之口，获得更大的品牌知晓度和美誉度，同时确立品牌形象。所以博客营销的关键是如何树立博主的意见领袖地位从而获得话语权。成功的博客营销并非一日之功，需要博主长期不懈的坚持。博客营销主要适用于产品促销和品牌塑造。

5. 论坛营销

博客是精英的话语地带，论坛是草根的集散地。博客营销是利用权威的力量影响目标用户，论坛营销则是利用草根的口碑影响目标用户。企业正确开展论坛营销，必须根据目标用户的消费习惯和网络接触习惯，选择合适的目标论坛和版块，并以朋友身份长期发帖、回帖、管理帖子，树立良好的人际关系和口碑，从而影响目标顾客的购买行为。论坛营销作用主要体现在产品促销、品牌塑造、网站推广。

6. 病毒性营销

病毒性营销是网络营销的常用方法之一，常用于进行网站推广、品牌推广等，病毒性营销利用的是用户口碑传播的原理，在互联网上，这种“口碑传播”更为方便，可以像病毒一样迅速蔓延，因此病毒性营销成为一种高效的信息传播方式，而且，由于这种传播是用户之间自发进行的，因此几乎是不需要费用的网络营销手段。病毒性营销需要利用如电子邮件、即时通信工具、网络社区、社交网络等工具，来实现“病毒”的快速、有效传播。

7. 网站资源合作营销

网站资源合作指两家或多家企业，在互惠互利基础上相互交换闲置资源，以产生更多销售和利润。互惠互利、充分利用闲置资源是它的两个基本特征。资源主要表现为：一定的访问量、注册用户信息、有价值的内容信息、网络广告空间等。网站资源合作的形式很多，最常见形式是交换链接和网站联盟。最近几年，互联网流行的用户通过返利类网站进入电子商务网站购物可以返现的商业模式，其实就是电子商务网站与返利类网站进行资源合作的典型范例。

四、网络营销方法的新发展

1. 微博营销

微博营销以微博作为营销平台，每一个听众(粉丝)都是潜在营销对象，每个企业利用更新自己的微博向网友传播企业、产品的信息，树立良好的企业形象和产品形象。通过每天更新的内容或者大家感兴趣的话题跟大家交流，这样就可以达到营销的目的。其特点是高速度、强互动以及便捷性、针对性、广泛性、低成本。人气是微博营销的基础，没有足够的粉丝很难聚集人气，很难成功开展微博营销。

2. 网络视频营销

网络视频营销即企业将各种视频短片以各种形式放到互联网上，达到一定宣传目的的营销手段。它是视频和互联网的结合，具有成本低、互动性强、操作简便、选材谨慎、效果明显的特征。网络视频营销的关键是优秀的创意。

3. 微信营销

微信营销是网络经济时代企业营销模式的一种创新，是伴随着微信的火热而兴起的一种网络营销方式。微信不存在距离的限制，用户注册微信后，可与周围同样注册的“朋友”形成一种联系，用户订阅自己所需的信息，商家通过提供用户需要的信息，推广自己的产品，从而实现点对点的营销。商家通过微信公众平台，结合转介率微信会员卡管理系统展示商家微官网、微会员、微推送、微支付、微活动，已经形成了一种主流的线上线下微信互动营销方式。

案例链接

“滴滴打车”精准营销模式

“滴滴打车”改变了出租司机的等客方式，它可以让司机师傅用手机等待乘客“送上门来”。即乘客在手机中点击“我要用车”，并发送一段语音说明具体的位置和要去的地方。用车信息会被传送给乘客附近的出租车司机中，司机可以在手机中一键抢应，并和乘客联系。

滴滴打车创始人程维用“势如破竹”来形容半年来的发展。他透露，无论是在主管部门、出租车公司还是出租车调度中心，都没有遇到任何阻力。滴滴甚至和北京市两大出租车调度中心之一“96106”达成战略合作，系统互通，滴滴为“96106”定制客户端。

“通过与‘96106’的合作，滴滴打车的覆盖范围一下从1万多辆出租车，增加到3万多辆。滴滴打车的叫车信息可以直接在‘96106’的车载终端中显示。”程维介绍说，在北京的叫车成功率有近85%，非高峰期达到90%。除了北京，在上海和广州也有近千辆出租车的规模。

（资料来源：http：//www.techweb.com.cn/ucweb/news/id/2008114）

任务2　关系营销能力积累和挖掘

案例链接

从庆丰包子铺的21元套餐看关系营销

六个猪肉大葱包子、一份炒肝、一份芥菜，总共21元的“主席套餐”究竟能有多大威力？日前，已有六十多年历史的庆丰包子铺也一尝“一夜成名”的滋味。

据悉，猪肉大葱馅包子和炒肝日销量增长了四倍，全市庆丰包子铺的销售额增加了五成，超过八成顾客点了“主席套餐”。与此同时，企业总部电话被打爆，每天大约会接到三四百份加盟咨询和申请，加盟店的开张费高达120万，相当于5 .7万份“主席套餐”。

对于庆丰包子铺来说，营造一个大家共同关心的话题，有正和反的两面PK，引起热议，这样才会传得更广，这是企业关系营销的根本点。对企业来说，很多时候缺的不是名人，不是资源，而是选题和土壤。如何营造土壤，让事情本身有值得讨论、引起共鸣的题材，这是很关键的。如何找到共振点，并有“Yes or No”的讨论，这直接影响到传播的范围。

当今的社会，消费者已经被大量的信息“活埋”，没有事件，品牌很难脱颖而出；公关事件之后，还需要后面运营配套的系列动作来支持，否则容易昙花一现。企业在运作的时候更需要正面入手，获得品牌美誉度的提升。

（资料来源：http：//www.linkshop.com.cn/web/2014/276580.shtml）

【分析提示】公关的价值在于顾客对于第三方的认知度，借此增强消费者的信心。现在品牌打造进入公关时代。公关的目的是打造品牌，并利用公关手段。庆丰包子铺一夜之间红遍全国充分说明：通过第三方的角度，你的产品和品牌需要让消费者感受到信任。

一、关系营销的概念

所谓关系营销，是把营销活动看成是一个企业与消费者、供应商、分销商、竞争者、政府机构及其他公众发生互动作用的过程，其核心是建立和发展与这些公众的良好关系。

关系营销的本质特征可以概括为以下几个方面。

1. 双向沟通

在关系营销中，沟通应该是双向而非单向的。只有广泛的信息交流和信息共享，才可能使企业赢得各个利益相关者的支持与合作。

2. 合作

一般而言，关系有两种基本状态，即对立和合作。只有通过合作，才能实现协同，因此合作是“双赢”的基础。

3. 双赢

即关系营销旨在通过合作增加关系各方的利益，而不是通过损害其中一方或多方的利益来增加其他各方的利益。

4. 亲密

关系能否得到稳定和发展，情感因素也起着重要作用。因此，关系营销不只是要实现物质利益的互惠，还必须让参与各方能从关系中获得情感的需求满足。

5. 控制

关系营销要求建立专门的部门，用以跟踪顾客、分销商、供应商及营销系统中其他参与者的态度，由此了解关系的动态变化，及时采取措施消除关系中的不稳定因素和不利于关系各方利益共同增长因素。

此外，通过有效的信息反馈，也有利于企业及时改进产品和服务，更好地满足市场的需求。

二、关系营销的原则

关系营销的实质是在市场营销中与各关系方建立长期稳定的相互依存的营销关系，以求彼此协调发展，因而必须遵循以下几个原则。

1. 主动沟通原则

在关系营销中，各关系方都应主动与其他关系方接触和联系，相互沟通信息，了解情况，形成制度或以合同形式定期或不定期碰头，相互交流各关系方需求变化情况，主动为关系方服务或为关系方解决困难和问题，增强伙伴合作关系。

2. 承诺信任原则

在关系营销中各关系方相互之间都应做出一系列书面或口头承诺，并以自己的行为履行诺言，才能赢得关系方的信任。承诺的实质是一种自信的表现，履行承诺就是将誓言变成行动，是维护和尊重关系方利益的体现，也是获得关系方信任的关键，是公司(企业)与关系方保持融洽伙伴关系的基础。

3. 互惠原则

在与关系方交往过程中必须做到相互满足关系方的经济利益，并通过在公平、公正、公开的条件下进行成熟、高质量的产品或价值交换使关系方都能得到实惠。

三、关系营销的能力积累和挖掘

关系营销是在人与人之间的交往过程中实现的，而人与人之间的关系绚丽多彩，关系复杂。归纳起来大体有以下几种形态。

1. 亲缘关系营销形态

亲缘关系营销形态指依靠家庭血缘关系维系的市场营销，如父子、兄弟姐妹等亲缘为基础进行的营销活动。这种关系营销的各关系方盘根错节，根基深厚，关系稳定，时间长久，利益关系容易协调，但应用范围有一定的局限性。

2. 地缘关系营销形态

地缘关系营销形态指以公司(企业)营销人员所处地域空间为界维系的营销活动，如利用同省同县的老乡关系或同一地区企业关系进行的营销活动。这种关系营销在经济不发达，交通邮电落后，物流、商流、信息流不畅的地区作用较大。在我国社会主义初级阶段的市场经济发展中，这种关系营销形态仍不可忽视。

3. 业缘关系营销形态

业缘关系营销形态指以同一职业或同一行业之间的关系为基础进行的营销活动，如同事、同行、同学之间的关系，由于接受相同的文化熏陶，彼此具有相同的志趣，在感情上容易紧密结合为一个"整体"，可以在较长时间内相互帮助，相互协作。

4. 文化习俗关系营销形态

文化习俗关系营销形态指以公司(企业)及其人员之间具有共同的文化、信仰、风俗习俗为基础进行的营销活动。由于公司(企业)之间和人员之间有共同的理念、信仰和习惯，在营销活动的相互接触交往中易于心领神会，对产品或服务的品牌、包装、性能等有相似需求，容易建立长期的伙伴营销关系。

5. 偶发性关系营销形态

偶发性关系营销形态指在特定的时间和空间条件下发生突然的机遇形成的一种关系营销，如营销人员在车上与同坐旅客闲谈中可能使某项产品成交。这种营销具有突发性、短暂性、不确定性特点，往往与前几种形态相联系，但这种偶发性机遇又会成为企业扩大市场占有率、开发新产品的契机，如能抓住机遇，可能成为一个公司(企业)兴衰成败的关键。

情境实战演练

江南Style的网络营销模式

2012年7月15日，韩国歌手朴载相(PSY，又被称为鸟叔)的团队Officalpsy在YouTube上传了一首名为《江南Style》的MV单曲，初期点击率并不理想。7月底美国金牌音乐经济人斯古特·布劳恩(Scooter Braun)和说唱歌手提潘均在Twitter上大赞《江南Style》，并附上MV的YouTube链接，才令低迷的点击率起死回生。紧随其后布兰妮、安妮·海瑟薇、凯蒂·佩里在8月底的新一轮Twitter力捧，再次为《江南Style》日后的火爆注入至关重要的强心剂。8月29日小甜甜布兰妮发文表示："我太喜欢这支MV了，真是太有意思了！我是不是也该学下这个舞呢？有没有人愿意教我？"没多久，美国电视媒体和报刊媒体强势跟进，布兰妮身着红色旗袍在美国综艺节目《艾伦脱口秀》中邀请PSY手把手教骑马舞，美国CNN、《华尔街日报》《赫芬顿邮报》等主流媒体均对PSY展开报道，至此PSY和他的《江南Style》才真正大红大热起来。

随后，模仿热从娱乐明星到体育明星，最后蔓延到政治明星群体，艾未来、德约科维奇甚至联合国秘书长潘基文都学跳"骑马舞"。当然网民更将恶搞精神再度发扬光大，制造出奥巴马竞选版、美国海军版、伦敦版、印度版、各类游戏版、红军版、母子版、萝莉版等各种版本的《江南Style》。这绝对算得上是全球范围内的娱乐盛宴。

至2012年11月底，鸟叔的《江南Style》在YouTube上的收视率以超过八亿，超过贾斯汀·比伯，排名第一。据美联社报道，《江南 style》的成功已为鸟叔带来六百万欧元的收益。

显然，《江南 Style》和鸟叔的走红没有逃过敏锐的中国商家的眼睛，盛大游戏率先签约朴载相，将《江南 Style》中的骑马舞步植入网络游戏《龙之谷》中。除了鸟叔代言游戏，现在登录淘宝网，输入“江南 Style”或“鸟叔”进行搜索，结果出现了两万余个搜索结果。这些“江南”产品既有“鸟叔”在 MV 中戴的墨镜、穿的服装以及鞋子等仿品，也有印着“鸟叔”卡通形象的 T 恤、个性车贴、个性手机壳等，此外还有卡通人偶玩具以及骑马舞的分解动作 DVD 等。以“鸟叔”戴的复古“黑超”墨镜为例，最低只需 14 元即可买到仿品，西服套装仿品的售价在 104—150 元不等，同款休闲鞋 198 元，算下来不出 400 元就能配齐“鸟叔”的全身行头。

但有专家认为，《江南 Style》作为一支单曲，最多也就可以流行半年时间，其他跟风的作品很难支撑这股潮流，对于商家而言，想持续地借助一首神曲创造巨大的商业价值则比较困难，很难像《愤怒的小鸟》那样带来持续的商业价值。

思考与讨论

1. 结合案例资料，谈谈《江南 Style》走红网络采用了哪些网络营销方法？
2. 你认为中国的淘宝商家和其他企业搭乘《江南 Style》的顺风车的行为，能否为其带来长久的商业利润？为什么？
3. 查阅相关资料，谈谈哪些产品或服务适合开展网络营销。它们各自适合的网络营销方法分别是什么？

情境实战演练

忠诚顾客靠培养

日本的一家化妆品公司设在人口百万的大都市里，而这座城市每年的高中毕业生相当多，该公司的老板灵机一动，想出了一个好点子，从此，他们的生意蒸蒸日上，成功地掌握了事业的命脉。

这座城市中的学校，每年都送出许多即将步入黄金时代的少女。这些刚毕业的女学生，无论是就业或深造，都将开始一个崭新的生活，她们脱掉学生制服，开始学习修饰和装扮自己。这家公司的老板了解了这个情况后，每一年都为女学生们举办一次服装表演会，聘请知名度较高的明星或模特儿现身说法，教她们一些美容的技巧。在招待她们欣赏、学习的同时，老板自己也利用这一机会宣传自己的产品，表演会结束后他还不失时机地向女学生们赠送一份精美的礼物。

这些应邀参加的少女，除了可以观赏到精彩的服装表演之外，还可以学到不少美容的知识，又能个个中奖，人人有份，满载而归，真是皆大欢喜。因此，许多人都对这家化妆品公司颇有好感。

这些女学生事先都收到公司寄来的请柬，这请柬也设计得相当精巧有趣，令人一看卡片就目眩神迷，哪有不去的道理？因而大部分人都会寄回报名单，公司根据这些报名单准备一切事物。据说每年参加的人数，约占全市女性应届毕业生的 90%以上。

在她们所得的纪念品中，附有一张申请表。上面写着：如果您愿意成为本公司产品的使用者，请填好申请表，亲自交回本公司的服务台，你就可以享受到公司的许多优待。其中包括各种表演会和联欢会，以及购买产品时的优惠价，等等。大部分女学生都会响应这个活动，纷纷填表并亲自交回公司，该公司就把这些申请表一一加以登记装订，以便事后联系或提供服务。事实上，她们在交回申请表时，或多或少都会买些化妆品回去。如此一来，对该公司而言，真是一举多得。不仅吸收了新顾客，也实现了把顾客忠诚化的理想。

（资料来源：http://3y.uu456.com/bp-7sa39446jl6u75be_1.html）

思考与讨论

国外的一项调查研究表明，一个企业总销售额的80%来自于占企业顾客总数20%的忠诚顾客。近年来，我国许多企业都已经意识到忠诚顾客与企业的经济效益有直接联系，但是大多数却并不清楚怎样才能获得忠诚顾客。从本案例中，我们可以得到哪些启示？

项目十五　网络创业与网店运营

21世纪世界上只有两种生意，就是拥有网站的企业和将被收盘的生意，未来要么电子商务，要么无商可务。

——比尔·盖茨

项目目标

知识目标：

◎ 了解网络创业的发展前景和目前网络创业的平台。

◎ 掌握网店建设的操作流程。

◎ 熟练掌握网店运营的营销策略。

能力目标：

◎ 能在目前最大的网络购物平台淘宝网创建网店。

◎ 学会用网络营销策略对网店进行推广和管理。

项目引例

电商女神演绎创富神话

2014年11月，《长沙晚报·教育专刊》的头版头条以"电商女神演绎创富神话"为标题，报道了湖南大众传媒职业技术学院卓亚林同学，在吴老师的指导下边学习市场营销课程，边进行网上创业，大一开始开淘宝店。大三的她仅在"双十一"当天就纯赚了10万元。让人惊叹的是，她11月初打出的"聚划算"促销活动，单件衣服销量就达到了17000件，两天狂赚了40万元。毕业半年的时间里，她总共赚了100万元。

面对市场激烈的竞争，卓亚林是如何从中突围，跻身"白富美"的行列的呢？卓亚林得益于吴老师在上课的时候就把课程教学和学生创业紧密地结合在一起，使他们在学习的过程中，体会了创业的艰辛，收货了创业的成果。吴老师说："鼓励学生创业，老师指导，降低风险。很多人说学生一毕业就意味着失业，我们希望他们努力创业，做好自己的主人，不要面对失业。"

（资料来源：http：//cswb.changsha.cn/html/2014-11/27/content-31-3.htm）

项目分析

即将步入社会的大学生，在面对社会的就业压力时，如何把握市场机会，进行网上创业是非常重要的一步。而要做到这一点，一般来说，需要了解网上创业的发展"钱"景（任务1）、掌握网店的建设和管理（任务2）。

任务1　网络创业的发展"钱"景

一、网络创造财富

目前，网络市场成为与传统市场相并列的市场空间，网络营销已经为大多数企业所认识和接受，网络创造价值已经被大家所认可。例如，湖南浏阳文家市烟花厂利用网络将产品销往全球；广州艺品堂小品牌通过网络创造大市场，通过网络获得麦当劳、可口可乐等国际大买家的订单；杰特电子利用网络营销实现了从国内市场零销售额到年销售额5000万元，品牌认知度达到行业排名第四的营销效果。这些案例告诉我们，利用网络创造财富已经不是神话。与此同时，中小型企业网络营销应用的意识被彻底唤醒，应用热情彻底被点燃，未来势必大规模地涌起网络营销热潮。

案例链接

90后新疆大学生淘宝网创业卖切糕

维吾尔族大学生阿迪力·买买提吐热与汉族同学蒋金亚、蒋春杨合伙创业，在网上开了一家切糕专卖店，《舌尖上的中国2》播出新疆玛仁糖后，日销售额甚至超过10万元，成为淘宝卖得最好的切糕店。切糕版"中国合伙人"引发网友热烈讨论。

创业之初，由于资金匮乏，他们选择通过门槛较低的网店模式来卖切糕。因为品质正宗，价格公道，模式新颖，甚至承诺7天不满意无条件退货退款，他们的切糕销售非常火爆。"已经排到10天以后才能发货了""现在最大的困难是生产跟不上"，23岁的阿迪力·买买提吐热谈起网店生意，既高兴又担忧："全都是手工制作，我很看重我们的切糕品质"。

"我们下一步的目标就是开实体连锁店"，说起对未来的规划，三位年轻"糕富帅"意气风发，表示愿意留在长沙："做切糕是一辈子的事业，争取使切糕玛仁糖这个传统西域美食走得更远"。

（资料来源：http：//www.techweb.com.cn/ucweb/news/id/2040045）

【分析提示】大学生网络创业成功的前提是想创业，大学生网络创业成功的关键是敢创业，大学生网络创业成功的保证是能创业。从个人因素看，除了创业必备的意愿、勇气、能力等基本要素以外，还必须坚持、有创意。

二、网络创业含义

"创业"这个概念，至今为止仍然未能有一个清晰的概念框架。有学者把创业定义为："商业行为者在一定的创业环境中如何识别机会并利用机会、动员资源、创建新组织和开展新业务的活动。"虽然以上定义并不是特别清晰，但有助于我们对"网络创业"本质的把握，网络创业是一种基于互联网的创业方式，而互联网和网络技术应该渗透在创业定义的四个方面，即创业家特征、创业过程、创业结果和创业环境。综上所述，网络创业可定义为："行为者在互联网环境中把握并利用市场机会、协调资源、创建组织以开展新业务的商业活动"。

三、网络创业模式

“网络创业”不同于传统创业，一般是借助已有的网站，利用其已有资源进行创业。创业成员选择诚信机制完善、管理制度规范、安全可靠的商务网站作为“网上创业”的平台。

（一）网络创业的优势

网上创业是实体创业所不能比拟的，主要体现在以下几个方面。

1. 互联网创业成本较低，风险较小

网上经营与传统经营模式相比，最大的优势是节约了租店铺的成本。只要拥有电脑和网络环境就可以创业了。而且大多数的创业者可以在接到订单后进货和发货，避免了商品滞销而导致压货。可见，网上创业的首要特性将投资者的成本降到了最低。

2. 运营方便、灵活

传统企业市场营销工作需要收集企业所需的大量信息，如消费者需求变化、对未来产品的欲望、现行营销策略的反应等，同时还需要将企业的产品信息、生产信息和企业的营销策略等尽可能广泛地传播出去，并力争更多的人能接收到且受到影响。据统计，在互联网上做广告可以提高十倍销售量，而它的成本只是传统广告的十分之一。

3. 不受时空限制

在网上，即便没有门面，开店的生意也可以做得很大。只要投资者愿意，可以摆上成千上万种商品。目前国内最大的专业拍卖网站同时在线的商品超过 10 万件，已超过了许多大型超市。传统店铺的营业时间一般为 8—12 小时，而网上商店可以一天 24 小时、一年 365 天不停地运作，无须专人值班看店，都可照常营业。

（二）网购现状

我国网民的购物数量近几年出现了急速攀升的情形。2008 年增长 45.5%，2009 年更是高达 90.7%。中国互联网络信息中心（CNNIC）发布的《第 26 次中国互联网络发展状况统计报告》显示，截至 2013 年 12 月，我国网民规模达 6.18 亿，全年共计新增网民 5358 万人。互联网普及率为 45.8%，较 2012 年底提升 3.7 个百分点。据艾瑞咨询分析显示，网上闲逛已逐渐成为一种新的时尚，这一方面说明网购在网民中的渗透不断加深，另一方面网络也对企业进一步提升购物平台服务水平提出了更高的要求。部分闲逛的用户作为潜在的消费群体，如果加以引导和培养，必将成为网购增长的新动力。

由上述可见，网络购物已经成为消费者的生活习惯，广泛渗透到用户的日常生活和工作当中，成为人们日常消费的重要渠道。

（三）网络创业模式

目前网络创业模式主要有网上开店、网上加盟、自建电子商务网站、创意模式四种。

1. 网上开店

在已有的大型网络平台上通过注册的方式成为用户，然后在电商平台上开设自己的店铺。如在淘宝等大型平台上开设店铺。因为这些大型商务平台上拥有充足的客户资源，开设店铺也非常简单，而且这些平台提供了丰富的服务功能，不需要太多的技术含量，所以非常便利，获得大学生网上创业的普遍青睐。2013 年 12 月，实际运营的个人网店数量有 1122 万家。2014 年 11 月 11 日淘宝当日交易额达到 571 亿元，市场需求量的增大，无疑给商家用户带来了很多网络创业的契机。

2. 网上加盟

网上加盟是指加盟已有的商务网站母体，成为母体的加盟商或业务员；经过一定的培训，签订有关协议，就可以利用母体网站的资源进行推广。这种形式的母体如“阿里巴巴”“远程教育”“eBOSS”等。

3. 自建商务网站

自建商务网站是一种比较便捷的网络创业方式，主要有三种形式：一种是拥有资金实力的公司、企业自己建立网站，例如，海尔、苹果等企业拥有自己的官方网站；第二种是依托技术公司，为企业开发建设网站；第三种是自己建立商城。

任务2　网店的建设与管理

案例链接

大四男生“玩”出千万营业额网店

2013年3月，丁奔带着玩票心态开出第一家卖棉拖的淘宝C店。而到2014年9月，他已经运营管理着三家天猫店。在不到三个半月的时间里，三家店的营业总额已经近千万元。22岁的丁奔，是浙江工业大学之江学院商学院工商管理专业学生，开淘宝店，是因为大学好哥们的父母做棉拖批发生意，可以作为货源提供。虽然淘宝上卖棉拖的淘宝店已经泛滥，但丁奔一算，合租学校里的小仓库、淘宝押金加部分货款差不多5000元的成本就够了。“投入不多，可以试试看。”2014年3月，他拉回第一批12个款式的700双棉拖。“第一步先拉同学朋友成本价买，两三天后，慢慢有客户来问价，我干脆就亏本卖，赚人气。”

“棉拖利润低，生意好的时候，一天也就挣三四百元，差的时候就几十块。”丁奔把这个阶段形容为一个人的小打小闹。但在这期间，他也意识到：小规模的棉拖淘宝店在激烈的竞争中是难以生存下来的，必须依附大的平台。他开始花大量时间钻研网店的运营。

（资料来源：《今日早报》“教育关注”2015年1月5日版。）

一、网店建设

我们常说的网店是基于国内第三方交易平台来进行创建和运营的。目前国内知名的第三方BTC包括天猫、京东商城、亚马逊中国、腾讯BTC、苏宁易购等。第三方CTC平台主要包括淘宝网、拍拍网、eBay、易购等。根据艾瑞咨询统计数据，2012年第一季度网络零售市场CTC平台占有份额以淘宝网的市场份额最大，占到95.17%，其次为拍拍网，仅占4.82%。

（一）基于淘宝网的开店流程

目前淘宝开店是完全免费的，适合初入社会的大学生创业。在淘宝上开店铺，需要满足三个条件：① 注册会员，并通过认证；② 发布10件以上(包括10件)的宝贝；③ 为了方便安全交易，建议开通网上银行。

1. 用户注册

登录 http://www.taobao.com,点击页面最上方的“免费注册”。在打开的页面中,输入会员名、密码、电子邮件等信息,单击“同意以下服务条款,提交注册信息”按钮。然后,注册的邮箱会收到一封确认信息邮件,打开其中的链接,确认之后,就完成了用户注册。如图15-1所示。

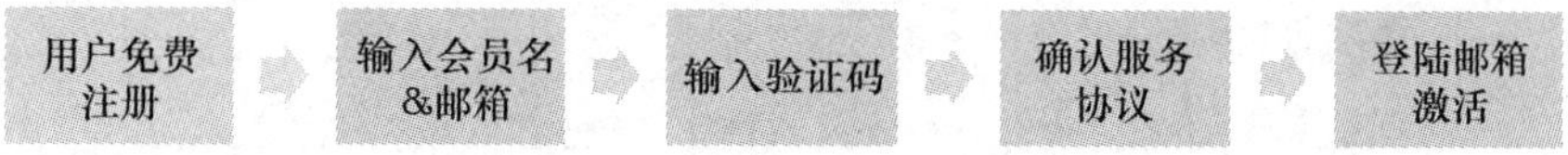

图 15-1 会员注册流程图

2. 身份认证

“淘宝网”规定,只有通过实名认证之后,才能出售宝贝,开店铺。所以在注册用户之后,还要进行相应的认证(包括个人实名认证和支付宝认证两个过程)。具体的操作步骤如下:点击“到我的淘宝申请实名认证”,点击进去后,又进入了淘宝用户功能页面,然后进入支付宝认证页面。

3. 商品上架、铺货

在淘宝开店铺,除了要符合认证的会员条件之外,还需要发布10件以上宝贝。于是,在整理好商品资料、图片后,就可以开始发布第一个宝贝了。

第一步,登录淘宝网,在页面上方点击“我要卖”。在打开的页面中,可以选择“一口价”或“拍卖”两种发布方式,这里选择单击“一口价”。

第二步,选择类目,根据自己的商品选择合适的类目。比如选择了女鞋的宝贝详情。单击“选好了,继续”按钮,继续下一步。

第三步,填写宝贝信息。这一步非常重要。首先,在“宝贝信息”区域取一个好的标题,单击“浏览”按钮来上传宝贝图片,输入宝贝描述信息、宝贝数量、开始时间、有效期等;接着,在“交易条件”区域输入宝贝的售价、所在地、运费、付款方式等内容;其他信息保持默认设置即可,比如默认使用支付宝支付等。最后,单击“确认无误,提交”按钮来发布该宝贝。

(二)店铺的基本要素设置

店铺设置有7项功能:基本设置、宝贝分类、推荐宝贝、友情链接、店铺留言、店铺风格和店铺介绍。

1. 基本设置

登陆淘宝,单击“卖家中心”,在卖家中心左侧的导航栏里,单击“店铺基本设置”,在打开的页面中可以修改店铺名称、店铺类目;店铺简介需要手动输入,在“店铺标志”区域单击上传图标按钮,选择已经设计好的店标图片,最后单击“保存”按钮可以保存已经设置好的内容。

2. 宝贝分类管理

给宝贝分类是为了方便买家查找,在打开的“卖家中心”页面左侧的导航栏中,选择“店铺管理”下的“宝贝分类管理”,单击进入宝贝分类管理页面;接着单击“添加手工分类”按钮,输入新分类名称,比如“外套”,还可以添加子分类,然后单击底部的“保存”按钮即可添加。添加好分类后可以在宝贝归类页面中把没有分类的产品归类到相应的分类中。

3. 推荐宝贝

淘宝提供的“推荐宝贝”功能可以将你最好的15件宝贝拿出来推荐，在店铺的明显位置进行展示。只要打开“管理我的店铺”页面，在左侧点击“推荐宝贝”。然后，就可以在打开的页面中选择推荐的宝贝，单击“推荐”按钮即可(如图15-2所示)。

图15-2　掌柜推荐宝贝页面

4. 友情链接

在开店初期，为了提升人气，可以和热门的店铺交换链接，这样可以利用不花钱的广告宣传自己的小店。淘宝网提供了最多35个友情链接，添加的方法很简单：首先，通过淘宝的搜索功能，搜索所有的店铺，记下热门店铺的掌柜名称。接着，登录下载淘宝买家、卖家交流工具——“淘宝旺旺”，添加这些热门店铺的掌柜名称，并提出交换链接的请求。如果答应交换，打开“我的淘宝”“我是卖家”“管理我的店铺”，在左侧点击“友情链接”，然后输入掌柜名称，单击“增加”按钮即可。

5. 店铺模板

不同的店铺风格适合不同的宝贝，给买家的感觉也不一样。一般选择色彩淡雅、看起来舒适的风格即可。选择喜欢的风格模板，右侧会显示预览画面，单击“确定”按钮就可以应用这个风格。

二、网店营销推广

网店建设好后，另一个重要的工作就是如何对店铺进行营销和推广，以此来带动店铺的流量和转化率，提升店铺销售业绩。

通俗的说，网店流量就是指网店的访问量，是用来描述访问一个网店的用户数量以及用户所浏览网页数量的指标。网店的流量引入的方法非常多，比如搜索引擎营销、网络广告、论坛营销、微博营销、IM营销等。

三、网店日常经营管理

网店的日常管理是一种重要的、必需的重复劳动，每天除了周而复始地回复各种咨询和留言、上架新品、调整商品价格和说明以外，还要对交易实行进程上的管理，要及时完成交易的评价，也要随时处理各种纠纷隐患，并做出相应的危机处理决策。对于圆满完成的交易，还需要定期回访顾客，长期维护与客户之间的关系，增加店铺黏性，提高消费者的忠诚度，使店铺的客户群日趋壮大，并实现长期稳固的发展。主要包括留言管理、商品管理、交易管理、评价管理、纠纷管理、客户管理六个管理工作。

1. 留言管理

店铺留言也是店主与他人的一种交流方式，只要在店铺管理平台上选择显示店铺留言模块，那么别人在此区域的留言一旦被店主回复即可显示出来。店铺留言的种类很多，留言的人出于不同的目的，通过到店铺留言的方式来向店主传达相应的信息，店主看到这些留言信息后，可以根据自己的需要来做出回复。

2. 商品管理

在网店的日常管理中，除了要定期选择合适的商品进行推荐以外，还可以为不同的商品设置相应的运费模板，使顾客在购买前就了解将会产生的运费价格，也可以根据需要随时对商品名称、图片、描述和价格等进行编辑，因此，商品管理是网店日常运营工作中的一个重要内容，也是一个长期的工作任务。

商家可以在这里操作橱窗推荐商品，如图 15-3 所示。前面在橱窗推荐规则里我们已经介绍过，淘宝会根据商家的信用等级和是否加入“消保”，以及支付宝交易量等，确定橱窗位的数量，商品推荐的具体操作可以在这里进行。特别提醒和建议商家把这些商品设置为橱窗推荐，这样可以更大程度地提高成交的概率。

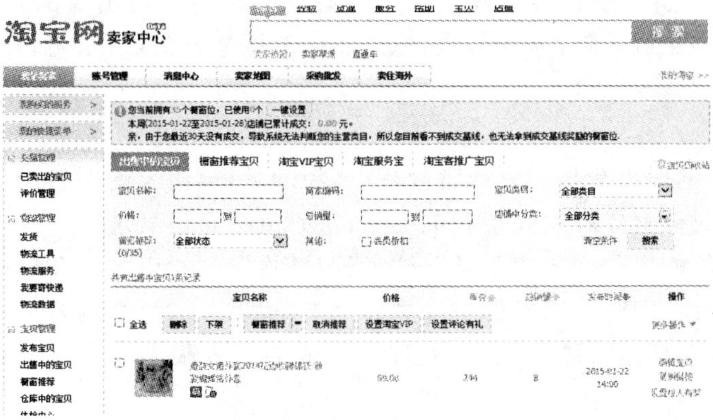

图 15-3 橱窗推荐产品页面

3. 交易管理

交易管理主要指对交易流程的管理。由于交易是由买卖双方来完成的，因此，在不同的环节，我们除了根据需要做出相应的处理外，有时还需要对新手买家进行操作上的指导，不能因为操作上的问题，导致交易无法继续进行下去。

在“已卖出的宝贝”里，管理系统根据交易双方的完成情况，显示出不同的交易状态。主要有“等待买家付款”“修改已卖出产品的价格”“点击发货处理”“退款处理”等作用。

4. 评价管理

交易流程结束以后还有一个重要的工作，就是对该笔交易进行评价。根据淘宝网的评价规则，一个好评计一分，中评不计分，差评扣一分。交易平台的信用累积对顾客的消费行为有积极的推动和影响，因此，每一笔成功的交易都要及时给予对方评价。在“我的淘宝”→“已卖出的宝贝”找到需要评价的交易，从评价操作提示里进去就可以给对方一个中肯的评价，待对方回评以后，双方的信用评分就会产生相应的变化。在日常的评价管理工作中，最主要的是评价解释和修改评价。

（1）评价解释。只要从“我的淘宝”→“评价管理”入口进入，就会看到所有在有效期之内的评价后面都会有一个如图 15-4 所示的“我要解释”的按钮，点击按钮就可以进入到解释操作页面，我们可以根据对顾客的评价或者自己对交易的感受来对该评价做出解释。

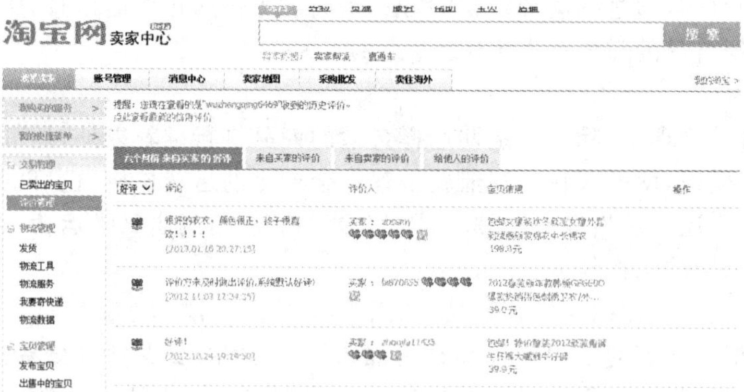

图 15-4　评价管理页面

（2）修改评价。有时候交易双方会因为一些误会和争议而由买家给出负面的评价，如果经过沟通和协商，达成一致，冰释前嫌，愿意将中差评修改为好评，可以不用求助于淘宝客服，自己就能轻松地修改评价。

5. 纠纷管理

一旦有人对店铺提出交易投诉或者侵权、违规的举报，淘宝的系统都会将纠纷处理进程及时通知给双方，我们就要赶紧收集相关证据，及时进行申诉处理。

只要登录“我的淘宝”→“客户服务”→“投诉/举报”→“投诉”→“我收到的投诉”，点击相应投诉操作下的“查看”进入，在投诉举报页面点击“申诉”→“详细内容”→“发表新看法”，写明申诉原因。申诉时切记言简意赅，让处理投诉的淘宝客服人员能及早做出客观的处理决定，如图 15-5 所示。

图 15-5　投诉举报页面

6. 客户管理

我们要对在店铺产生过购买行为的消费者进行客户管理，将他们的个人信息和消费情况整理成表格，作为客户档案登记在册。通过对客户购买行为的分析，找到商品自身的优势和劣势，分析出热销商品和滞销商品；分析客户群的消费行为，找出主要客户群的特征，分析主要客户群和次要客户群的购买心理，扬长补短，发挥店铺的优势，弥补和修正不足的地方，进一步促进店铺的良性发展。

情境实战演练

大学生网上创业能力与素质准备

杨甫刚，某校国际贸易系物流专业的学生，是该校学生创业的典型代表。在到淘宝网上开店之前，他收过学校的易拉罐和上门推销袜子。2007 年 5 月 1 日，他用 600 多元在市场上选了 50 多款生活类的小商品，拍了照片，上传到自己在淘宝网注册的网店，开始网络创业。现在他已经是三皇冠卖家、阿里巴巴诚信通的用户，月利润 4 万—5 万元，零售团队队员7 人，批发团队队员 4 人。截止到 2009 年 7 月 18 日 17 时，卖家信用 77654，买家好评 100%。

高翔批发网，是该校两名毕业学生金益智和陈学波合作创办的，为批发商、网店等各级代理提供品种齐全、款式新颖、价格实惠的零/批供货服务，致力打造网店卖家第一供货网。公司拥有几十个类别，4000 多种产品，全部现货存储，仓库面积三百余平方米，库存产品近百万，公司所有产品首次 200 元起即可混批。当初他们发现很多淘宝卖家存在组织货源困难的问题，尤其是在校的学生卖家。因此他们创建高翔批发网，建立一个网货的供货平台。义乌高档的东西和低档的东西都有，他们的货源都是在义乌、温州，高档的货品都在广州拿，做品牌代理。他们坚信：淘宝什么东西都能卖出去，只要自己有创意。他们最欣赏的网店就是金冠卖家柠檬绿茶，最欣赏的人是马云。他们把马云在广交会上的演讲稿和视频都放在电脑上，崇拜马云的口才和能力，买了马云的自传进行反复的学习。只要是自己想去做的事业，找到合适的渠道和方法，并且有明确的方向还是能做好的，只要自己不断努力去做就可以做好，对未来他们充满自信。

（资料来源：http：//www.docin.com/P-435732495.html）

思考与讨论

1. 对于网络创业者来说，创业者需要具备哪些知识？
2. 针对上述案例，大学生在创业过程中需要注意哪些方面？你认为大学生创业的优势和劣势在哪里？

情境实战演练

绿尚联盟微营销

深圳市绿尚联盟实业有限公司是一家推动时尚、绿色、智能代步交通行业发展的高新企业。绿尚联盟致力于成为全球智能代步工具的先驱，其产品涵盖锂电自行车、独轮平衡车、折叠电动车、电动滑轮车。公司致力于为人们短途、休闲出行提供优质的解决方案；倡导绿色智能低碳生活，服务绿色环保行业生产销售商；为国内智能绿色交通工具推广及休闲文化引领而努力奉献的绿色企业提供服务平台，打造绿色商业互惠联盟。

思考与讨论

1. 网上创业有哪几种形式？
2. 请你为绿尚联盟设计一个微营销推广方案。

参 考 文 献

1. 菲利普·科特勒.营销管理[M].北京：中国人民大学出版社，2001.
2. 周本存.文化与市场营销[M].合肥：合肥工业大学出版社，2005.
3. 蔡嘉清.文化产业营销[M].北京：清华大学出版社，2007.
4. 朱晓杰等.市场营销理论与实训[M].北京：北京理工大学出版社，2009.
5. 潘咏梅，王琪.市场营销实务[M].北京：北京师范大学出版社，2010.
6. 毕思勇.市场营销学[M].北京：化学工业出版社，2009.
7. 林小兰.市场营销基础与实务——项目课程教材[M].北京：电子工业出版社，2009.
8. 许春燕，孟泽云.新编市场营销[M].北京：电子工业出版社，2009.
9. 符莎莉.市场营销实务——项目导向教程[M].北京：电子工业出版社，2010.
10. 卢泰宏.营销在中国[M].北京：企业管理出版社，2003.
11. 张晋光，黄国辉.市场营销[M].北京：机械工业出版社，2005.
12. 胡德华.市场营销原理与实务[M].北京：清华大学出版社，2011.
13. 薛辛光，孙雷红.营销策划理论与实务[M].北京：电子工业出版社，2009.
14. 方玲玉等.网络营销实务[M].长沙：湖南大学出版社，2005.
15. 蔡瑞林，徐德力.客户关系管理实务[M].北京：北京交通大学出版社，2010.
16. 章金萍.市场营销实务[M].杭州：浙江大学出版社，2010.
17. 张苗荧.市场营销策划[M].北京：高等教育出版社，2007.
18. 方妙英.苹果橘子营销学[M].北京：化学工业出版社，2008.
19. 蔡尚伟，温洪泉.文化产业导论[M].上海：复旦大学出版社，2006.
20. 陈玮，李穗豫，刘静.中国本土市场营销原理与实战[M].广州：广东经济出版社，2010.

相关网站

中国新闻网 http：//www.chinanews.com

中国市场营销网 http：//www.ecm.com.cn

中国营销传播网 http：//www.emkt.com.cn

中国管理传播网 http：//manage.org.cn

现代营销·信息版网站：http：//xdxx.qikan.com

国研网 http：//www.drcnet.com.cn/www/integrated

中华调研网 http：//www.cmrr.com.cn

中国消费者网 http：//www.china-consumer.net

全球品牌网 http：//www.globrand.com

中国品牌网 http：//www.chinapp.com

中国价格信息网 www.chinaprice.gov.cn

经济观察网 http：//www.eeo.com.cn

红网 http：//www.rednet.cn

企业社会责任中国网 http：//www.csr-china.net